用鐵路周遊券玩
東日本

北海道

東北

簡單便利飽覽
大城小鎮迷人風光

立山黑部　關東
中部　　東京

作者◎摩那卡＆瓦拉比

太雅

使用鐵路周遊券

"只玩東京真的膩了，感受不同的大城小鎮風情"

JR＋私鐵，串聯日本大城小鎮 走跳便利又快速

　　四通八達的日本鐵道可粗略分為兩大系統：

●JR鐵路：遍布全日本的主要鐵路，貫穿南北、速度最快的稱為「新幹線」，而新幹線以外的JR路線則稱為「在來線」，前身為國有鐵道，民營化之後全國共6家公司：JR北海道、JR東日本、JR東海、JR西日本、JR四國、JR九州。

●私營鐵路：大多是連接市郊的鐵路，主要公司例如關東地區的小田急電鐵(往箱根)、東武鐵道(往日光)、京成電鐵(往成田機場)、東急電鐵(往橫濱)，以及關西地區的近畿日本鐵道(又稱近鐵，往奈良及三重)、京阪電鐵(往京都、滋賀)、阪急電鐵(連接京阪神)、阪神電鐵(往神戶姬路)、南海電鐵(往關西機場)。

乘車券VS觀光客限定的「鐵路周遊券」

　　日本的車票是一種組合式概念，以JR為例，搭乘各種列車都需購買「乘車券」，如果搭乘停靠站數最少的特急列車，除了乘車券之外還要另外加買「特急券」，如果列車有分成指定席和自由席，「指定料金」也要另外付費。(但不同公司做法不同，例如富士山特急、小田急浪漫特快、特快SPACIA、近鐵等業者和JR一樣需另購特急／特快券；有些則是不加價的特急列車，如京成、京王、京急、東急電鐵等私鐵業者則不需另外買特急券。)

輕鬆玩東日本！

然而，為促進觀光，日本推出各種鐵路周遊券，有不同區域範圍、天數長短的組合，在有效期間內可無限搭乘指定區間內的列車，非常划算，只有短期觀光的海外旅客出示護照才能購買。

上野車站的綠色窗口

如何購買鐵路周遊券＆使用須知

●在海外旅行社或代理店先購買兌換券，到日本再換成實體票券，或直接到日本當地購買。

●不可走車站的自動閘口，必須走有剪票人員的閘口，出示周遊券才能通過。

●周遊券不確保有座位，若想預定座位或想搭乘全車「指定席」的觀光列車，請先到指定窗口預約劃位。例如JR鐵路是到各JR車站的「綠色窗口」(みどりの窗口)辦理，劃位後會拿到一張「指定券」，標明列車班次、時間、起訖點和指定座位。

※注意事項：有些周遊券有乘車限制，例如：近畿鐵路周遊券Plus若要搭乘特急列車需另外購買特急指定席券。請先詳閱規定。

3

移動城堡！
東日本觀光列車大蒐集

"用鐵路周遊券玩東日本，你絕不能錯過這裡才有的人氣觀光列車！

跳上一台主題列車，在車廂內品嘗美食，感受獨特的裝飾氛圍；

看車窗外壯麗海岸線景觀、綠意盎然的山林，

交通時間變得好有趣，成為旅途中獨一無二的回憶！"

富士山特急

大月⇔河口湖

車內車外滿滿的Q版富士山，在藍天白雲下奔向富士山懷抱。

伊豆CRAILE號

(照片提供／JR東日本)

小田原⇔伊豆急下田

以優雅成熟的玫瑰金線條彩繪車身，畫出專屬於伊豆風情的櫻花、海風與漣漪。

Kirakira羽越號

(照片提供／JR東日本)

新潟⇔酒田

在車上品酒喫茶，沿壯麗海岸線往地酒之國新潟前進。

越乃Shu*Kura號

(照片提供／JR東日本)

上越妙高⇔十日町

以酒桶為高腳桌，在現場演奏的音樂中享用美酒佳肴。

Resort白神號

(照片提供／JR東日本)

東能代⇔川部

沿日本海行駛於五能線，行經世界自然遺產「白神山地」，曾獲選為日本人最想搭乘的觀光列車。

現美新幹線

(照片提供／JR東日本)

越後湯澤⇔新潟

車上設有咖啡廳，各車廂有不同的藝術作品展覽，被譽為「世界最快的移動美術館」。

SL磐越物語號

(照片提供／JR東日本)

新潟⇔會津若松

充滿大正浪漫復古風情的超人氣蒸汽火車，有「貴婦人」之稱。

SL銀河號

(照片提供／JR東日本)

花卷⇔釜石

進入月亮與星星的博物館，一窺宮澤賢治眼中《銀河鐵道之夜》的奧祕。

(照片提供／JR東日本)

搭火車的必備體驗
鐵路便當百百款
～讓旅人暖心暖胃的限定美味～

> 有鐵道王國之稱的日本，各地月台都有販售當地的鐵路便當(駅弁)，經常舉辦全國性駅弁大會或網路票選活動，形成獨特的飲食文化。位於東京車站內的「駅弁屋 祭」，網羅全國各地200種以上知名鐵路便當，平均日銷量破萬，搭車前可以先來這裡選購便當喔！

東京車站內的「駅弁屋 祭」，營業時間 05:30～23:00

吉祥物便當

以高人氣吉祥物為主題，使用特殊造型容器，吃完還能留作紀念。

新幹線便當
⇨各大新幹線車站

麵包超人便當
⇨高松駅

地區限定食材便當

以當地代表性食材為主菜，如黑毛和牛、比內地雞、越前蟹等美食。

秋田比内地鶏のいいとこどり弁当
⇨秋田駅

結合在地文化便當

例如排列成三弦琴共鳴箱的八戶小唄壽司，或以獨眼龍伊達政宗為造型的飯糰。

八戶小唄寿司
⇨八戶駅

むすび丸弁当
⇨仙台駅

金の越前かに寿し
⇨福井駅

牛肉弁当御膳
⇨松阪駅

神聖的旅遊紀念 御朱印特輯

御朱印

～神社寺廟巡禮的祝福～

> 很多人到神社或寺廟參拜後會買御守回家保平安，其實除了御守，「御朱印」也有類似功效，虔誠參拜後繳交約¥300～600費用，請社務人員書寫，通常是以黑色墨筆書寫寺社名稱和參拜日期，再蓋上朱紅色印章。專用於蒐集御朱印的本子稱「御朱印帳」，收納袋稱為「御朱印帳袋」，每間寺社都有不同樣式，從中也可瞥見各自的獨特風格。

御朱印

淺草寺

明治神宮

彌彥神社

除了基本款御朱印，有時也會有限定款，例如長野善光寺

御朱印帳

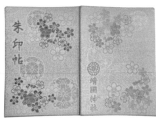

彌彥神社

靖國神社

熊野速玉大社

熊野那智大社

日吉大社

御朱印帳袋

建仁寺

長野善光寺有多款朱印帳及朱印帳袋

(本頁照片提供／Baozi)

目錄 Contents

內文資訊符號			每日行程資訊符號	
$ 價格・費用	http 網址	➡ 前往方法	🚌 巴士	🚕 計程車
✉ 地址	🕐 營業・開放時間	⁉ 注意事項	✈ 機場	🚶 徒步
☎ 電話	MAP 地圖位置		🚢 遊輪・碼頭	🚆 新幹線・電車・地鐵

現在就開始選
要去度假的地方吧～

24

| 東京 | 橫濱 | 鎌倉・江之島 | 川越 |

東京首都圈自由行特輯

超人氣經典 百變東京・海港橫濱・古都
鎌倉・小江戶川越

東京機場交通 P.27

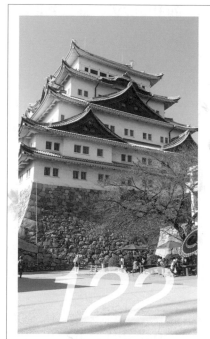

146

|高山|上高地|新穗高|白川鄉|立山黑部|

阿爾卑斯‧高山‧松本地區周遊券

橫斷阿爾卑斯 立山與穗高連峰壯闊雄景‧童話般的夢幻合掌屋

174

|長野|新潟|群馬|

東日本鐵路周遊券— 長野‧新潟地區

山海大自然 泡古老別所名湯‧從生態古蹟走進電影時空

作者序

一券在手，輕鬆玩遍全日本

　　台灣赴日旅遊人數屢創新高，吃不完的美食、四季風情迥異的自然美景、令人通體舒暢的天然溫泉，加上短距離航程，使日本成為許多民眾的旅遊首選。隨旅日次數增加，大家不再侷限於東京、大阪、京都等大都市，反而希望到人潮不那麼擁擠的郊區景點悠閒度假。只要購買外國人專用的「鐵路周遊券」，不用顧慮昂貴的交通費，想去哪就去哪，本書寫的「東日本」與上一本書寫的「西日本」，是市面上首創以鐵路周遊券幫大家完整規畫每日行程的旅遊書，兩本書共收錄46府道縣(沖繩除外)的代表性景點、美食土產及相關人文背景介紹，讓您從南到北、輕鬆玩遍日本！

　　能有這兩本書誕生，首先要感謝太雅總編的支持，還有主負責編輯、美編及相關同仁的全力協助。由於內容範圍太廣，有時因天候因素未能拍到盡如人意的照片，感謝日本JR北海道、JR東日本、北海道觀光振興機構、北海道飯店、汐美莊提供官方照片，感謝創造旅行社提供精美鐵道地圖，感謝我們的朋友(神久鈴九、Shen、Baozi、Moondust、香り)提供美照，讓版面更加豐富。希望我們精心設計的內容，能幫助大家迅速掌握重點，開啟更寬廣的旅行視野！

摩那卡&瓦拉比

編輯室提醒

出發前，請記得利用書上提供的Data再一次確認

　　每一個城市都是有生命的，會隨著時間不斷成長，「改變」於是成為不可避免的常態，雖然本書的作者與編輯已經盡力，讓書中呈現最新最完整的資訊，但是，我們仍要提醒本書的讀者，必要的時候，請多利用書中的電話，再次確認相關訊息。

資訊不代表對服務品質的背書

　　本書作者所提供的飯店、餐廳、商店等等資訊，是作者個人經歷或採訪獲得的資訊，本書作者盡力介紹有特色與價值的旅遊資訊，但是過去有讀者因為店家或機構服務態度不佳，而產生對作者的誤解。敝社申明，「服務」是一種「人為」，作者無法為所有服務生或任何機構的職員背書他們的品行，甚或是費用與服務內容也會隨時間調動，所以，因時因地因人，可能會與作者的體會不同，這也是旅行的特質。

新版與舊版

　　太雅旅遊書中銷售穩定的書籍，會不斷再版，並利用再版時做修訂工作。通常修訂時，還會新增餐廳、店家，重新製作專題，所以舊版的經典之作，可能會縮小版面，或是僅以情報簡短附錄。不論我們作何改變，一定考量讀者的利益。

票價震盪現象

　　越受歡迎的觀光城市，參觀門票和交通票券的價格，越容易調漲，但是調幅不大(例如倫敦)，若出現跟書中的價格有微小差距，請以平常心接受。

謝謝眾多讀者的來信

　　過去太雅旅遊書，透過非常多讀者的來信，得知更多的資訊，甚至幫忙修訂，非常感謝你們幫忙的熱心與愛好旅遊的熱情。歡迎讀者將你所知道的變動後訊息，善用我們提供的「線上讀者情報上傳表單」或是直接寫信來taiya@morningstar.com.tw，讓華文旅遊者在世界成為彼此的幫助。

太雅旅行作家俱樂部

摩那卡

　　正職為白色巨塔工作者，到日本度假是主要精神食糧。除了知名景點，各地祕境、祕湯、祭典都是目標，足跡遍布日本全國各地。熱愛鐵道旅行，善用鐵路周遊券趴趴走，深入各地飽覽美景、體驗在地文化。身為美食主義者，總是四處尋訪道地好滋味，筆名源自日本傳統和菓子甜點「最中」（もなか，Monaka)。榮獲日本觀光廳邀稿，文章散見於各大媒體旅遊專欄，是許多日本旅遊網站特約作家。著有《用鐵路周遊券輕鬆玩西日本》。

　　Blog：摩那卡的日本玩樂手札 licavona.pixnet.net/blog

瓦拉比

　　學生時代曾於北海道大學交換學生，短暫生活於札幌，自此深深迷戀上日本的一切，只要一有閒暇空檔便往日本衝。擅長利用交通票券鐵道旅行，足跡幾乎踏遍日本各角落，無論是熱鬧祭典或極上祕境、溫泉旅宿或美食饗宴都可以是旅行的目的，春櫻、夏綠、秋楓、冬雪，四季美景各異其趣。最愛的日式點心是「蕨餅」（わらび餅，Warabi Mochi），因此取名「瓦拉比」，為百萬人氣部落客。著有《用鐵路周遊券輕鬆玩西日本》。

　　Blog：瓦拉比的美食旅遊隨筆 blog.xuite.net/tangsolsunny

兩位日本達人聯手出擊！！

聯絡信箱：monakatang@gmail.com

FB粉絲團：摩那卡與瓦拉比的日本玩樂手札

　　www.facebook.com/Japan.note

本書特色

8張鐵路周遊券Day by Day導覽

周遊券名稱＆適用城市

周遊券區域地圖

每張周遊券皆提供鐵路路線＋重要景點標註，幫助大家了解相對地理位置。

城市概覽

快速認識各城市風情、特色、玩樂重點。

每日路線的地圖

掃描QRcode即可使用專屬地圖。

周遊券使用方式

票價、購買方式、使用期限與範圍。

Day by Day路線規畫

化身你的行程規畫師，貼心設計每日路線圖，清楚標示交通方式、車程／步行時間、交通費，以及景點的建議停留時間，方便玩家估算時間與費用。

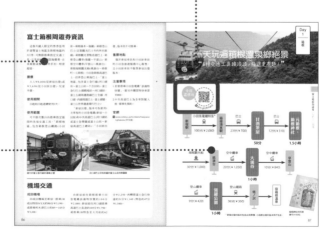

→ 景點介紹

食‧遊‧購‧泡湯導覽。書中推薦的美食、店家都是親身體驗過,大多數為日本網站評價甚高或口耳相傳的名店。

→ 豆知識

日本特殊的歷史、文化、風俗、典故,解釋給你聽,讓你旅行長知識。

→ 玩家提示

內行人分享旅遊小撇步,幫助你旅行省時、省錢、省力,做個聰明玩家!

↓ 當日交通資訊

「旅遊案內所」推薦當日行程好用的票券、搭乘的交通工具及省錢方案。

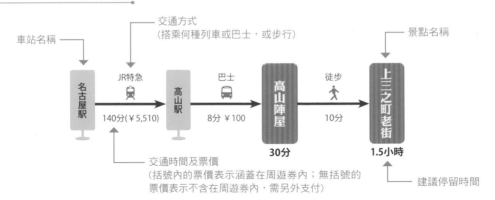

↑ 主題玩樂特輯

除了城鄉景點導覽外,還有賞花、賞櫻、溫泉旅館等各種豐富的玩樂特輯,讓你的旅程更加精采!

如何使用本書

車站名稱

交通方式
(搭乘何種列車或巴士,或步行)

景點名稱

名古屋駅	JR特急	高山駅	巴士	高山陣屋	徒步	上三之町老街
	140分(¥5,510)		8分 ¥100	30分	10分	1.5小時

交通時間及票價
(括號內的票價表示涵蓋在周遊券內;無括號的票價表示不含在周遊券內,需另外支付)

建議停留時間

每張票券規畫的旅遊天數不含搭機時間

每張鐵道周遊券都安排3〜7日的完整行程,不考慮頭尾兩天搭飛機的時間,請讀者視遊玩天數自行增減行程。

照著書中的路線玩,或自行混搭行程

許多鐵道周遊券的使用範圍有重疊部分,例如「東京廣域」、「東日本-長野、新潟」、「東日本-東北」這幾張周遊券到輕井澤、越後湯澤、那須、水戶、伊豆、甲府等地的區間皆可使用,請讀者先想好要去哪些地方,確實掌握好方向再決定要購買哪張周遊券,並可視遊玩區域彈性調整行程。

寫給將要出發的你

暢遊東日本輔助祕笈

　　自助旅行時，除了了解如何使用交通票券外，也需要注意旅遊途中的許多小細節，提前做好規畫，才能玩得愉快又安心！本章節由摩那卡＆瓦拉比為你解答，說明行程規畫、住宿、行李寄放、查詢交通資訊及巴士搭乘方式五大自助旅行重要事項，跟著達人做就對啦！

01 行程規畫 →P.18	**02** 住宿 →P.19	**03** 行李寄放 →P.21	**04** 查詢交通資訊 →P.22	**05** 巴士搭乘方式 →P.23

01 行程規畫

每年1月中旬在東京巨蛋舉辦的「東京ふるさと祭り(東京故鄉祭)」，集合各地知名祭典及代表性美食、物產

Q.該如何安排行程？

STEP1→選擇想去的地方&決定天數

問自己幾個問題：

❶ 想玩哪些地方？

　　平時在報章雜誌也許看到一些令人心動的美景想一探究竟。

_____

_____

❷ 喜愛的旅遊主題？

　　旅遊主題有很多，例如賞櫻、賞楓、賞雪、祭典或歷史等等。

_____

_____

❸ 旅行的季節／月分？

　　可依據季節安排當下風景最美的路線。

_____

❹ 能夠安排的旅行天數？

_____

STEP2→在地圖上圈出這些地方

　　建議看著日本地圖將目標一一圈出來，估算大略所需交通時間，以免排出不可能的行程。

02
住宿

Q.如何選擇住宿地點？

若沒有特殊考量，建議住在離車站較近的旅館，每天進出搭車較方便。以本書利用鐵道周遊券安排每日跨縣市或大範圍移動的行程而言，有兩種住宿模式：(1)每天換旅館，玩到哪住到哪；(2)固定住同一間旅館，每天需花費交通時間。兩種方式各有優缺點，視各人習慣及行程決定，也可以採折衷方案，單趟車程在90分鐘左右的可以當天往返，距離太遠的就乾脆換旅館；如果只有中間一天沒有續住，多數旅館可接受行李寄放(需徵詢旅館是否同意，也有少數會拒絕)，這樣只需攜帶貴重物品及1天份換洗衣物即可。

Q.有哪些推薦的訂房管道？

(1)請旅行社代訂：

可訂機加酒方案，最方便省事，缺點是選擇性少，有時無法取得滿意的價格。

(2)全球訂房網站：

3大網站(Booking.com、Agoda.com、Hotels.com)都有中文版介面，適合不懂日文的人。各家網站有不定時優惠，也可透過比價網站(www.hotelscombined.com)尋找最低價，並直接連結到訂房網頁。

(3)日本訂房網站：

じゃらん(www.jalan.net)、樂天(travel.rakuten.co.jp)是日本最大的訂房網站，有非常多房型及價位可選擇，例如膠囊旅館、民宿等。雖然這兩個網站也有製作中文版介面，但中文版收錄的旅館較少，價位也提高，若想搜尋經濟實惠的方案還是建議使用日文版。

(4)日本官網：

很多連鎖商務旅館、溫泉旅館的官網有獨家優惠，例如折扣或贈送小禮物，比在訂房網站更划算，建議兩邊比價後再下訂。

那些平價又住得安心的日本連鎖商務旅館

日本有很多連鎖商務旅館，以中低價位提供一定水準的服務，雖房間不大，但基本設備一應俱全，整潔乾淨，品質及安全有保障，是C/P值不錯的選擇。

東橫Inn

全日本共200多家，絕大多數在車站附近，交通極為便利。一律提供免費早餐，以飯糰、味噌湯為主，有些店還有沙拉、香腸、蛋等簡單菜色。官網有中文版，十分方便，在官網訂房享折扣￥300。推薦常住宿者首次入住時繳費￥1,500加入會員，可享會員優惠，例如：住宿10晚贈送1晚、6個月即可訂房(非會員是3個月前)、週日及國定假日享8折優惠。

$ 每人每晚約￥4,000～8,500
http www.toyoko-inn.com

東橫inn

房間

早餐

Super Hotel(スーパーホテル)

全日本共100多家，其中約一半有浴場可以泡溫泉。依入住順序，可選擇自己喜愛的枕頭。幾乎都附早餐，有些以麵包為主，有些提供其他菜色。官網訂房有集點卡，每晚每房1點，每年結算一次，集滿2點下次住宿可退現金￥1,000，5點可退￥3,000。有

Super Hotel黃底藍字的招牌很醒目

些店提供學生特惠價，記得攜帶學生證。

💲 每人每晚約￥4,000～8,500

🌐 www.superhotel.co.jp

可自行挑選枕頭

公共浴場的天然溫泉

Dormy Inn(ドーミーイン)

全日本約50多家連鎖店，屬於較高級的商務旅館，每間都有大浴場，一半以上擁有天然溫泉。晚上21:30～23:00提供免費拉麵當宵夜。訂房時可選擇是否要加價吃早餐，菜色豐盛美味，通常

Dormy Inn

免費拉麵宵夜

含有當地特色料理。

💲 每人每晚約￥6,000～12,000

🌐 www.hotespa.net/dormyinn

Comfort Hotel(コンフォートホテル)

全日本約50多家連鎖店，附免費早餐。官網訂房折扣￥200，每次住宿可累積點數兌換折價券。

💲 每人每晚約￥4,000～8,500

🌐 www.choice-hotels.jp

Comfort Hotel

早餐

APA Hotel(アパホテル)

全日本約340間，另外還有合作飯店。訂房時可選擇是否要加購早餐(約￥1,000上下)，有幾間走高級路線的分館設有餐廳、SPA、宴會廳。申辦會員免費，累積的住宿點數可折抵住宿費或兌換禮品，有效期限3年，官網訂房可獲

氣派且寬敞明亮的大廳

得比其他網站多10倍的點數。

💲 每人每晚約￥6,000～15,000

🌐 www.apahotel.com

Route Inn(ルートイン)

全日本共200多家連鎖店，部分有天然溫泉或居酒屋。附免費早餐，每次住宿會累積Ponta Point，可用於住宿費折抵。

💲 每人每晚約￥6,000～10,000

🌐 www.route-inn.co.jp

房間

早餐

Sunroute Hotel(サンルートホテル)

又稱燦路都飯店或太陽道飯店，全日本約70多家連鎖店，台北也有一家分館。入會費￥500，會員可享優惠價及住宿集點。

💲 每人每晚約￥5,000～12,000

🌐 www.sunroute.jp

3人房

03 行李寄放

Q. 如何輕鬆省力解決長途旅行的行李搬動問題？

投幣式置物櫃(Coin Locker/コインロッカー)
旅館不在車站附近但下車後想先玩先逛

　　通常設置在車站、地下街、百貨公司等地，價格依大小約￥200～800，上面都有標示價錢及使用時間，務必看清楚說明。投幣後拔出鑰匙即可，原則上需當日取回，若放置隔夜需再補繳一次費用。可使用「コインロッカーサーチ」網站事先查詢置物櫃的所在地點及數量。

http coinlockersearch.com

觀光景點的寄放服務
免除提行李遊名勝景點的困擾

　　部分觀光景點的商店及觀光案內所可接受當日行李寄放，每件約￥300～600，例如天橋立、金刀比羅宮表參道、合掌村等景點的土產店有些提供此服務，需主動詢問店家。

連鎖商務旅館的寄放服務
適用於中間有一天換旅館

　　多數連鎖商務旅館可接受住宿日期前後各一天的行李寄放，可現場洽詢櫃檯，或事先mail詢問。

宅急便
直接把行李寄到下個住宿旅館

　　若旅館不在車站附近、行程不會走回頭路、或住在郊區的溫泉旅館，這些情境就很適合使用宅急便。一般商務旅館都有此服務，可洽詢櫃檯拿宅急便的單子，填寫目的地旅館的地址、名稱及訂房人的姓名和入住日期，通常中午前寄出，隔天就會收

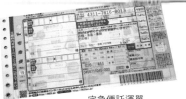
宅急便託運單

到，但還是抓個兩天比較保險。價錢算法依行李長寬高總和計算，以25～27吋行李箱為例，寄送費用約￥1,404，與￥700的大型置物櫃兩天價格差不多，還能省去搬運的困擾。

有些觀光案內所提供便宜的行李寄放服務

路上隨處可見的黑貓宅急便

有些置物櫃可同時接受現金及交通IC卡付款

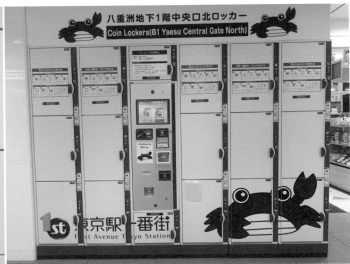
東京車站一番街的置物櫃

04
查詢交通資訊

Q.如何事先查詢時刻車資等資訊，以便規畫行程？

查詢搭乘的交通工具及路線、時間、車資是自助旅行一大難題，有許多網頁及APP可供查詢，以下用「Yahoo!路線情報」詳細說明，其他查詢方式均大同小異。

Yahoo!路線情報

網頁版：transit.yahoo.co.jp

APP：Yahoo!乘換案內

出發與目的地：在「出發」的欄位輸入出發車站或地點，在「到着」欄位輸入目的地車站或地點，如果途中有一定要路過的車站或地點可在「経由1」輸入。

時間日期：「日時指定」可指定日期和時間，可查詢「出発」(出發時間)、「到着」(抵達時間)、「始発」(第一班車)、「終電」(最後一班車)，或「指定なし」(不指定時間)。

交通方式：「交通手段」指的是交通方式，有「空路」(飛機)、「新幹線」、「有料特急」(需加價的特快列車)、「高速バス」(高速巴士)、「路線/連絡バス」(一般公車)、「フェリー」(船)，可以把不要的選項勾取消。

資訊排序方式：「表示順序」指的是希望網站建議排列順序的方式，包括「到着が早い順」(抵達時間最早的優先排序)、「乗り換え回数順」(轉車次數最少的優先)、「料金が安い順」(價格最便宜的優先)。

檢索：按下「検索」就會出現好幾種建議路線。

其他查詢工具
http www.ekikara.jp
http www.jorudan.co.jp
http www.navitime.co.jp

輸入資料查詢頁面(網頁版)

輸入資料查詢頁面(手機版)

「新幹線Toreiyu Tsubasa號」外觀(照片提供／JR東日本)

操作範例

以「仙台」出發前往「酒田」為例，選擇日期2018年2月14日10:00出發，其他不特別修改，結果可得到6條建議路線。

搜尋結果得到6條建議路線(手機版)

第一種方式是在仙台車站西口的高速巴士中心40號站牌搭乘高速巴士，直達酒田，費用¥3,200；第二種是搭乘JR普通車，中間在羽前千歲、新庄、余目共換3次車，費用¥3,020；第三種是從仙台搭新幹線到秋田（「12番線發」及「11番線着」代表從第12月台出發、在第11月台抵達），再轉搭JR特急到酒田，費用¥12,990。這三種方式的時間都差不多，就依票價及自身狀況來決定。若沒買鐵路周遊券，選擇第一種直達高速巴士最方便也最便宜；有購買鐵路周遊券的旅客，因新幹線及JR特急費用都已包在周遊券內，選擇只需轉車1次的第三種方式為佳。

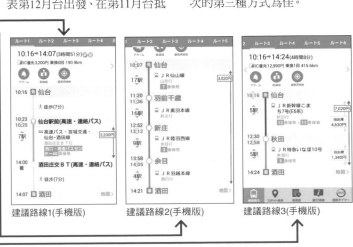

建議路線1(手機版)　建議路線2(手機版)　建議路線3(手機版)

巴士

05

巴士搭乘方式

日本的巴士可粗略分為均一區間、多區間兩種計費方式，均一區間較簡單，僅需於上車或下車時付單一票價或刷IC卡即可。多區間則較為複雜，大多數為後門上車、前門下車，從後門上車時需拿「整理券」，上面會有一個數字表示上車地點編號，車內最前方有價目表，到站時看整理券數字相對應的價錢就是需要付的票價。

下車前，在前門司機旁邊有個透明的「運賃箱」就是投錢的地方，注意這是不找錢的。如果需要換錢，通常透明箱下面會有換紙鈔的「紙幣両替」和換硬幣的「硬貨両替」，把要換的紙鈔或硬幣放進去就會兌換零錢出來，注意紙鈔通常只收1,000日圓。如果是刷IC卡，通常上下車的地方都有機器，上下車都要刷卡。詳細搭乘公車教學可參閱以下網址：

http www.tobu-bus.com/tcn/nikko/pdf/howTo_nikko.pdf

左側為整理券機器，右側為運賃箱及兩替機

車內最前方的價目表，不同整理券號碼對應不同價錢

| 東京 | 橫濱 | 鎌倉・江之島 | 川越 |

東京首都圈自由行特輯
Traveling in Tokyo Area

FUN TRIP

超・人・氣・經・典

百變東京・海港橫濱
古都鎌倉・小江戶川越

永遠走在時尚潮流尖端的東京，有看不完的展覽、吃不盡的美食，
新景點、新餐廳如雨後春筍般不斷冒出，隨時令人耳目一新。
如果厭倦了繁華大都會，跳上車約莫1小時就能來到鎌倉或川越，
漫遊歷史古鎮，感受悠閒步調、老街特有的人情味，
恍若穿越時空回到江戶街頭，將身心靈都給徹底洗淨了。

台場
浪漫約會地

千鳥之淵
賞櫻名所

淺草
下町風情

拜訪的
景點

東京晴空塔
高聳地標

橫濱
港灣夜景

湘南海岸
動漫場景

川越
小江戶

關東
かんとう

別忘了到明治神宮求個御守帶回家哦！

東京都

銀座、新宿、澀谷一帶是最熱鬧的都會區，上野、淺草的庶民風情與眾多景點吸引無數新手觀光客，結合海景夜景及購物、遊樂設施的台場擁有獨特魅力，晴空塔、六本木展望台的璀璨夜景令人難以忘懷。活力四射、千變萬化的東京，等你來體會！

神奈川縣

最大都市橫濱是個美麗海港，浪漫海景與夜景成為情侶們的約會勝地。乘著搖搖晃晃的電車沿湘南海岸至鎌倉古都及江之島尋幽訪勝，站在晴子向櫻木花道揮手的平交道，演出自我風格的灌籃高手吧！

千葉縣

成田機場所在地，搭機前不妨提早到成田山懷舊老街走走。風靡全球的迪士尼樂園就在千葉縣！南端的房總半島依山傍水，也是個熱門景點哦！

琦玉縣

「世上小京都不少，但小江戶只有川越一個」，一語道出川越在日本人心中的重要性。群山環抱的秩父是另一知名景點，長瀞泛舟、羊山公園芝櫻每年都吸引無數旅客造訪。

1

1.海苔羊羹為江之島的知名土產／2.惠比壽花園廣場，為日劇《流星花園》場景／3.汐留Caretta Illumination每年約舉辦於11～2月，是冬季專屬的浪漫點燈／4.清澄白河「江戶みやげ屋たかはし」土產店，有趣好客的老闆

2 **3** **4**

機場交通

本章節不適用既存的鐵路周遊券來規畫行程，因此提供兩大機場交通方式供讀者參考。搭配各區的實用交通票券，就能來一趟時尚經典的首都圈自由行！

成田國際機場

從東京市區往返成田機場的交通方式有很多種，以下分別介紹。

JR：成田特快(N'EX, Narita Express)、快速Airport成田

「N'EX」是JR的特急列車，只停大站，從成田機場出發後約1小時到東京車站，之後部分車次開往澀谷、新宿、池袋方向，部分車次開往品川、橫濱、大船方向。要注意每個班次的終點站可能不同，務必看清時刻表，例如有些班次只開到新宿而不停池袋。N'EX適合住在東京、品川、橫濱、澀谷、新宿、池袋等JR沿線大站或再轉搭JR山手線至附近其他站的旅客。優點是對號車座位舒適、直達各大站，成田機場到東京約53分鐘。缺點是票價昂貴，如成田至東京單程¥3,020、至新宿¥3,190、至橫濱¥4,290。目前JR東日本推出優惠方案「N'EX東京去回車票」，來回共¥4,000，限14天內搭乘，可於成田機場的JR東日本旅行服務中心或JR售票處購買。

「快速Airport成田」則是非對號的普通車，票價較便宜僅需¥1,280，但座位較不舒適，且搭乘時間較長，從成田機場到東京約85分鐘。

http www.jreast.co.jp/TC/N'EX

N'EX

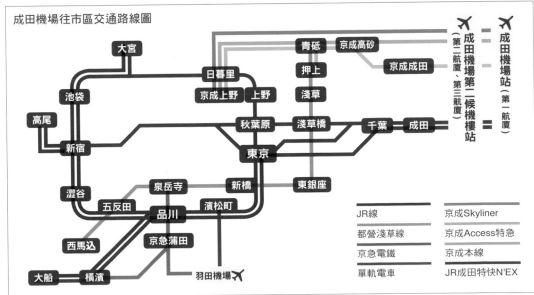

成田機場往市區交通路線圖

JR線
都營淺草線
京急電鐵
單軌電車
京成Skyliner
京成Access特急
京成本線
JR成田特快N'EX

地圖繪製／許志忠

京成電鐵：Skyliner、Access 特急

「Skyliner」從成田機場發車後只有停日暮里和京成上野站，僅需41分鐘，單程票價¥2,470，優點是座位舒適且速度快，缺點是票價較高，適合住在日暮里和上野附近的旅客。

「Access特急」，除了從成田機場前往日暮里和上野的路線外，還有一條往押上，並和都營地鐵淺草線、京急線直通運轉前往羽田機場的路線，以東銀座為例，票價¥1,330，時間約62分鐘。適合住在都營地鐵淺草線沿線如淺草、淺草橋、東日本橋、日本橋、人形町、東銀座等站附近的旅客。

http www.keisei.co.jp/keisei/tetudou/
skyliner/tc/index.php

Skyliner

The Access Narita（THEアクセス成田）

單程票價只要¥1,000(深夜時段¥2,000)，上車直接付現給司機即可。在銀座和東京設站往返成田機場，班次密集，約20分鐘一班，銀座班次較少。東京車站站牌在八重洲南口7號巴士站，銀座站牌在數寄屋橋附近(C5和C7出口之間)，成田機場第一航廈在31號巴士站、第二航廈在2號或19號巴士站、第三航廈在2號巴士站。成田機場到銀座約80

The Access Narita

分鐘、到東京車站約70分鐘，是住在東京車站或銀座附近旅客的首選，既方便又便宜。

http accessnarita.jp/cn1/home

Tokyo Shuttle（東京シャトル）

單程票價只要¥1,000(深夜時段¥2,000)。主要在東京設站往返成田機場，班次密集，約20分鐘一班，少部分班次會停銀座。東京車站站牌在八重洲北口3號巴士站，成田機場第一航廈在31號巴士站、第二航廈在2號或19號巴士站、第三航廈在1號巴士站。成田機場到東京車站約70分鐘，適合住在東京車站附近的旅客。

http www.keiseibus.co.jp/kousoku/nrt16.
html

利木津巴士(Limousine Bus)（リムジンバス）

最大優點就是站點非常多，包括各大車站及各大旅館，若是住在站點附近的旅客，可省去提行李搭地鐵或火車的麻煩。缺點是巴士可能會塞車，若是回程建議提早出發前往機場，此外東京市區單程票價¥3,100也稍貴。以新宿站為例，除了新宿站西口和新宿高速巴士總站，停靠站點還有東京希爾頓飯店、新宿太陽道廣場大飯店、東京柏悅飯店、小田急世紀南悅酒店、京王廣場大飯店、東京凱悅酒店、新宿華盛頓酒店。

目前利木津巴士與JCB信用卡推出兩個卡友專屬優惠，第一個是在成田機場利木津巴士售票窗口使用JCB卡購票並搭乘成田機場出發之利木津巴士各路線，

成田機場第一、第二航廈的地下1樓，搭乘鐵道前購買票券的「JR東日本旅行服務中心」及「Skyliner和京成服務中心」就在隔壁

利木津巴士

可享有票價8折優惠(每位持卡人1次限購4張車票)；第二個活動是使用JCB卡累積消費滿8萬日幣，在JCB Plaza Tokyo出示消費簽單及同卡號JCB卡，就會贈送各站至成田機場的利木津巴士回程乘車券(每張JCB卡及該卡之消費簽單最多可兌換2張乘車券)。

http 利木津：www.limousinebus.co.jp/ch2

http JCB優惠活動：www.jcb.tw/campaign/airport_limousine.html

在成田機場出境後，可在AKIHABARA免稅店購買各式各樣的伴手禮

羽田國際機場

羽田機場距離東京市區較近，但班機較少，以下介紹常用的幾種交通方式。

羽田機場出境前4樓的江戶小路，是條具有懷舊氛圍的商店街及美食街

玩家提示　選對座位，回程時再看一眼富士山

不論從成田機場或羽田機場搭機，回程航線通常會從富士山南側經過。推薦大家在選擇機上座位時，可以選擇右側靠窗的位置，起飛後不久就可以從空中眺望富士山及富士五湖的風采哦！

東京單軌電車(Tokyo Monorail)(東京モノレール)

連接羽田機場及濱松町站，單程票價￥490，約13～17分，濱松町可轉乘JR山手線至各大站，此路線於尖峰時間可能較擁擠。

http www.tokyo-monorail.co.jp

京濱急行電鐵(Keikyu Line)(京急線)

連接羽田機場及品川站，單程票價￥410，約14～18分，可於品川轉乘JR山手線至各大站。京急線過了品川下一站泉岳寺後，與都營地鐵淺草線直通運轉，可前往東銀座、人形町、日本橋、東日本橋、淺草橋、淺草等站，過了押上後與京成電鐵直通運轉，可前往成田機場。前往橫濱也相當方便，有直達車或於京急蒲田轉車，單程票價￥450，約20分。

http www.keikyu.co.jp

利木津巴士(Limousine Bus)(リムジンバス)

站點多，票價及所需時間依上下車地點而異，可上官網查詢。

http www.limousinebus.co.jp/ch2

東京單軌電車

東京・全日本最夯的潮流勝地

"吃喝玩樂大血拼,欣賞季節專屬美景"

3日這樣玩

http goo.gl/LJb2ww

超人氣定番行程

以下行程以住在上野附近作為範例,僅列出搭乘交通工具前往各景點之大略時間供參考,讀者可根據自己需求調整。

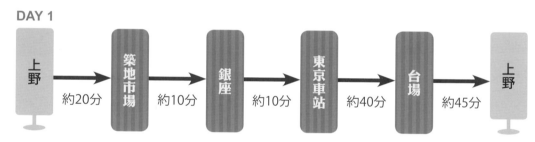

DAY 1

上野 →（約20分）築地市場 →（約10分）銀座 →（約10分）東京車站 →（約40分）台場 →（約45分）上野

DAY 2

上野 →（約15分）東京大學 →（約15分）上野 →（約10分）淺草寺 →（約10分）東京晴空塔 →（約20分）上野

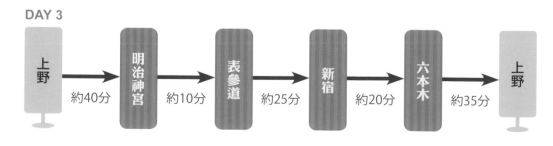

DAY 3

上野 →（約40分）明治神宮 →（約10分）表參道 →（約25分）新宿 →（約20分）六本木 →（約35分）上野

旅遊案內所
出發前先了解的事

Tokyo Subway Ticket
最方便的交通票券

東京市區內移動以JR山手線、東京Metro地鐵、都營地鐵等為主，有各式各樣的票券，其中最方便使用的是Tokyo Subway Ticket，可搭乘包含東京Metro及都營的所有地鐵，但不可搭乘JR。

Tokyo Subway Ticket的使用時間不像一般傳統以天數計算，而是以起始時間起的24、48、72小時計算，外國人優惠價格「Tokyo Subway 24-hour Ticket」¥800、「Tokyo Subway 48-hour Ticket」¥1,200、「Tokyo Subway 72-hour Ticket」¥1,500，成田機場京成巴士售票櫃檯、羽田機場觀光資訊中心僅限外國人購買，或可於各大旅行社、各大車站旅遊服務中心等處購買。

Tokyo Subway Ticket與往來成田機場的各種交通推出共同票券，包含Keisei Skyliner & Tokyo Subway Ticket、Limousine Bus & Subway Pass、Tokyo Shuttle & Subway Pass。另外，也與往來羽田機場的各種交通推出共同票券，包含京急羽田/地下鐵共通優惠車票、Welcome! Tokyo Subway Ticket、Limousine Bus & Subway Pass。

Tokyo Subway 48-hour Ticket+Skyliner單程

Tokyo Subway 72-hour Ticket

Tokyo Subway Ticket價錢對照表

共同票券 ╲ 票券種類	Tokyo Subway 24-hour Ticket	Tokyo Subway 48-hour Ticket	Tokyo Subway 72-hour Ticket	可節省的費用
單獨購買	¥800	¥1,200	¥1,500	無
來往成田機場 +Skyliner單程	¥2,800	¥3,200	¥3,500	¥470
+Skyliner來回	¥4,700	¥5,100	¥5,400	¥1,040
+利木津單程1張 (Limousine Bus)	¥3,400	無	無	¥500
+利木津單程2張 (Limousine Bus)	無	¥5,700	¥6,000	¥1,500
+ Tokyo Shuttle單程	¥1,700	¥2,100	¥2,400	¥100
+ Tokyo Shuttle來回	¥2,600	¥3,000	¥3,300	¥200

http 東京Metro中文官網：www.tokyometro.jp/tcn/ticket/value/index.html

築地市場

場外市場

東京的廚房

　　築地是東京最大的魚市場，素有「東京的廚房」之稱。「場內市場」有各式水產、蔬果業者的批發場，不能自由進出；旁邊的「魚がし橫町」共有數十家店鋪，尤以販售海鮮及握壽司最為知名，大多數店家跟著場內市場公休，務必事先上網查詢休市日。「場外市場」則是在外圍的商店街，店鋪眾多，是休市時的好選擇。

　　築地市場預計將於2018年10月有重大變遷，場外市場在原地整合成商業設施「築地魚河岸」，場內市場的老鋪則搬遷到「豐洲市場」，可搭乘新橋發車的百合海鷗線到「市場前站」。未來在築地和豐洲都能吃到美味新鮮的海產哦！

{Info}

➡ 東京metro日比谷線「築地」站或都營大江戶線「築地市場」站 🔗 www.tsukiji-market.or.jp

場內市場

壽司大

　　人氣最高的握壽司店鋪，經常大排長龍。店內僅有12席，排隊時間約1～4小時不等，推薦￥4,000的「旬魚おまかせセット」，約10貫當天特選握壽司再加上自選1貫的套餐。

凌晨3:30就已大排長龍

店內僅有12席，常需久候

磯壽司

　　1樓磯壽司販售握壽司，2樓磯野家為綜合食堂。推薦每天限量30份的半價優惠套餐￥2,592，約12貫握壽司加上玉子燒。

店家外觀

黑鮪魚大腹、中腹、赤身

小田保

　販售炸物的知名店家，自2017年11月起於場外開第二家分店。

店家外觀

冬季限定的炸牡蠣定食(6大顆)¥1,540

松露玉子燒

　最初在人形町附近開設壽司屋，後來遷移並改為玉子燒屋。經過多年改良，使用特選雞蛋、砂糖、醬油等原料，製作出美味的玉子燒。

玉子燒▶
(照片提供／Baozi)

店家外觀(照片提供／Baozi)

{Info}

壽司大
- ✉ 東京都中央区築地5-2-1築地市場6号館
- ☎ 03-3547-6797
- ⏰ 05:00～14:00，週日及場內休市日公休
- http www.tsukijigourmet.or.jp/22_sushidai

磯壽司
- ✉ 東京都中央区築地5-2-1築地市場10号館
- ⏰ 06:00～21:00，週六06:00～16:00，週日及場內休市日公休
- http www.isonoya.co.jp

小田保
- ✉ 東京都中央区築地5-2-1築地市場6号館
- ⏰ 04:00～13:00，週日及場內休市日公休
- http odayasu-toyosu.com

松露玉子燒
- ✉ 東京都中央区築地4-13-13
- ⏰ 04:00～15:00，週日及場內休市日07:00～16:00
- http www.shouro.co.jp

銀座

集百年繁華與最新潮流於一身

　銀座是東京歷史悠久的繁華鬧區，除了貴婦最愛的名牌精品店與百貨公司林立，還有許多大型商店及旗艦店，例如百年文具專賣店伊東屋、資生堂附設咖啡廳沙龍，近兩年更有許多嶄新的大型商場陸續進駐，吸引年輕族群目光。

{Info}

➡ 東京metro銀座線、丸之內線、日比谷線「銀座」站

和光百貨頂樓的SEIKO鐘塔是銀座地標

名牌精品店

伊東屋光是彩色鉛筆的種類就多到令人目不暇給

Ginza Six・蔦屋書店・Starbucks Reserve Bar

2017年4月開幕的複合式商場Ginza Six是銀座最新地標，除了草間彌生的紅點南瓜裝置藝術蔚為話題，還有許多備受矚目的店家。擁有6萬冊藝術藏書的蔦屋書店，特別設置好幾

本50x70公分、重約40公斤的超大型書，還有武士刀展售；另一亮點則是引進日本第一家星巴克典藏咖啡酒吧(Starbucks Reserve Bar)，主打氮氣冷萃咖啡，從視覺到味覺都是全新體

驗。四周有藝術品擺設，提供小說雜誌試讀，也有音樂供試聽，不知不覺沉浸在書香與咖啡香的美好時光。

1.蔦屋書店與Starbucks Reserve Bar／2.書店特有的Big book／3.欣賞從水龍頭流下的「咖啡瀑布」／4.草間彌生的紅點南瓜布置

牛庵

晚餐是動輒上萬日幣的A5等級神戶牛，只有千圓左右的午餐定食吸引不少人來排隊。每天中午限量18份的神戶牛漢堡排只要￥990，總是一開店就銷售一空，其他還有黑毛和牛牛排、壽喜燒、涮涮鍋，約￥990～1,800不等，以低價位就能享受這般高品質牛肉真是太幸福了！

每天中午都吸引不少排隊人潮　每天限量10份的￥990特選橫膈膜牛排(ハラミステーキ)

{Info}

Ginza Six・蔦屋書店・Starbucks Reserve Bar
✉ 東京都中央区銀座6丁目10-1　蔦屋書店09:00～23:30 http
ginza6.tokyo

牛庵
✉ 東京都中央区銀座6-13-6 華僑商工会ビルB1　☎ 03-3542-0226　🕐 11:30～14:15，17:30～22:00，週日及假日公休

東京車站

歐洲文藝復興風格的古典車站

百年歷史的紅磚瓦建築東京車站，除了是重要的交通樞紐，也是逛街購物或享受美食的好地方，光是這裡就可以耗上一天。西側正面為丸之內口，遠處為皇居，對面是丸大樓、新丸大樓；東側為八重洲口，隔壁為大丸百貨，內部「東京車站一番街」有動漫街、拉麵街、美食街。

引起搶購熱潮的限量版「東京駅開業100周年記念Suica」就是以東京車站八角形圓頂建築為藍圖

東京車站共有3處八角形圓頂

{Info}

➡ 東京metro丸之內線「東京」站；JR或新幹線「東京」站
http www.tokyostationcity.com

東京車站日景；新丸大樓7樓Garden Terrace可眺望全景

東京車站夜景；丸大樓5樓Terrace可眺望全景

Monna Lisa

榮獲米其林一星推薦的法式餐廳Monna Lisa，本店位於惠比壽，丸之內分店位於東京車站對面的丸大樓36樓，可以邊用餐邊坐擁皇居景色。來此用餐的不乏商務人士及貴婦，有不同套餐可選擇，最便宜的平日商業午餐￥4,080起跳。

{Info}

✉ 東京都千代田区丸の內2-4-1 丸の內ビルディング36F ☎ 03-3240-5775 🕐 11:30～14:00，17:30～21:00 http www.monnalisa.co.jp

1～2.餐點精緻、擺盤講究(照片提供／Baozi)／3.甜點(照片提供／Baozi)

土屋鞄製造所

本店位於東京西新井，創立於1965年，選用上等皮革，由職人們設計及縫製成各式耐用又美觀的皮革商品。全日本約有10家分店，於東京車站對面的新丸大樓4樓設有專櫃。

職人手作皮夾(照片提供／Baozi)

{Info}

土屋鞄製造所
✉ 東京都千代田区丸の内1-5-1新丸ビル4F ☎ 03-3212-6331 ⏰ 11:00～21:00，週日11:00～20:00 http www.tsuchiya-kaban.jp

東京車站一番街
➡ 東京車站八重洲出口 http www.tokyoeki-1bangai.co.jp

東京車站一番街

集結許多超人氣動漫專賣店、甜點店及餐廳，隨時都擠滿人潮。拉麵街集合8家人氣拉麵店，最有名的「斑鳩」主打豚骨加魚介湯頭，特別推出東京車站限定版菜單「東京駅拉麵」，湯頭濃郁，叉燒肉和溏心蛋也相當入味；「六厘舍」是沾麵名店，麵條Q彈，沾獨門醬汁食用味道極棒。「日本美食街道(にっぽん グルメ街道)」有來自全國各地的餐廳共8家店鋪，囊括函館迴轉壽司、仙台牛舌、富山白蝦、廣島燒、博多明太子、鹿兒島黑豬肉等代表性美食，人氣強強滾。

1～2.車站B1東京一番街有各種動漫店鋪／3.六厘舍／4.斑鳩／5.富山白蝦亭／6.六厘舍沾麵(￥830)／7.斑鳩的豚骨魚介東京駅拉麵(￥1,000)／8.富山白蝦亭的白蝦刺身丼(￥2,480)

台場

我是小拉福，歡迎來富士電視台找我玩哦！

玩一整天也不膩的超人氣海濱景點

　　台場是東京都港區一處填海造陸的人工島，海景唯美，商場林立，還有摩天輪及遊樂設施，適合各種年齡層出遊。維納斯城堡Venus Fort是以中世紀歐洲街道風格打造的outlet，極具設計感。富士電視台是日劇及動漫迷最愛，展覽區有許多節目的布景道具，還可以到25樓球體展望台俯瞰整個台場地區。戶外有展示鋼彈的Diver City Tokyo Plaza，以及Aqua City、Decks Tokyo Beach，都是好逛好買又好玩的複合式商場。想泡溫泉的人可以前往大江戶溫泉物語。於海濱公園散步，欣賞彩虹大橋夜景，更是日劇經常出現的經典浪漫畫面。

{Info}

➡️ 由新橋或汐留搭乘「百合海鷗號」或由淺草搭乘「水上巴士」前往 http www.tokyo-odaiba.net

1.富士電視台的吉祥物Laugh／**2.**維納斯城堡／**3.**富士電視台的25樓球體展望台相當顯眼／**4.**自由女神像與彩虹大橋夜景

東京大學

日本最高學術殿堂

慕名前來東京大學朝聖的人其實不少，校園風景優美，是喧囂市區內能悠閒散步、放鬆身心的好去處。可參觀校園的赤門、安藤忠雄設計的福武堂、思考之壁、安田講堂、彌生講堂、法文館的哥德式拱門建築等。

安田講堂的地下室有食堂，商店除了販售日用品和食物，還有印製東大字樣的筆、扇子、筆記本等，可以買來當紀念；三四郎池是充滿文學氣息的詩意角落；每逢秋季，漫天黃葉的銀杏大道更是東京市區內熱門的賞銀杏景點。

{Info}

✉ 東京都文京区本郷7-3-1 ➡ 東京 metro丸之內線或都營大江戶線「本郷三丁目」站 🔗 www.u-tokyo.ac.jp

1.林木參天的校園／**2.**赤門／**3.**美麗的校園建築／**4.** 安田講堂

廚菓子黑木(廚菓子くろぎ)

這家位於東大校園的和菓子咖啡店可是大有來頭，外觀由東大教授、知名建築師隈研吾設計，一層層波浪狀的杉板木在低調中蘊含著極致美學，店家則是由米其林大師黑木純與猿田彥珈琲聯手合作。主打的蕨餅乃是以頂級100%本蕨粉製作，可以沾黃豆粉和抹茶粉來吃，或淋上黑糖蜜，每種吃法都有不同風味，套餐的飲料是猿田彥珈琲。天氣好的時候可以坐在戶外露台，會有與周邊自然融為一體的感受。

蕨餅套餐(¥2,500)

隈研吾大師設計的獨特建築

{Info}

✉ 東京都文京区本郷7-3-1(東京大學本郷校區春日門側Daiwa Ubiquitous學術研究館1F) 🕐 09:00～19:00 🔗 www.wagashi-kurogi.co.jp

上野

交通便利又適合血拼購物的住宿區

上野是重要交通樞紐，有新幹線、JR山手線、京成電鐵、東京metro銀座線及日比谷線、都營大江戶線通過。知名景點有上野恩賜公園、上野動物園，也有美術館及博物館。上野站及御徒町站之間的商店街「阿美橫丁」(アメヤ橫丁)更是遊客必訪景點，有很多便宜的零食點心可大量採購回國。各式商店、藥妝店、居酒屋林立，還有多慶屋、百貨公司、大型電器店Yadobashi，怪不得是遊客最愛的住宿地點之一。

上野車站

阿美橫丁

{Info}

➡ 新幹線、JR山手線、東京metro銀座線及日比谷線「上野」站；京成電鐵「京成上野」站；都營大江戶線「上野御徒町」站

大統領

有本店及分店共2家，販售各式串燒、內臟、關東煮、酒類，下班時間後經常高朋滿座。招牌料理「大統領特製煮込み」內含蒟蒻、牛筋、豆腐、內臟，「もつ焼き盛り合わせ」為內臟組合串燒。

もつ焼き盛り合わせ(¥450)

{Info}

✉ 東京都台東區上野6-10-14　🕐 10:00～24:00

肉の大山

販售肉品有名的店家直營餐廳，內用菜單有牛排及各種定食，最熱門的是外帶炸物，如可樂餅(やみつきコロッケ)、炸肉餅(特製メンチ)、特選和牛炸肉餅(匠の和牛メンチ)，購買後可在旁邊立食區享用。

各式炸物

{Info}

✉ 東京都台東區上野6-13-2　🕐 11:00～23:00
(週日、假日到22:00)　🌐 www.ohyama.com/ueno

淺草

初心者必訪的東京代表性景點

淺草是東京都內的舊社區，充滿下町風情，最熱鬧的是淺草寺、仲見世通，其他景點有淺草文化觀光中心、淺草演藝廳、淺草花屋敷、合羽橋道具街、淺草錢湯等。隅田川畔的隅田公園在春季為賞櫻景點，而每年7月底的隅田川花火大會為東京最具代表性的花火大會之一。

{Info}

➡ 東京metro銀座線或都營淺草線或東武鐵道「淺草」站

1.人潮洶湧的商店街仲見世通／2.隅田公園賞夜櫻，可同時看到晴空塔美景／3.夜間寧靜的淺草寺／4.淺草是東京難得還有人力車的地方

▌淺草今半

明治28年創立的百年和牛老鋪，選用高級和牛，料理以壽喜燒、涮涮鍋、牛排為主，御膳￥8,000起，懷石￥15,000起；午餐時間提供較優惠的選擇，如每天限量20份的百年牛丼￥1,500、午膳￥3,800、午懷石￥6,000。

淺草今半(照片提供／Baozi)　選用高級和牛之壽喜燒，此為3人份(照片提供／Baozi)

天健

淺草的「天丼」是遠近馳名的下町風情庶民美食，有許多知名老店，競爭激烈。其中相當受在地人推崇的天健，在美食網站Tabelog有極高評價，招牌料理是炸什錦丼(かき揚げ丼)，用料豐富，有蝦子、花枝、扇貝和野菜。現炸熱騰騰的酥脆口感襯托出食材鮮美度，淋上店家祕傳醬汁，更加入味。

天健的日式和風座席

炸什錦丼(￥2,200)

淺草寺

創建於628年，為東京都內歷史最悠久的寺院。本堂又稱觀音堂，供奉觀音，與五重塔皆為東京大空襲燒毀後重建。雷門為淺草寺參道的入口，門下吊著大燈籠，從雷門到淺草寺之間的仲見世通是熱鬧非凡的商店街，除了代表性土產人形燒，還有各式小吃美食及傳統工藝品。

白天熱鬧的淺草寺

▲有許多傳統工藝品

◀人形燒是代表性土產

熱鬧的仲見世通

雷門是定番拍照留念景點

{Info}

淺草今半
✉ 東京都台東区西浅草3-1-12 ☎ 03-3841-1114 🕐 11:30〜21:30 http
www.asakusaimahan.co.jp

天健
✉ 東京都台東区浅草2-4-1 ☎ 03-3841-5519 🕐 11:30〜18:30，週末及假日提前11:00開門，週一公休(遇假日則延至隔天休)

淺草寺
✉ 東京都台東区浅草2-3-1 🕐 4〜9月06:00〜17:00，10〜3月06:30〜17:00 http www.senso-ji.jp

在展望台眺望東京都內夜景

東京晴空塔(東京スカイツリー)

高聳的東京地標

　　東京晴空塔位於押上，高634公尺，2011年建造時為當時世界最高的塔。樓下為Sky Tree Town，有各式各樣的商店、紀念品店、土產店、餐廳。許多土產或動漫人物都特別推出晴空塔限定版，是很有紀念價值的收藏品。

人形町龜井堂為晴空塔製作的瓦片(6片¥700)

適逢5月慶祝兒童節，在頂樓廣場懸掛鯉魚旗

▲▶晴空塔限定
口味伴手禮

{Info}

✉ 東京都墨田区押上1丁目1-2 ☎ 0570-55-0634 🕐 展望台08:00～22:00 💲 350公尺高的天望展望台門票¥2,060(或可提前預約選時段¥2,570)，450公尺高的天望迴廊需再加價¥1,030；外國遊客可至專屬櫃檯購買快速入場券，天望展望台¥3,000、加天望迴廊¥4,000 ➡ 東京metro半藏門線或都營淺草線或京成電鐵「押上」站；東武鐵道「とうきょうスカイツリ」站 🌐 lang.tokyo-skytree.jp/cn_t

頭戴晴空塔帽子的限定版玩偶

明治神宮

參拜人數日本第一

明治神宮位於新宿及澀谷之間，鄰近竹下通、原宿、表參道商圈，地處東京市中心，占地廣闊，供奉明治天皇和昭憲皇太后，擁有重要地位，經常有日本人來此舉辦結婚儀式。

明治神宮的各式各樣御守（¥800～1,000）

原宿車站

常可巧遇結婚儀式

{Info}

📧 東京都渋谷区代々木神園町1-1 🕐 寶物殿09:00～16:30 ➡️ 南參道可由JR「原宿」站、東京metro千代田線或副都心線「明治神宮前」站前往；北參道可由JR或都營大江戶線「代代木」站、東京metro副都心線「北參道」站前往 🌐 www.meijijingu.or.jp

參道口的巨大木造鳥居，高達12公尺，木材來自臺灣

每年8月下旬的明治神宮奉納原宿表參道元氣祭，是首都圈最盛大的祭典

表參道

精品旗艦店齊聚的黃金地帶

給人高貴印象的表參道是商店百家爭鳴之地，來自全球的時尚名牌都是獨棟建築，即使預算不高，來欣賞獨特的建築藝術也很賞心悅目。奢華精品、平價商場、歐風雜貨、異國美食，舉凡各式各樣來自國外的首家旗艦店，幾乎都以此作為據點，最新潮流的文化衝擊讓表參道永遠走在時代的尖端。

{Info}

➡️ 東京metro半藏門線或銀座線或千代田線「表參道」站

表參道匯集各家國際精品名店

來自紐約的Dominique Ansel Bakery於2015年登陸日本，現烤棉花糖為一大賣點

表參道東急Plaza

新宿

◀新宿つな八總本店
的現炸天婦羅

走在時尚潮流尖端

　　新宿車站被金氏世界紀錄認證為全世界最繁忙的車站，眾多路線及出口使車站如迷宮般錯綜複雜，也帶動新宿繁榮，熱鬧的歌舞伎町、辦公大樓及百貨公司商場林立，年輕人時下流行品牌幾乎統統都有。這裡同樣美食雲集，天婦羅老店「新宿つな八」、拉麵名店「麵屋武藏」都發跡於新宿。推薦來吃晚餐，順便上東京都廳45樓觀賞難得的免費夜景哦！

與新宿車站相連的大型商場NEWoMan

{Info}

➡ 東京metro丸之內線或都營大江戶線或都營新宿線「新宿」站；JR山手線、京王線、京王新線、小田急線「新宿」站；或西武新宿線「西武新宿」站

新宿車站

車站周邊百貨公司林立

麵屋武藏

　　東京的人氣拉麵店，第一間新宿總本店於1998年開張，以雞骨、豚骨為主之「動物系湯頭」與乾製鰹魚熬製的「魚介系湯頭」混合成「W soup」雙湯頭，創辦人仰慕日本史上第一劍客宮本武藏自創二刀流劍法，因而以武藏為店名，期許自己將「雙刀流」湯頭發揚光大。拉麵湯頭及沾麵醬汁味道都極為濃厚，肥美的炙燒叉燒肉令人再三回味，曾在電視節目贏得許多獎項而聲名遠播，目前東京共14間分店，台灣也陸續開立分店。

{Info}

✉ 東京都新宿区西新宿7-2-6 K-1大廈1F ☎ 03-3363-4634 🕐 11:00～22:30(偶數月的第一個週一只到20:00) ➡ JR新宿駅西口徒步4分

麵屋武藏新宿總本店

主打豚骨魚介雙湯頭的武藏拉麵(￥1,150)

主打豚骨魚介雙湯頭的武藏沾麵(￥1,150)

六本木

都市更新後的嶄新商務區

六本木一帶有許多大使館，有不少外國人，附近不乏營業到凌晨的餐廳、酒吧。2003年開幕的六本木Hills，有朝日電視台總部、美術館、展望台、飯店、電影院、餐廳等多元化設施，旁邊為毛利庭園。2007年開幕的六本木Midtown，除了餐廳和購物廣場，也有辦公室、飯店、Suntory美術館，儼然成為東京的觀光文化新名所。

{Info}

➡ 東京metro日比谷線或都營大江戶線「六本木」站

國立新美術館擁有波浪狀的玻璃外觀造型

六本木Hills展望台眺望東京鐵塔及璀璨夜景

六本木Midtown有米其林三星甜點師傅鎧塚俊彥開設的Toshi Yoroizuka

大蜘蛛為六本木Hills地標

花
Flower

首都圈年度最熱鬧賞櫻盛宴

東京賞櫻熱門景點推薦

每年3月下旬～4月上旬是東京最熱鬧的季節，無論是盛開櫻花或浪漫櫻吹雪，
到處都充滿了春天的蓬勃朝氣！

千鳥之淵(千鳥ヶ淵)

位於皇居西北側，沿護城河步道約700公尺，是赫赫有名的賞櫻名所，每年吸引上百萬人前來，可搭乘遊船，夜間會點燈。附近的靖國神社也是著名的賞櫻景點。

{Info}

千鳥之淵 (千鳥ヶ淵)
➡ 東京metro半藏門線或東西線或都營新宿線「九段下」站；或東京metro半藏門線「半藏門」站 http www.kanko-chiyoda.jp

上野恩賜公園
➡ 新幹線、JR山手線、東京metro銀座線及日比谷線「上野」站；京成電鐵「京成上野」站 http www.tokyo-park.or.jp/park/format/index038.html

目黑川沿岸
➡ 上段可由田園都市線「池尻大橋」站；中段可由東急東橫線或東京metro日比谷線「中目黑」站；下段可由JR、東急目黑線、東京metro南北線或三田線「目黑」站 http www.city.meguro.tokyo.jp (行政情報→区の紹介・歴史→目黒区の主なイベント→目黒の桜)

新宿御苑
➡ 新宿門可由東京metro副都心線「新宿三丁目」站，或JR、京王、小田急線「新宿」站；大木戶門可由東京metro丸之內線「新宿御苑前」站；千馱谷門可由JR「千馱谷」站或都營大江戶線「國立競技場」站 http fng.or.jp/shinjuku

上野恩賜公園

　位於上野車站旁，公園內有美術館、動物園、蓮花池，為賞櫻百選勝地，每年櫻花祭吸引大批遊客，夜間會點燈。

新宿御苑

　占地廣闊的新宿御苑，過去為內藤家的宅地，後來成為開放式公園，內有日式、英式、法式3種庭園設計，四季有不同花卉及景色可欣賞。為賞櫻百選勝地，種植超過1,000株櫻花，且品種繁多，無論在花季的早、晚期前來都有花可賞。

目黑川沿岸

　目黑川全長約8公里，池尻大橋至目黑間的4公里種植有800多株櫻花，是非常熱門的賞櫻景點，夜間會點燈。

葉
Leaf

銀杏與楓葉共譜浪漫金秋戀曲

東京賞銀杏紅葉熱門景點推薦

每年11月中下旬，各種色彩斑斕、鋪天蓋地的黃葉與紅葉，如繽紛調色盤勾勒出秋季專屬的浪漫詩意。想觀賞銀杏和紅葉的風采，不必再大老遠跑到郊區啦！

國營昭和紀念公園

國營昭和紀念公園位於東京都立川市，距新宿僅需半小時車程，造訪季節尤以秋季最具人氣，整個公園占地非常廣闊，可在公園內租腳踏車騎，建議安排4小時以上停留時間。

六義園

六義園是花上7年時間建造的「回遊式築山泉水庭園」。每年11月下旬～12月初，如夢似幻的六義園夜間點燈「紅葉と大名庭園のライトアップ」是許多人來東京欣賞夜楓的首選。

{Info}

國營昭和紀念公園
➡ 從新宿站搭乘JR中央線約30分至「西立川」站，徒步2分可抵達公園「西立川口」
www.showakinen-koen.jp

六義園
➡ 東京metro南北線或JR山手線「駒込」站徒步7分；或都營三田線「千石」站徒步10分
teien.tokyo-park.or.jp（點選「六義園」）

小石川後樂園
➡ 東京metro南北線或東西線或有樂町線「飯田橋」站A1出口徒步8分；都營大江戶線「飯田橋」站C3出口徒步3分；JR總武線「飯田橋」東口徒步8分；東京metro丸之內線或南北線「後樂園」站中央口徒步8分
teien.tokyo-park.or.jp（點選「小石川後樂園」）

神宮外苑銀杏並木道
➡ 東京metro半藏門線或銀座線或都營大江戶線「青山一丁目」站徒步10分；或東京metro銀座線「外苑前」站徒步10分
www.meijijingugaien.jp

小石川後樂園(小石川後楽園)

建造於江戶時代初期的小石川後樂園，取名靈感來自「先天下之憂而憂，後天下之樂而樂」，與六義園同為儒學影響下所建造的「回遊式築山泉水庭園」，是東京都內知名的紅葉庭園。

神宮外苑銀杏並木道(神宮外苑いちょう並木)

明治神宮外苑範圍廣大，最知名的除了8月中旬舉行神宮外苑花火大會的「神宮球場」外，就是11月中下旬～12月初舉行銀杏祭的「銀杏並木道」了，青山通上面向聖德紀念繪畫館兩側約300公尺長的路上，整排種滿了銀杏，每年秋天吸引約180萬人來訪。

橫濱・探索新奇刺激的海底世界

"逛文青風老倉庫，賞橫濱港浪漫夜景"

今日這樣玩

http goo.gl/Mfttbv

東京 → 八景島海島樂園 → 紅磚倉庫 → 地標塔 → 東京

橫濱八景島海島樂園(橫浜・八景島シーパラダイス)

大家跟我一起動起來！

大人小孩都愛的海洋遊樂園

　　即將進軍北臺灣的八景島擁有日本最大規模的水族館，包含Aqua Museum、Umi Farm、Fureai Lagoon、Dolphin Fantasy 4個館，可和海洋生物進行親密交流。另外Pleasure Land也有雲霄飛車、海盜船等多種遊樂設施，足以好好玩上一整天喔！

餵食表演(照片提供／Baozi)

{Info}

✉ 神奈川縣橫浜市金沢區八景島 ☎ 045-788-9632 🕐 開島時間08:30～21:30，因季節和節日而異，且各館不同，詳見官網 💲 全島1日券高中生以上￥5,050，中小學生及65歲以上老人￥3,600，4歲以上幼兒￥2,050；僅水族館部分高中生以上￥3,000，中小學生￥1,750，65歲以上老人￥2,450，4歲以上幼兒￥850 ➡ 由橫濱車站出發，可搭乘京急線約20分於「金沢八景」站轉乘橫浜シーサイドライン約7分；或搭乘JR約18分至「新杉田」站轉乘橫浜シーサイドライン約18分，於「八景島」下車 http www.seaparadise.co.jp/chinese(中文版)

水族館內有各式各樣海洋生物(照片提供／Baozi)

橫濱紅磚倉庫 (横浜赤レンガ倉庫)

百年倉庫的文創新生命

　　擁有百年以上歷史的紅磚倉庫，充滿懷舊氛圍，是橫濱的代表性景點，過去用來作為保稅倉庫，停止運作後經過多年改建，目前內部轉型作為餐廳、商店、展示中心，廣場也經常舉辦各種展覽或遊行活動。

紅磚倉庫現已成為觀光休憩景點(照片提供／Baozi)

{Info}

✉ 神奈川県橫浜市中区新港1-1 ☎ 045-211-1555 🕐 一號館10:00～19:00；二號館11:00～20:00 ➡ 搭乘港區未來線於「馬車道」站下車步行約6分；搭乘JR或地下鐵於「櫻木町」站下車步行約15分 http www.yokohama-akarenga.jp/tw (中文版)

紅磚倉庫夜間打燈後相當浪漫(照片提供／Baozi)

橫濱地標塔 (Yokohama Landmark Tower, 横浜ランドマークタワー)

Landmark Tower(照片提供／Baozi)

眺望橫濱港浪漫夜景

　　橫濱地標塔高約296公尺，內部有購物中心、飯店、辦公室，最熱門的是位於69樓的展望台「Sky Garden」，可眺望橫濱港夜景，高樓大廈及五光十色的摩天輪盡收眼底。

{Info}

✉ 横浜市西区みなとみらい2-2-1 ☎ 045-222-5015 🕐 11:00～20:00(部分到22:00) 💲 展望台大人￥1,000，高中生及65歲以上老人￥800，中小學生￥500，4歲以上幼兒￥200 ➡ 搭乘港區未來線於「みなとみらい」站下車步行約3分；搭乘JR或地下鐵於「櫻木町」站下車步行約5分 http www.yokohama-landmark.jp

Sky Garden上眺望橫濱港夜景(照片提供／Baozi)

橫濱夜色(照片提供／Baozi)

鎌倉、江之島
聽浪濤拍岸，海風吹來古老氣息
"與自然融為一體的濱海度假勝地&千年歷史古都"

今日這樣玩

goo.gl/Rw5YWe

新宿 → 江之島 → 江之電沿線 → 鎌倉 → 新宿

旅遊案內所
出發前先了解的事

江之島—鎌倉周遊券
往來三地的超值周遊券

由小田急電鐵發行，新宿出發版本售價￥1,470，可於新宿的小田急旅遊服務中心購買。使用範圍為1日內可搭乘新宿～藤澤間的小田急普通列車來回各一趟，並可無限搭乘藤澤～片瀨江之島間的小田急普通列車以及江之電全線。新宿～片瀨江之島車程約80分，片瀨江之島～江之島步行約10分，江之島～鎌倉車程約23分。須注意的是，新宿～片瀨江之島間如要搭乘特急列車須加購特急券￥620，但大約只有省下15分鐘的時間。

http www.odakyu.jp/tc (選擇「超值車票」→「江之島—鎌倉周遊券」)

鎌倉/江之島通票
無限暢遊江之島地區

由JR東日本發行，售價￥700，可在大船站、藤澤站、鎌倉站、北鎌倉站的JR售票處或旅遊服務中心購買。使用範圍為無限次乘坐江之島地區的JR線、江之島電鐵和湘南單軌。此通票不包含來往東京市區的車票，從新宿到大船約50分￥920。

鎌倉/江之島通票
(照片為舊版價錢)

http www.jreast.co.jp/tc/pass/kamakura_enoshima.html

▲▶江之島電鐵

◀章魚仙貝

江之島

海邊度假勝地

江之島位於神奈川縣藤澤市，是周長約4公里、標高60公尺的陸連島，位於片瀨江流入相模灣的出海口。從江之電的江之島站下車，步行進入江之島約20分鐘。島上的「江島神社」是日本三大弁財天神社之一，分為祭祀不同神明的邊津宮、中津宮、奧津宮，參道兩旁是商店街，章魚仙貝、吻仔魚丼、海苔羊羹皆為在地特產。前往江之島塔，如果不想爬階梯，可以購買只上不下的電扶梯票節省體力，眺望相模灣美景，天氣好的時候甚至能遠眺富士山。另外還有戀人之丘、稚兒之淵遊覽船、龍神傳說的江之島岩屋等景點。

江島神社是日本三大弁財天神社之一

戀人之丘上的龍戀之鐘　江之島塔

{Info}

✉ 藤沢市江の島　➡ 從新宿站搭乘小田急電鐵約80分於「片瀨江ノ島」下車，再步行約20分　http www.s-n-p.jp/enoshima

---

江之島電鐵

搭乘復古電車前往各站遊覽吧！

江之島電鐵運行於古都鎌倉、湘南海岸及江之島，沿線共有15站。由江之島駅除了可前往江之島，還可前往附近的江之島水族館。鎌倉高校前駅附近的平交道及鎌倉高校前的海岸，是漫畫《灌籃高手》的著名場景。由長谷駅可前往高德院參拜日本三大佛之一的「鎌倉大佛」，以及長谷寺參拜「長谷觀音」(十一面觀音菩薩像)。七里之濱駅則是濱海度假勝地，坐在咖啡廳裡吃甜點、喝咖啡、坐享碧海藍天美景，傍晚時分還能欣賞落日。

{Info}

 www.enoden.co.jp

1.長谷駅／2.長谷觀音寺／3.鎌倉高校前駅的平交道是灌籃高手著名場景／4.江之島駅／5.鎌倉大佛

鎌倉

千年歷史古都

鎌倉是著名的歷史古都,因源賴朝設置幕府而成為鎌倉時代幕府的政治中心。

鶴岡八幡宮又稱鎌倉八幡宮,是鎌倉幕府武士的守護神,最早是1063年由源賴義把京都的岩清水八幡宮勸請到附近,1180年由源賴朝遷到現址,朱紅色本宮和大石段為其特色。從鎌倉車站延伸過來的參道稱為「段葛」,是當年為祈禱源賴朝妻北條政子順產而修建的。

建長寺在「鎌倉五山」中居第一位,為日本最初的禪宗專門道場,總門、三門、佛殿、法堂、方丈等建築排成一直線,從後方爬上「半僧坊」可以眺望周邊風景。

最熱鬧的莫過於從鎌倉車站延伸出來的若宮大路和小町通,沿路兩旁商店林立,美食雲集。「キャラウェイ」有又香又濃的美味咖哩,「露西亞亭」的炸包子酥脆至極,「豐島屋」販售鎌倉最有名的伴手禮「鳩サブレー」,是可愛的鴿子造型餅乾,送禮自用兩相宜。

{Info}

➡ 從東京站搭乘JR約60分可到達鎌倉
🌐 www.kamakura-info.jp

1.可乘坐人力車遊覽鎌倉古都／2.露西亞亭的炸包子／3.建長寺的庭園／4.鎌倉最有名的伴手禮「鳩サブレー」／5.鎌倉車站／6.キャラウェイ的咖哩很有名／7.鶴岡八幡宮

豆知識 紫陽花名所

每年6月紫陽花(アジサイ,又稱繡球花)盛開,是鎌倉最美的季節,很多寺院都種有紫陽花,其中最有名的三大名所為明月院、長谷寺、成就院。

鎌倉一帶有多個賞紫陽花名所

川越·穿越時光隧道來到小江戶
"老街散策吃小吃,冰川神社求良緣"

今日這樣玩

goo.gl/KHrBCc

池袋或新宿 → 小江戶一日遊 → 池袋或新宿

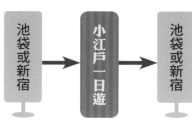

* 小江戶一日遊路線:喜多院→川越城本丸御殿→冰川神社→藏造老街

旅遊案內所
出發前先了解的事

東京往來川越&川越市區交通
善用鐵路加巴士

■鐵道

　　川越市屬於埼玉縣,位於東京都西北方,可搭乘JR、東武或西武鐵道前往。由新宿搭乘JR前往川越,約50分¥760;由池袋搭乘東武鐵道前往川越,約35分¥470;由西武新宿搭乘西武鐵道前往本川越,約55分¥500。

■巴士

　　由Eagle Bus經營的「小江戶巡迴巴士」,自川越站西口發車,繞行一周約1小時,可購買1日券¥500。由東武經營的「小江戶名勝巡遊巴士」(小江戶名所めぐりバス),自川越站西口發車,繞行一周約35分,可購買1日券¥300。

■優惠聯票

　　東武推出的「川越特選優惠聯票」(Kawagoe discount pass Premium)售價¥950,包含池袋往返川越的東武鐵道車票、特約商店優惠、無限搭乘小江戶名勝巡遊巴士及指定區域內之東武巴士;另一張「川越優惠聯票」(Kawagoe discount pass)售價¥700,則不包含無限搭乘巴士。

東武電車

川越祭的舞蹈陣頭

🌐 小江戶巡迴巴士:www.new-wing.co.jp/koedo

🌐 小江戶名勝巡遊巴士:www.tobu-bus.com/pc/area/koedo.html

🌐 川越(特選)優惠聯票:www.tobu.co.jp/foreign/tojo/tcn/discount

小江戶一日遊

江戶時代懷舊老街與史蹟巡禮

　　川越因較少受戰爭影響，保留許多歷史建築，有「小江戶」之稱。充滿江戶風情的「藏造老街」位於中央通上，是一整排江戶時代的黑瓦磚造傳統建築，「菓子屋橫丁」有各式點心如烤仙貝、烤糰子，走在街上不斷有陣陣香氣飄來。

　　「喜多院」是代表性寺院，內部可付費參觀的地方包括德川家光誕生處(客殿)、奶媽春日局的化妝房間(書院)及五百羅漢。「川越城」是德川幕府北方的防禦重鎮，為100名城，寬敞的榻榻米房間是本丸御殿的特色，目前在日本還完整保留「大廣間」的古城只有川越城和高知城。「冰川神社」是最受年輕女性喜愛的神社，以祈求姻緣聞名，每天早上限量發放姻緣石，吸引不少人一早來排隊。

{Info}

喜多院
✉ 埼玉県川越市小仙波町1-20-1 🕐 08:50～16:30(隨季節和假日微調，詳見官網) 💲「客殿・書院・庫裡・慈恵堂(本堂)・五百羅漢 拝観コース」大人￥400，中小學生￥200 ➡ 搭乘小江戶名勝巡迴巴士於「喜多院前」下車；或由東武川越站步行約20分 http www.kawagoe.com/kitain

川越城本丸御殿
✉ 埼玉県川越市郭町2-13-1 🕐 09:00～17:00 💲 大人￥100，大學生及高中生￥50 ➡ 搭乘小江戶名勝巡迴巴士於「博物館前」下車 http museum.city.kawagoe.saitama.jp/hommaru

1.鐘樓／2.川越祭遊行山車／3.川越祭會館／4.川越城本丸御殿／5.喜多院多寶塔／6.大廣間／7.喜多院／8.藏造老街

麵匠 清兵衛 😣

以雞湯為湯底的美味拉麵

以日本國產小麥白製麵條，使用雞湯作為拉麵湯底，可依個人口味選擇「濃厚」或「淡麗」。

{Info}

✉ 埼玉縣川越市脇田本町1-7 🕐 11:00～24:00 ➡ 東武川越站西口步行約1分 🔗 menshou-seibee.com

以雞湯為底的拉麵

甘味処 川越 あかりや 😣

80年老店經典點心

店家內外充滿昭和復古風情，所有餐點堅持自家手工製作，在Tripadvisor及Tabelog等美食網站頗受好評，是在地人及觀光客都相當喜愛的懷舊風和菓子鋪。菜單琳瑯滿目，有冰品、聖代、甜點、麻糬、抹茶、烏龍麵等，還有季節限定和菓子。來到川越別忘了到這裡品嚐甜蜜滋味！

{Info}

✉ 埼玉縣川越市新富町1-9-2 🕐 甘味處11:00～18:30，商店09:30～19:00，週三公休 ➡ 東武川越站步行約15分 🔗 www.kawagoesansaku.com/akariya

店家外觀

小羊羹每條¥170，推薦地瓜口味

抹茶クリーム白玉あんみつ(¥660)

抹茶セット(¥550)，旁邊是地瓜口味的羊羹

輕井澤｜茨城｜伊豆

東京廣域周遊券

JR Tokyo Wide Pass

3日

關·東·輕·旅·行

說走就走！以東京為
中心的輻射狀輕裝出遊

遠離塵囂，前往距東京1～2小時車程的觀光勝地。

在輕井澤森林小徑悠閒地騎腳踏車，逛歐風雜貨小鋪；

到茨城縣遊名園、賞繁花，品嘗難得一見的鮟鱇魚Q彈好味；

再到東伊豆舒服地泡溫泉，眺望無敵海景與壯觀的斷崖峭壁。

隨興出遊，每天都能擁抱不同的風景哦！

日立
濱海車站

輕井澤
歐風小鎮

水戶
水戶黃門

拜訪的
城市

伊東
伊東八景

熱海
梅花最早開＋櫻花最早開

關東
かんとう

以東京都為中心,鄰近的茨城、栃木、群馬、埼玉、千葉、神奈川縣構成關東地區,是日本人口最密集、最熱鬧的地區。

輕井澤

有小瑞士之稱,位居海拔1,000公尺的高原地帶,夏季為避暑勝地,秋天可賞楓,冬季能滑雪。最熱鬧的地區是舊輕井澤,銀座通兩旁商店林立,雲場池四季風情萬種,沿途的別墅與教堂歐風洋溢,是非常舒適的自行車路線。西邊的中輕井澤因星野度假村吸引不少觀光客,稍遠的白絲瀑布、鹽澤湖也是高人氣景點。愛血拼的人更是不能錯過輕井澤車站旁的王子購物廣場,有超多品牌的outlet,來一趟必定能滿載而歸。

茨城縣

關東的自然人文薈萃之地,水戶市為家喻戶曉的《水戶黃門》故事場景,具代表性的景點有三大名園的偕樂園、三大名瀑的袋田瀑布,國營常陸海濱公園是四季皆美的花卉天堂,景觀壯闊的筑波山、大洗磯前神社海上鳥居的夕陽與日出,更是攝影家愛好之地。在關東想吃新鮮又便宜的海鮮,那珂湊魚市場絕對是首選,還有數量稀少的頂級鮟鱇魚。因納豆產量全國第一,各種納豆製品是當地人引以為傲的平民美食喔!

伊豆

位於靜岡縣東部,擁有豐富的溫泉資源,如熱海、伊東、北川、熱川、稻取、修善寺等。日本最早開的梅花位於熱海梅園,最早開的櫻花為熱海櫻及河津櫻,伊豆東部火山群最大的大室山名列伊東八景,城ヶ崎海岸及門脇吊橋可欣賞壯觀的海岬及斷崖絕壁。

1.國營常陸海濱公園的粉蝶花／**2.**千葉縣房總半島的鋸山大佛,是全日本最大石雕佛像(照片提供／香り)／**3.**富士山與芝櫻堆砌而成的小山／**4.**栃木縣宇都宮的餃子是當地美食代表,車站附近有許多可愛的餃子雕像／**5.**足利花卉公園紫藤花盛開／**6.**鋸山的地獄展望台,將整個東京灣盡收眼底 (照片提供／香り)

※冬季限定
GALA 湯澤
越後湯澤

上毛高原

上越新幹線

大前

北陸新幹線

小諸
佐久平　輕井澤

上信電鐵線

小淵澤

甲府

河口湖　富士山

富士急行線

熱海

伊東

伊豆急行線

伊豆急下田

黑磯
那須鹽原

東武日光
日光　鬼怒川溫泉
下今市

常陸大子

大津港

日立

宇都宮

水戸

東武鐵道線

東北新幹線

澀川

高崎

埼玉新都市交通線
鐵道博物館

大宮

機場第二大樓
(成田機場第二・第三候機樓)

上野

新宿

八王子

大月

東京
大崎　新木場

成田機場

成田機場
(成田機場第一候機樓)

東京臨海高速鐵道線

東京單軌電車線

羽田機場

橫濱

▪▪▪▪▪▪▪	JR東日本線(新幹線)
——	JR東日本線(成田特快)
——	JR東日本線
——	非JR東日本線

地圖提供／創造旅行社

4　5　6

東京廣域周遊券資訊

這是一張極受歡迎的周遊券，以東京為中心，可遊覽周邊如輕井澤、河口湖、伊豆、房總半島、茨城縣、那須、日光、群馬縣、越後湯澤等知名景點。因可任意搭乘新幹線及特急列車節省交通時間，非常適合住宿東京，進行四周輻射狀當日來回的短程旅行。

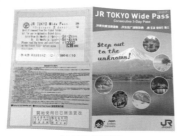

東京廣域周遊券

票價

大人￥10,000，兒童￥5,000。

使用期間

自起始日起連續使用3天。

使用範圍

指定區間內可不限次數搭乘

各列車的普通車廂指定席和自由席，包含JR東日本線全線、東京單軌電車、伊豆急行線全線、富士急行線全線、上信電鐵全線、埼玉新都市交通(新穿梭)(大宮～鐵道博物館)、東京臨海高速鐵道線全線，JR東日本與東武鐵道共用軌道的日光號、SPACIA日光號、鬼怒川號、SPACIA鬼怒川號，及東武鐵道下今市至東武日光、鬼怒川溫泉的列車。

售票地點

JR東日本旅行服務中心(成田機場、羽田機場國際線、東京站丸之內北口、新宿站新南口、池袋)、旅行服務中心(品川、上野、澀谷、橫濱、水戶)。成田機場JR東日本旅行服務中心非營業時間，可於JR售票處購買；每個地方營業時間不同，務必事先查清楚。

注意事項

1. 不能搭乘東海道新幹線及JR

週末假日從新宿直達河口湖的Holiday快速富士山號

巴士。

2. 不能搭乘東北新幹線的隼號(Hayabusa)、小町號(Komachi)。

3. 搭乘富士急行線之「富士山特急」的1號展望車廂及「富士登山電車」時，需另加￥200指定席券。

4. 部分列車可能未設置自由席，如疾風號、成田特快號、超景踊子號、日光號、鬼怒川號、SPACIA鬼怒川號，全車均為指定席。

5. 搭乘指定席需提前至JR東日本車站的售票處或旅遊服務中心劃位。

官網

http www.jreast.co.jp/tc/tokyowidepass (中文版)

運行於富士急行線的富士山特急

尋訪童話中的幸福婚禮教堂

"自行車漫遊歐風小鎮，在夢幻度假村享受假期"

今日這樣玩
http goo.gl/G9otY6

東京駅 ── 新幹線 🚄 ── 軽井沢駅 ── 接駁巴士 🚌 ── 星野度假村
　　　　70分(￥5,390)　　　　　　　15分　　　　3小時

── 接駁巴士 🚌 ── 軽井沢駅 ── 徒步 🚶 ── 舊輕井澤(銀座通、雲場池) ── 徒步 🚶 ── 輕井澤王子購物廣場
　　15分　　　　　　25分　　　　3小時　　　　25分　　　　2小時

── 新幹線 🚄 ── 東京駅
70分(￥5,390)

玩家提示　**行程安排建議**

　　本日可全程安排腳踏車1日遊，從輕井澤車站騎到星野度假村約50分，最好租電動腳踏車比較省力。若要去較遠的白絲瀑布、淺間高原、北輕井澤可搭乘草輕巴士，安排2天時間較為充裕。
http 草輕交通株式會社 www.kkkg.co.jp

▼白絲瀑布(白糸の滝)

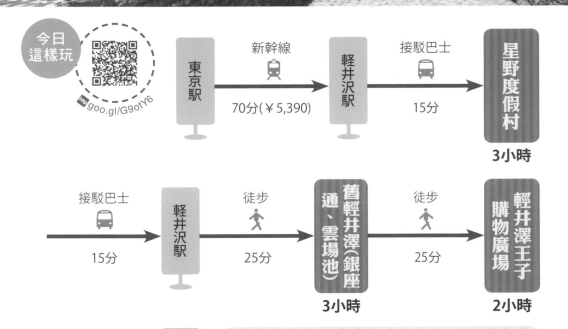

輕井澤星野度假村

結合自然、文化、美食、購物的度假天堂

星野溫泉トンボの湯

　　位於中輕井澤，由星野集團打造的夢幻度假村，住一晚頂級奢華酒店「虹夕諾雅」是許多人的夢想，但即使沒有住宿，開放式的度假村仍有許多景點值得一訪。

　　「輕井澤高原教堂」前身為星野遊學堂，巨大三角形屋頂的木造建築，充滿溫暖人心的力量，這裡經常會舉辦福音音樂會、教堂禮拜，同時也是熱門結婚場地。「石之教堂」又稱內村鑑三紀念堂，是美國建築師秉持日本傳教士內村鑑三的無教會思想而設計的，把石、光、水、綠、樹五大自然元素融為一體，成為顛覆傳統、獨樹一格的教堂。「榆樹街小鎮」(ハルニレテラス)約有十多家特色商店及餐館散落在榆樹林間，光是欣賞精緻的手工藝品、坐下來喝杯咖啡，不知不覺就消磨許多時光。此外，供應美味日式料理的「村民食堂」、可邊泡湯邊觀賞山林景致的「星野溫泉」，也很推薦喔！

輕井澤高原教堂

{Info}

✉ 長野縣北佐久郡輕井沢町長倉2148　🕐 餐廳11:00～22:00，商店10:00～18:00　💲 溫泉：大人￥1,300、小孩￥750(旺季另行加價)　➡ 從輕井澤車站南口搭乘星野免費接駁車；或從輕井澤車站搭乘信濃鐵道(しなの鐵道)到「中輕井澤車站」下車(4分￥230)，再搭乘星野免費接駁車或徒步約17分；或從輕井澤車站搭乘西武觀光巴士到「星野溫泉トンボの湯」下車(15分￥460) http www. hoshino-area.jp

▲ 榆樹街小鎮　　石之教堂 ▶

雲場池

四季更迭、風情萬種的浪漫湖畔

別名「天鵝湖」的雲場池，儘管昔日天鵝棲息的盛況已不復見，清澈如鏡的湖面倒映出四季美麗景觀，群鴨戲水，仍是個充滿詩意浪漫的代表性景點。繞行環池的林蔭小徑一圈約20分鐘，瀰漫著泥土自然芳香。10月下旬是人氣最旺的賞楓時節，夏季新綠、冬季蕭瑟侘寂，描繪出輕井澤專屬的四季風貌。

{Info}

➡ 輕井澤車站徒步約25分

秋季為賞楓名勝

滿是綠意的盛夏時節

各種不同顏色層次的紅葉

舊輕井澤銀座通

歐風商店街&熱鬧美食區

商店街兩旁盡是各具特色的歐風小店，琳瑯滿目的美食更讓人不知從何吃起，Asanoya淺野屋的麵包、Paomu的布丁、Mikado Coffee的霜淇淋、腸詰屋的德式香腸及火腿、川上庵的蕎麥麵，都是輕井澤的人氣美味。澤屋(Sawaya Jam)多達數十種口味的果醬、輕井澤紅茶館充滿香氣的茶包，還可以讓你把輕井澤的幸福滋味打包帶回家喔！

{Info}

➡ 輕井澤車站前馬路直走，徒步約20分即達　http karuizawa-ginza.org

1.舊輕井澤大街入口處的可愛電話亭／2.澤屋的果醬多達數十種口味／3.淺野屋(Asanoya)是披頭四主唱約翰藍儂時常光顧的麵包店／4.川上庵蕎麥麵是Tabelog第一名美食(照片提供／口銀流星)

輕井澤王子購物廣場‧輕井澤王子大飯店

車站旁的購物天堂與休閒度假村

輕井澤車站周邊腹地，從商場到飯店，都是西武集團的天下。王子購物廣場是很多人專程來血拼的熱門outlet，集結200多家店舖，歐美精品、運動品牌、日系雜貨應有盡有。

共有4家飯店，包括皇家王子大飯店及王子大飯店別墅、東館、西館，各有多種房型，其中最受歡迎的是東館、西館散落森林間的小木屋，適合全家出遊，還有滑雪場、高爾夫球場、溫泉，是能徹底放鬆身心的度假好去處！

Outlet外是綠油油的廣大草坪

森林裡的小木屋

溫馨舒適的房間

{Info}
✉ 長野縣北佐久郡輕井沢町輕井沢 ☎ 0267-42-5211 ⏰ 多數商店10:00～19:00(或20:00)，部分餐廳11:00～22:00 ➡ 輕井澤車站南口徒步3分 🔗 www.karuizawa-psp.jp

---

橫川站釜鍋便當 (横川駅峠の釜めし) ✂

古早懷舊味的元祖級鐵路便當

來到輕井澤車站，別錯過這個有一甲子歷史的便當！來自最古老的鐵路便當屋，從1958年發售至今銷售量已突破1億個，最大特色是用陶器「益子燒」盛裝，具有高度保溫效果。菜色看似普通卻很講究，有栗子、牛蒡、杏子、鶴鶉蛋、醬燒雞肉等，米飯用利尻昆布熬製的醬汁炊煮，簡單味美又有飽足感。回程不妨買個便當在車上享用，還能把陶碗帶回家當紀念喔！

▼▶橫川站釜鍋便當

輕井澤車站的月台有好多販售鐵路便當的店家

{Info}
🔗 www.oginoya.co.jp

玩賞三大名園，
踩踏與天色相接的彩色花毯

"Q彈極致的鮟鱇魚料理，
在漂浮太平洋上的咖啡屋喝下午茶"

今日
這樣玩

goo.gl/GsN3vJ

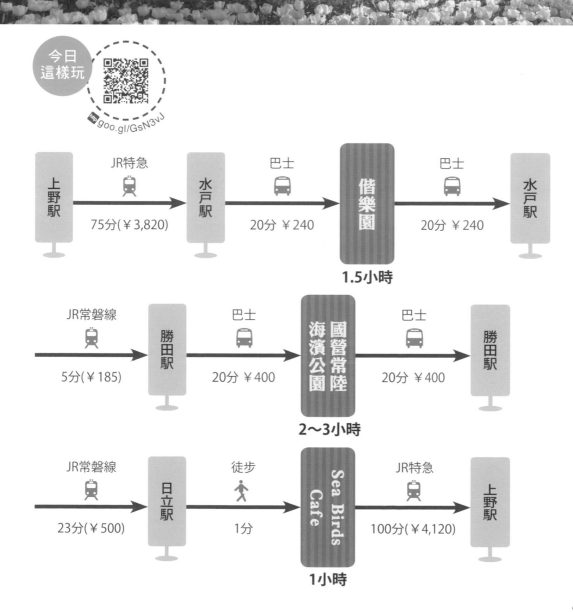

| 上野駅 | JR特急 75分（￥3,820） | 水戸駅 | 巴士 20分 ￥240 | 偕樂園 | 巴士 20分 ￥240 | 水戸駅 |

1.5小時

| | JR常磐線 5分（￥185） | 勝田駅 | 巴士 20分 ￥400 | 國營常陸海濱公園 | 巴士 20分 ￥400 | 勝田駅 |

2～3小時

| | JR常磐線 23分（￥500） | 日立駅 | 徒步 1分 | Sea Birds Cafe | JR特急 100分（￥4,120） | 上野駅 |

1小時

偕樂園的池泉回遊式庭園景觀

偕樂園

千波湖畔
天鵝戲水

日本三大名園&賞梅名所

　　水戶藩的藩主德川齊昭創立，與金澤兼六園、岡山後樂園並稱為三大名園，命名源自孟子名言「古人與民偕樂為樂」，秉持不分階級的精神，為三大名園中唯一免費參觀者。代表景點「好文亭」是昔日藩主與文人墨客吟詠詩歌之處，登上2樓能眺望滿園風光。園內遍植梅樹，品種豐富，從12月下旬～3月下旬都是花期，是知名的賞梅勝地。

3月下旬的晚開梅花

{Info}

✉ 茨城縣水戶市常磐町1-3-3 ☎ 029-244-5454 🕐 06:00～19:00 (2/20～9/30)，07:00～18:00(10/1～2/19) 💲 只有好文亭需收費，大人￥200、小孩￥100 ➡ JR水戶駅北口搭乘巴士(4號站牌搭乘茨城交通巴士，6號站牌搭乘関東鉄道巴士)，約20分￥240 http www.koen.pref.ibaraki.jp/park/kairakuen01.html

登上好文亭能遠眺庭園景觀

吐玉泉，白色井口的湧水泉，有治療眼病的功效

玩家提示　　偕樂園周邊景點步行攻略

　　偕樂園東門出口連接奉祀水戶德川家的「常磐神社」，鐵軌對面是「田鶴鳴梅林」。「千波湖」外圍長約3公里，春天繁花盛開，可沿湖畔散步30分鐘回水戶車站。從車站北口步行10分鐘到「弘道館」，是江戶時代規模最大的藩校。

國營常陸海濱公園 (国営ひたち海浜公園)

數大就是美的花卉天堂

　　隨四季嬗遞有不同花種可欣賞，最有名的是4月下旬～5月上旬的藍色粉蝶花，以及10月中下旬的紅色掃帚草，彷彿無止境的彩色花毯，與天色相接，美到令人屏息。200公頃的廣大園區內有砂丘、森林、大草原、摩天輪、遊樂區，還有間景色超美的濱海咖啡屋，足以玩上一整天，也很適合親子同遊喔！

{Info}

✉ 茨城県ひたちなか市馬渡字大沼605-4　☎ 029-265-9001
🕐 09:30～17:00(隨季節微調)，週一公休(但旺季無休)，詳見官網　💲 大人￥410，65歲以上￥210，中小學生￥80　➡ JR勝田駅東口2號站牌搭乘巴士到「海浜公園西口」下車(20分￥400)　🌐 hitachikaihin.jp

1.國營常陸海濱公園入口／2.坐在落地窗前喝咖啡、遠眺大海／3.砂丘區的濱海玻璃咖啡屋／4.可愛的園內周遊車／5.各種不同顏色品種的鬱金香／6.同時盛開的油菜花與粉蝶花

Sea Birds Cafe (シーバーズカフェ) 🍴

◀火山蛋糕(ボルケーノ)(¥850)

漂浮太平洋的海上絕景咖啡屋

　　濱臨太平洋的日立市，請來當地出生的名建築師妹島和世打造全新的日立車站，整座建築採用透明玻璃建造，站在廣大的落地窗前，眼前就是海天一線的美景，這座令人驚豔的車站一完工就獲得許多世界級獎項，成為熱門景點。車站一隅是Sea Birds Cafe，喝杯咖啡，望著眼前碧波萬頃，一顆心已然遺落在藍色太平洋了！

車站落地窗的海天一線美景

{Info}

✉ 茨城縣日立市旭町1-3-20　📞 0294-26-0187　🕐 07:00～22:00　➡ 與JR日立駅東口直接相連　http seabirdscafe.com

海上玻璃咖啡屋

白色焙茶拿鐵(¥580)

山翠 🍴

魚料理一甲子老舖

　　在地人評價極高的茨城鄉土料理老店，主打鮟鱇、奧久慈軍雞、納豆料理。山翠是鮟鱇魚鍋元祖，店內擺設、器皿到處可見鮟鱇蹤跡，煎、炸、火鍋等多種不同吃法，能細細品味出鮟鱇魚Q彈滑嫩、富有嚼勁的極致口感。

店門口的鮟鱇魚模型招牌

豆知識

西河豚、東鮟鱇

　　鮟鱇魚(あんこう)是茨城縣美食代表，有「關東之河豚」美譽，盛產時節為每年10～4月。除了骨頭之外皆可食用，最肥美的部位是肝臟(あん肝)。低卡路里，含豐富膠質與不飽和脂肪酸，是女性最愛的美顏減重聖品。

{Info}

✉ 茨城縣水戶市泉町2-2-40　📞 029-221-3617　🕐 11:00～14:30，17:00～21:00，週二公休　➡ JR水戶駅徒步15分　http www.sansui-mito.com

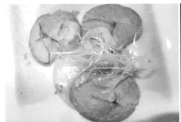

鮟鱇魚肝

鮟鱇鍋

鮟鱇炸唐揚

依山傍海的豐饒大自然

"伊豆高原探訪壯闊奇景，熱海賞梅泡露天風呂"

今日
這樣玩

http goo.gl/xqt1hB

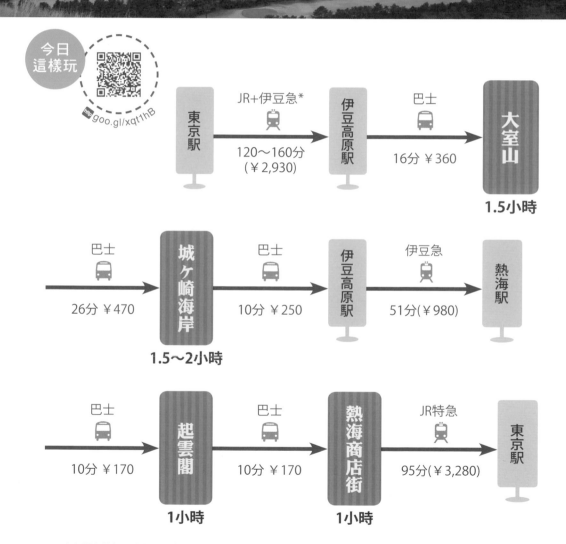

東京駅 → JR+伊豆急* 🚆 120〜160分（￥2,930）→ 伊豆高原駅 → 巴士 🚌 16分 ￥360 → 大室山 1.5小時

→ 巴士 🚌 26分 ￥470 → 城ヶ崎海岸 1.5〜2小時 → 巴士 🚌 10分 ￥250 → 伊豆高原駅 → 伊豆急 🚆 51分（￥980）→ 熱海駅

→ 巴士 🚌 10分 ￥170 → 起雲閣 1小時 → 巴士 🚌 10分 ￥170 → 熱海商店街 1小時 → JR特急 🚆 95分（￥3,280）→ 東京駅

＊JR和伊豆急於部分路段共用軌道，搭乘特急超景踴子號約115分￥5,480，搭乘特急踴子號約122分￥4,680(持周遊券均可搭乘)。由於第一班特急列車9點才出發，伊豆高原及熱海地區只能二選一遊覽；如要都遊覽，建議搭乘6點多出發的列車，還可在熱海轉搭接上「Resort 21」。

旅遊案內所
出發前先了解的事

伊豆半島交通
多種票券搭配使用

目前並無票券可由東京往返伊豆半島並暢遊整個伊豆地區。

「伊豆多利夢乘車券」(伊豆ドリームパス，伊豆Dream Pass)共有3種版本，但都不含東京往返伊豆半島的交通。「黃金路」(3日¥3,700)適用伊東、河津、下田、堂島、土肥、清水；「山葵路」(3日¥3,900)適用伊東、河津、天城、湯島、修善寺、土肥、清水；「富士見路」(2日¥2,800)適用三島、修善寺、土肥、清水。

小田急發行的「伊東觀光周遊券」(新宿出發2日¥4,400)，適用2天1夜遊覽伊東地區，包含新宿至小田原往返1次的小田急列車、小田原至伊東往返1次的JR列車、伊東地區東海巴士無限搭乘。

JR發行的「南伊豆フリー乘車券」(東京都內出發2日¥6,160)，適用2天1夜遊覽南伊豆地區，包含東京都內任一站至伊東往返1次、伊豆急行全線及南伊豆東海巴士無限搭乘。

http 伊豆多利夢乘車券：
www.izudreampass.com/hantai (中文版)

http 小田急伊東觀光周遊券：
www.odakyu.jp/tc/deels/freepass/izu (中文版)

http 南伊豆フリー乘車券：
www.jreast.co.jp/tickets/info.aspx?GoodsCd=2216

東京往返東伊豆地區交通
搭乘主題列車樂趣多

東京前往東伊豆地區，從東京至熱海及伊東這段為JR所有，但從伊東至伊豆高原及伊豆急下田這段屬於伊豆急行線，其中，部分列車是共用路線不須特別換車。

從東京搭乘新幹線至熱海，約40分¥3,670，再轉搭伊豆急行線；從東京搭乘JR特急超景踊子號(スーパービュー踊り子号，Super View Odoriko)，至熱海約76分¥4,180、至伊豆急下田約150分¥6,640；從東京搭乘JR特急踊子號(踊り子号，Odoriko)，至熱海約81分¥3,280、至伊豆急下田約160分¥5,640。或可搭乘JR普通列車至熱海或伊東，再轉搭伊豆急行線。

伊豆急行線於熱海至伊豆高原或伊豆急下田間，每天推出約5班次2100系的全車自由席普通電車「リゾート21」(Resort 21)，可能是以金目鯛為主題的「キンメ電車」，或以幕府末期黑船來到下田為主題的「黑船電車」。

http 伊豆急行線：www.izukyu.co.jp

Resort 21的展望席

Resort 21列車外觀

巧遇期間限定改裝的Resort 21にゃらん号

Resort 21面窗座位

伊豆高原

充滿自然風光與人文氣息的小鎮

伊豆高原位於伊豆半島東部的伊東市，觀光資源豐富與藝術氣息濃厚，包括大室山、一碧湖、城ヶ崎海岸、門脇吊橋等自然美景，泰迪熊、彩繪玻璃、人形等十幾個美術館或博物館。

{Info}

➡ 從東京站搭乘JR特急超景踊子號或踊子號，約120分於「伊豆高原」下車。http itospa.com

伊豆高原車站外的足湯

大室山

眺望伊豆高原景色與火山口遺跡

大室山標高約580公尺，是伊豆東部火山群中最大的一個，名列伊東八景之一。可搭乘纜車上山，欣賞周邊360度的全景，天氣好時可見富士山，山頂遊步道繞一圈約1,000公尺，中央為火山口遺跡。大室山山頂呈現圓錐形，每年2月第二個星期日舉行的「山燒き」，已有700年以上的歷史，燒掉死去的草皮，象徵春天即將到來。

1.商店有販售使用靜岡茶或靜岡哈密瓜製的碳酸飲料／2.搭乘纜車往來大室山頂／3.大室山／4.山頂上的地藏尊／5.中央為火山口遺跡／6.大室山上展望周遭景色

{Info}

✉ 靜岡縣伊東市池672-2　☎ 0557-51-0258　🕐 09:00～16:45(3/6～3/15)，09:00～17:15(3/16～9/30)，09:00～16:15(10/1～3/5)　💲 纜車來回大人￥500、兒童￥250　➡ 從伊豆高原站搭乘東海巴士約16分於「シャボテン公園」下車。http omuroyama.com

城ヶ崎海岸・門脇吊橋

綿延數公里的斷崖絕壁美景

城ヶ崎海岸為伊東八景之一，是過去大室山火山爆發，溶岩流至海岸被海浪侵蝕而形成大小無數的海岬及絕壁，可沿著海邊的自然研究路散步，總長約9公里。

門脇吊橋長約48公尺、高約23公尺，位於門脇岬的海蝕洞間，斷崖絕壁的景色是城ヶ崎海岸最佳觀景處。守護著海岸線的門脇燈塔，約17公尺高的展望台可展望伊豆七島及天城連山景色。

海岸邊販售烤牡蠣的攤位

架於海蝕洞間的門脇吊橋

門脇燈塔

伊豆四季之花公園也位於附近

{Info}

✉ 静岡県伊東市富戸 ➡ 城ヶ崎海岸站步行約25分；或從伊豆高原站搭乘東海巴士約10分於「伊豆海洋公園」下車後再步行約15分 🌐 www.city.ito.shizuoka.jp (観光課→業務案内→観光スポット→城ヶ崎海岸)

城ヶ崎海岸的海岬及絕壁

Café Bridge (カフェ ブリッジ)

英式鄉村的Yorkshire Sandwich

　　位於門脇停車場附近的店家Café bridge，無論是外觀或店內裝飾都帶有濃濃英國鄉村風格，標榜日本唯一一家販售英國「ヨークシャーサンド」（Yorkshire Sandwich）的店家。二明治單點￥550、咖啡單點￥450，組合套餐￥1,300含三明治、甜點、司康、飲料，另外也提供咖哩飯，午茶時段還有下午茶套餐￥2,000。

牛肉起司三明治

{Info}

✉ 静岡県伊東市富戶842-134 ☎ 0557-51-6903 ⏰ 11:00～17:00，原則上週三及週四公休 ➡ 城ヶ崎海岸站步行約25分
http tabelog.com/shizuoka/A2205/A220503/22021547

店內為英式鄉村風格

店內布置處處充滿巧思

店家外觀

搭東海巴士遊伊豆高原

　　伊豆高原地區主要移動方式為搭乘東海巴士，可選擇購買指定區間內無限搭乘的1日券「伊豆高原・城ケ崎バスフリーきっぷ」，大人￥800、兒童￥400，途經景點包含伊豆高原各美術館、大室山、一碧湖、伊豆海洋公園、城ケ崎海岸等。
http 東海巴士：www.tokaibus.jp/page.jsp?id=379

東海巴士

熱海

東京近郊的溫泉區，小說金色夜叉的場景

位於伊豆半島的熱海，素以東京近郊的溫泉區知名，大型溫泉旅館林立，熱海梅園、海上花火大會、海水浴場等也吸引不少人潮前往，曾經繁極一時，但現在稍稍沒落。明治時期暢銷的連載小說《金色夜叉》，故事中男女主角為青梅竹馬，但女主角選擇嫁給富豪，悲憤的男主角自此改做高利貸，而男女主角訣別的熱海海邊，有著男主角穿木屐一腳踢開女主角的銅像，成為熱門觀光景點。

{Info}

➡ 從東京站搭乘新幹線約40分；從東京站搭乘JR特急超景踊子號或踊子號約80分 http www.ataminews.gr.jp

1.《金色夜叉》男主角一腳踢開女主角的銅像／2.熱海車站對面就是仲見世及平和通名店街／3.「泉屋」販售各種溫泉饅頭／4.名店街上有各式餐飲店和名產店／5.熱海市區內有7個溫泉源泉稱作「熱海七湯」／6.伊豆灣盛產金目鯛，熱海後樂園飯店的晚餐含金目鯛生魚片／7.各種以金目鯛製成的伴手禮

藍花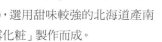

在地經營的工房與茶房

　　熱海車站前仲見世通上的「藍花」，一邊是販售民藝品的工房，另一邊是販售甜點和咖啡的茶房。使用自家培煎的咖啡豆來沖咖啡，招牌咖啡「藍花」¥860；南瓜布丁¥430，選用甜味較強的北海道產南瓜「雪化粧」製作而成。

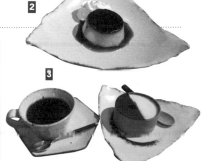

{Info}

✉ 静岡県熱海市田原本町7-6　☎ 0557-83-5566
🕐 10:00～17:00　➡ 從熱海站步行約3分　http www.aibana.com

1.「藍花」外觀／2.可口的布丁，可搭配咖啡點組合餐／3.慕斯與咖啡組合¥860／4.外帶咖啡豆／5.店內處處可見工藝品

玩家提示　搭巴士暢遊熱海

　　在熱海市區移動可搭乘東海巴士之「湯遊巴士」，途經市區各大景點，每趟¥250，若預計搭3趟以上可購買1日券¥700；或可搭乘「伊豆箱根巴士」，範圍較大，有前往熱海梅園及來宮神社的路線，每趟最少¥170，若預計搭3趟以上可購買1日券「熱海滿喫乗車券」¥500。

http 湯遊巴士：www.tokaibus.jp/page.jsp?id=6173
http 伊豆箱根巴士：www.izuhakone.co.jp/bus

湯遊巴士

伊豆箱根巴士

豆知識　伊豆半島的櫻花最早綻放

　　有別於一般人所知的吉野櫻等常見品種於3～4月盛開，伊豆半島的櫻花特別早開，其中最知名的是「河津櫻」，河津地區會在櫻花盛開的2月中～3月中舉辦「河津櫻祭」。鮮為人知的是，還有一種更早開的櫻花「熱海櫻」，綻放於每年1月中～2月中，花期長達1個月以上，號稱是日本最早開的櫻花，熱海的糸川遊步道會在熱海櫻盛開期間舉行「糸川櫻祭」。

http 河津櫻祭：www.kawazuzakura.net
http 熱海市觀光協會：www.ataminews.gr.jp

熱海櫻

「糸川櫻祭」夜間點燈

起雲閣

大正時期建立的別莊

　　起雲閣建於1919年，有熱海三大別莊之稱，包括志賀直哉、谷崎潤一郎、太宰治等文豪都曾經來訪入住。有日本傳統建築的本館、融合外國樣式的洋館、以及美麗的綠地庭園，館內充滿大正時期的氛圍，有各種展覽及收藏。

{Info}

✉ 静岡県熱海市昭和町4-2 ☎ 0557-86-3101 ⏰ 09:00～17:00 💲 大人￥510，中高學生￥300，小學生以下免費 ➡ 從熱海站搭乘伊豆箱根巴士約10分於「起雲閣前」下車；或搭乘湯遊巴士約29分於「起雲閣西口」下車 http www.ataminews.gr.jp/spot/114

1.洋館「玉姬」／**2.**洋館「金剛」／**3.**外面是庭園／**4.**羅馬風格的浴室

延伸行程

來宮神社
歷史悠久的神社

　　來宮神社是熱海市最知名的神社，古稱「來宮大明神」。神社境內的神木「大楠」樹齡超過2,000年，樹幹周長約24公尺，是全日本第二名的巨樹。茶寮「報鼓」販售的「麦こがし入りおしるこ(白玉入り)」，是撒上香煎麥粉的白玉紅豆湯，香甜又暖心。

{Info}

✉ 静岡県熱海市西山町43-1 ☎ 0557-82-2241 ⏰ 09:00～17:00 ➡ 從熱海站搭乘巴士約20分於「來宮神社」下車；或JR來宮站下車步行約5分 http www.kinomiya.or.jp

茶寮「報鼓」的「麦こがし入りおしるこ(白玉入り)」￥500

來宮神社

境內「大楠」為日本三大巨樹之一，樹圍23.9公尺

熱海梅園
全日本最早開的梅花

熱海梅園

　熱海梅園於1886年開園，種植約60種共400多株的梅花，每年11月下旬就開始有梅花開花，是日本最早開的梅花。每年1月中～3月中舉辦「熱海梅園梅季」。除了賞花，還可參觀梅見の滝、中山晉平記念館、韓國庭園，另外也有櫻花及紅葉，四季來訪都有不同風景。

{Info}

✉ 静岡県熱海市梅園町1169-1　📞 0557-85-2222(熱海市観光協会)　🕐 08:30～16:00　💲 平時免費；梅花祭收費￥300，熱海市民或熱海市旅館住宿客￥100　➡ 從熱海站搭乘往「相の原団地」的巴士約15分於「梅園」下車；或JR來宮站下車步行約15分　http www.ataminews.gr.jp/ume

◀▲各種不同的梅花

黑根岩風呂
伊豆北川溫泉，坐擁太平洋絕景

　「黑根岩風呂」是伊豆北川公營的海邊露天天然溫泉，其泉質為「含塩化土類食塩泉」，曾入選為「大自然絕景溫泉10選」，邊泡溫泉還能邊欣賞伊豆灣的太平洋美景。

{Info}

✉ 静岡県賀茂郡東伊豆町北川温泉　📞 0557-23-3997　🕐 06:30～9:30，13:00～22:00；其中19:00～21:00為女性專用時間　💲 ￥600，北川溫泉旅館住宿者免費　➡「伊豆北川」站下車約步行15分　http www.hokkawa-onsen.com/kurone

海邊的公營露天風呂

邊泡溫泉邊欣賞太平洋美景

伊豆灣景色與伊豆大島

櫻花看膩了嗎？來欣賞不同的東瀛之春

賞花熱門景點推薦

誰說日本的春天只能賞櫻？每年4月下旬～5月上旬，正值粉蝶花、紫藤花、芝櫻
一齊綻放，使用東京廣域3日券暢遊三處花海恰恰好！

國營常陸海濱公園

與藍天相接的療癒藍色小花花海

小巧惹人憐愛的粉蝶花，別名琉璃唐草，4月底～5月初盛開，450萬朵粉蝶花在風中翩翩起舞，與蔚藍晴空連成一片浪漫唯美的景色。

足利花卉公園

日本唯一入選CNN世界十大夢幻景點

　藤花季為每年4月中～5月中，開花順序依次為粉紅、紫、白、黃，百年樹齡的大藤與各種顏色的藤花交織成繽紛多彩的美景，尤其夜晚點燈更加夢幻，被CNN比喻為電影《阿凡達》中的靈魂樹。

▶限定版熊玩偶

▲門票

富士芝櫻祭

粉紅花海富士山絕景

　芝櫻會場位於本栖湖附近，每年4月中～5月底的芝櫻祭是富士五湖地區的年度最大盛事，2.4公頃的廣大會場種植80萬株芝櫻，山腳下鋪了一片粉紅芝櫻花毯的白頭富士山更加動人。

▲芝櫻限定土產

{Info}

國營常陸海濱公園
💲 從勝田駅到海濱公園的來回巴士＋入園券￥1,200 ➡ 見P.69 🌐 hitachikaihin.jp

足利花卉公園
✉ 栃木県足利市迫間町607 💲 日間票￥900～1,700，每日浮動，花況越好越貴 ➡ JR兩毛線「富田駅」徒步約13分 🌐 www.ashikaga.co.jp

富士芝櫻祭
💲 從河口湖車站到芝櫻會場的來回巴士＋入園券￥2,000 ➡ JR新宿站到JR河口湖站約2小時，轉乘芝櫻line巴士前往富士芝櫻會場，正常車程約30分鐘，但嚴重塞車時甚至要2.5小時 🌐 www.shibazakura.jp

| 箱根 | 富士五湖 |

富士箱根周遊券
Fuji Hakone Pass

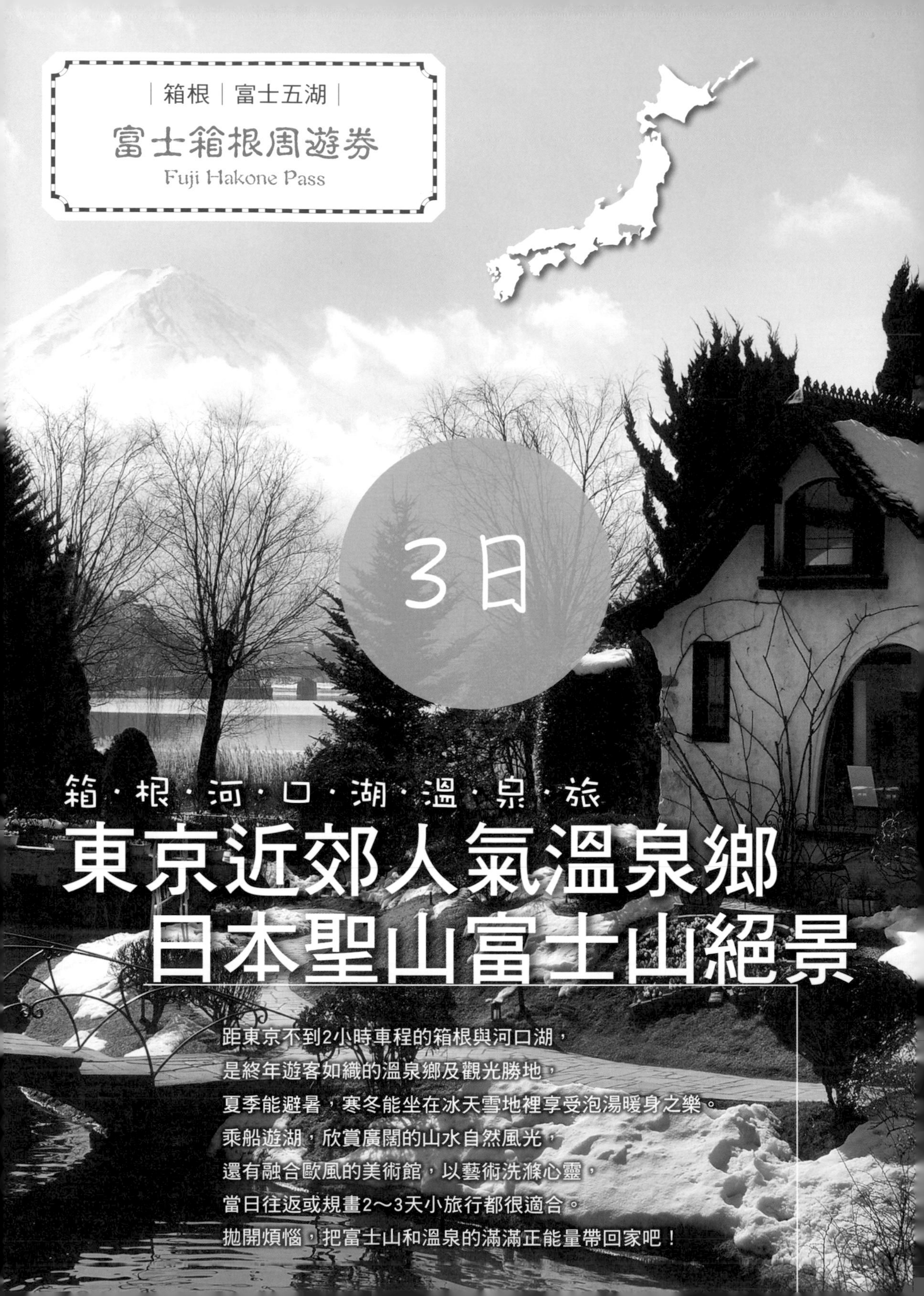

3日

箱·根·河·口·湖·溫·泉·旅

東京近郊人氣溫泉鄉 日本聖山富士山絕景

距東京不到2小時車程的箱根與河口湖，
是終年遊客如織的溫泉鄉及觀光勝地，
夏季能避暑，寒冬能坐在冰天雪地裡享受泡湯暖身之樂。
乘船遊湖，欣賞廣闊的山水自然風光，
還有融合歐風的美術館，以藝術洗滌心靈，
當日往返或規畫2～3天小旅行都很適合。
拋開煩惱，把富士山和溫泉的滿滿正能量帶回家吧！

蘆之湖
海賊船之旅

大涌谷
火山遺跡

富岳風穴
溶岩洞窟

拜訪的
景點

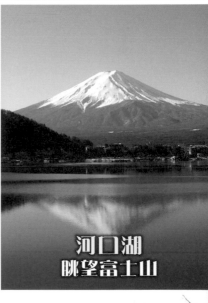

河口湖
眺望富士山

音樂盒之森美術館
歐風美學

西湖療癒之鄉根場
小型合掌村

富士箱根
ふじはこね

距東京不遠的箱根地區和富士五湖地區，觀光資源豐沛，還有日本最高峰富士山，美麗的自然風景，使此地一直是熱門的旅遊地點。

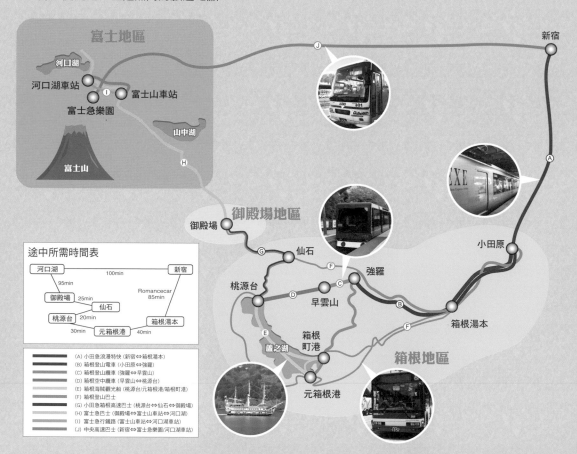

富士地區

河口湖
河口湖車站
富士急樂園
富士山車站
山中湖
富士山

新宿

J

I

H

A

御殿場地區

御殿場

小田原

途中所需時間表

河口湖 —100min— 新宿
95min
御殿場 —25min— 仙石　　Romancecar 85min
桃源台 —20min—　　　　箱根湯本
30min 元箱根港 40min

仙石
桃源台
早雲山
強羅
箱根湯本

G
F
C
D
B
E

蘆之湖
箱根町港
元箱根港

箱根地區

(A) 小田急浪漫特快（新宿⇔箱根湯本）
(B) 箱根登山電車（小田原⇔強羅）
(C) 箱根登山纜車（強羅⇔早雲山）
(D) 箱根空中纜車（早雲山⇔桃源台）
(E) 箱根海賊觀光船（桃源台/元箱根港/箱根町港）
(F) 箱根登山巴士
(G) 小田急箱根高速巴士（桃源台⇔仙石⇔御殿場）
(H) 富士急巴士（御殿場⇔富士山車站⇔河口湖）
(I) 富士急行鐵路（富士山車站⇔河口湖車站）
(J) 中央高速巴士（新宿⇔富士急樂園/河口湖車站）

1.箱根神社的湖上鳥居／**2.**箱根玻璃之森美術館，威尼斯風格的水晶藝術庭園／**3.**箱根玻璃之森美術館的玻璃藝術品／**4.**河口湖天上山公園／**5.**ほうとう(餺飥，一種味噌南瓜野菜麵)是山梨縣及河口湖代表性鄉土料理／**6.**運行於富士急行線的湯瑪士號／**7.**音樂盒之森美術館

1　　　　2　　　　3

箱根地區

屬於神奈川縣，位於富士山山麓，距東京新宿僅1個多小時車程。箱根地區共17個溫泉區，泉質多達約20種，為知名溫泉鄉。有多種交通工具，包括Z字型折返路線的登山鐵路、可眺望富士山及前往大涌谷的空中纜車、橫越蘆之湖的海賊觀光船、登山纜車、登山巴士等，來回於各大景點。除了自然風景，也有許多值得參觀的美術館，包括箱根雕刻森林美術館、箱根玻璃之森美術館、小王子博物館等，都頗負盛名。

富士五湖地區

屬於山梨縣，可近距離欣賞富士山。5個湖皆為富士山噴發形成的堰塞湖，包含河口湖、山中湖、西湖、本栖湖、精進湖。其中河口湖因交通最便利，是最熱門的觀光區，周邊溫泉旅館林立，從河口湖北岸可同時欣賞富士山及河口湖，運氣好時還能觀賞到「逆富士」；帶有中世紀歐洲風情的音樂盒之森美術館、一覽河口湖與富士山全景的天上山纜車及公園皆為熱門景點。前往西湖，可參觀富岳風穴及鳴澤冰穴，一睹大自然的鬼斧神工，或到西湖療癒之鄉根場，體驗小規模合掌村的田園風光。

御殿場地區

屬於靜岡縣，是連接箱根地區和富士五湖地區的交通要道。御殿場Premium Outlet交通便利，占地廣闊且集合眾多精品名牌，吸引大批遊客前往血拼，還能一睹富士山風貌。

富士箱根周遊券資訊

這張外國人限定的票券是用於遊覽富士地區及箱根地區的3日券，可無限搭乘指定交通工具，且享有90多個設施優惠，在美術館或餐廳都有折扣，相當超值。

票價

大人¥8,000(從新宿出發)或¥5,650(從小田原出發)，兒童半價。

使用期間

自起始日起連續使用3天。

使用範圍

可不限次數自由搭乘指定區間的各項交通工具，「箱根地區」包含箱根登山鐵路(小田原～箱根湯本～強羅)、箱根登山巴士(定期觀光巴士外的所有路線)、箱根觀光景點巡遊巴士、箱根登山纜車(強羅～早雲山)、箱根空中纜車(早雲山～桃源台)、箱根海賊觀光船(桃源台～箱根町～元箱根)、小田急箱根高速巴士、沼津登山東海巴士，「富士地區」包含富士急行線(河口湖站～富士山站～下吉田站)、富士急行巴士(御殿場站～河口湖站、富士五湖周邊路線巴士全線、河口湖・西湖周遊巴士、富士湖號、富士山世界遺產環行巴士)。

「新宿出發」版本可各使用1次單程的小田急電鐵(新宿～小田原)和中央高速巴士(河口湖站或富士急樂園或富士山站～新宿高速巴士總站)。「小田原出發」版本則不可搭乘。

售票地點

僅於新宿車站和小田原車站的小田急旅遊服務中心販售，且小田原車站不販售新宿出發版本。

注意事項

1.若要搭乘小田急電鐵「浪漫特快號」，需另外購買特快車票¥890。
2.中央高速巴士為全車對號入座，需事先預約。

官網

http www.odakyu.jp/tc/deels/freepass/fujihakone (中文版)

運行於富士急行線的湯瑪士號

河口湖巴士印有美麗的富士山及列車圖案

機場交通

成田機場

由成田機場至新宿，搭乘JR成田特快N'EX約80分¥3,190，或搭乘利木津巴士約85～145分¥3,100。

由新宿前往箱根搭乘小田急電鐵浪漫特快號約100分¥2,080；新宿前往河口湖搭乘高速巴士直達約105分¥1,750，或搭乘JR特急至大月站約62分¥2,250，再轉搭富士急行快速約51分¥1,140 (特急約47分¥1,540)。

一天玩遍箱根溫泉鄉絕景

"6種交通工具換換換，旅途更有趣！"

今日這樣玩

goo.gl/JNXatG

新宿駅 → 小田急電鐵特急* → 箱根湯本駅 → 巴士 → 甘酒茶屋 → 巴士 → 元箱根、箱根神社

100分(￥2,080) ── 23分(￥700) ── 50分 ── 12分(￥310) ── 1.5小時

海賊觀光船 → 桃源台 → 空中纜車 → 大涌谷 → 空中纜車 → 早雲山

30分(￥1,000) ── 20分(￥1,050) ── 1小時 ── 10分(￥840)

登山纜車 → 強羅公園 → 登山鐵路 → 塔ノ沢 → 宿箱根溫泉

9分(￥420) ── 36分(￥360) ── 1小時

箱根神社的厄除御守(￥500)

* 新宿出發的版本包含此段票價；小田原出發的版本則不包含。

旅遊案內所
出發前先了解的事

浪漫特快號展望席

箱根登山纜車

箱根地區交通
6種交通工具趣味行

東京都前往箱根地區，可由新宿搭乘小田急電鐵前往小田原或箱根湯本，若使用周遊券，欲搭乘速度較快的「浪漫特快號」需加價，部分「浪漫特快號」第一車廂設置有展望席，可提前預約座位。

箱根地區有多種交通工具，可選擇順時針或逆時針方向繞。「箱根登山鐵路」連接箱根湯本和強羅，開通於1919年，是日本唯一一條全線山區鐵路，山頂和山腳海拔差大概500多公尺，小火車會在小站停留或急轉彎或改變方向，類似阿里山小火車的

箱根登山鐵路

箱根空中纜車

Z字型折返路線。「箱根登山纜車」連接強羅和早雲山。「箱根空中纜車」連接早雲山和桃源台。「箱根海賊觀光船」橫越蘆之湖，連接桃源台和箱根町或元箱根。其餘路線則可搭乘「箱根登山巴士」。

http 小田急電鐵：www.odakyu.jp
http 箱根登山巴士：
　　www.hakone-tozanbus.co.jp
http 箱根登山鐵路及登山纜車：
　　www.hakone-tozan.co.jp
http 箱根空中纜車：
　　www.hakoneropeway.co.jp
http 箱根海賊觀光船：
　　www.hakone-kankosen.co.jp

箱根湯本

箱根地區的玄關

丸嶋本店的溫泉饅頭￥70，僅能保存2天

箱根湯本是箱根地區的玄關，可從此轉搭各種交通工具出發，順時鐘或逆時鐘遊覽各大景點。箱根湯本有40家以上的溫泉旅館，可在百年歷史的丸嶋本店購買溫泉饅頭品嘗。附近的早雲寺是北條氏家族五代家主墳墓所在。

百年老鋪丸嶋本店

{Info}
✉ 神奈川県足柄下郡箱根町湯本211-1 ☎ 0460-85-7751 ➡ 新宿搭乘小田急電鐵浪漫特快號約100分 http www.hakoneyumoto.com

箱根湯本車站

早雲寺

甘酒茶屋 🍴

江戶時代的旅人休憩所

創業於江戶初期，約有400年歷史，是位於舊東海道上旅人的休憩所。木造建築的茶屋，裡面有點昏暗，沒有特別裝潢，呈現濃濃的江戶時代氛圍。茶屋後面就是舊東海道，旁邊有一間箱根舊街道休憩所。

甘酒茶屋外觀(照片提供／Baozi)

{Info}

📧 神奈川縣箱根町畑宿二子山395-1 📞 0460-83-6418 🕐 07:00～17:30 從箱本湯本搭乘箱根登山巴士約23分於「甘酒茶屋」下車 http www.amasake-chaya.jp

◀いそべ力餅(包著海苔的麻糬)¥500、くろごまきなこもち(黑胡麻及黃豆粉口味的麻糬)¥450 (照片提供／Baozi)

◀甘酒附醬菜每杯¥400(照片提供／Baozi)

箱根神社

蘆之湖畔的古老神社

建於西元757年，歷史悠久，杉樹成蔭的參拜道，樹齡超過800年。神社舊稱「關東總鎮守箱根大權現」，心想事成、交通安全、開運除厄的御守頗為知名。同時也是武士的守護神，深受古代武士階級崇拜。

蘆之湖上的平和鳥居(照片提供／Baozi)

{Info}

📧 神奈川縣足柄下郡箱根町元箱根80-1 📞 0460-83-7123 ➡ 從箱本湯本搭乘箱根登山巴士約35分於「元箱根港」下車，徒步約15分 http hakonejinja.or.jp

箱根神社(照片提供／Baozi)

ベーカリー＆テーブル (Bakery & Table) 🍴

蘆之湖畔的高人氣美味烘焙坊

Bakery & Table箱根店

創立於1937年，起源自新潟妙高高原的赤倉觀光飯店，後來陸續開設分店。箱根店位於蘆之湖畔的元箱根港旁，1～2樓是烘焙坊及喫茶區，3樓是餐廳，還有附足湯的戶外座位，提供各種餐點和飲品。

喫茶店中午提供組合套餐B&Tカフェプレートセット，含有3種當日麵包、以季節食材製作的麵包片、沙拉或濃湯、紅茶或咖啡。可口的麵包、香濃的咖啡，搭配窗外蘆之湖的美景，最能享受悠閒時光。

{Info}

📧 神奈川縣足柄下郡箱根町元箱根字御殿9-1 📞 0460-85-1530 🕐 烘焙坊10:00～17:00，喫茶區08:30～17:00，餐廳11:00～18:00(週末增加09:00～11:00早餐時段) ➡ 由箱本湯本搭乘箱根登山巴士約35分於「元箱根港」下車 http www.bthjapan.com

邊用餐邊欣賞蘆之湖景色，B&Tカフェプレートセット(¥1,180)

蘆之湖・箱根海賊船

橫越蘆之湖的華麗觀光船

蘆之湖約形成於3,000年前,是箱根山的火山湖,天氣好的時候可以遠眺富士山。傳說蘆之湖住著9頭毒龍危害居民,創建人萬卷上人將之降服後命令他們守護居民,這是每年7月底「湖水祭」的由來。可搭乘華麗觀光船「箱根海賊船」橫越蘆之湖並欣賞風光,搭乘處共有箱根町港、元箱根港、桃源台港3個港,從元箱根港前往箱根町港約10分、前往桃源台港約30分。

{Info}

✉ 神奈川県足柄下郡箱根町元箱根45-3 ☎ 0460-83-7722 🕐 09:30～17:30(冬季只到16:40) ➡ 由箱本湯本搭乘箱根登山巴士約35分於「元箱根港」下車即可抵達元箱根港 http www.hakone-kankosen.co.jp/index.php

1.海賊船座位(照片提供／Baozi)／**2**.在船上就能遠遠望見箱根神社的平和鳥居(照片提供／Baozi)／**3**.海賊船「バーサ」,17世紀的北歐戰艦(照片提供／Baozi)／**4**.海賊船「ロワイヤルⅡ」,18世紀的法國戰艦(照片提供／Baozi)／**5**.蘆之湖與駒之岳的山湖美景

大涌谷

搭空中纜車
前往長年冒煙的地獄谷

　　大涌谷標高約1,050公尺，是3,000年前箱根火山噴發後，經過多年的火山碎屑物和山崩塌後所形成的火山口遺跡，因位於火山活動的噴氣地帶，瀰漫著大量硫磺蒸氣，又稱地獄谷。大涌谷自然研究路上方的玉子茶屋，有號稱可以延年益壽的「黑玉子」，

黑色香草冰淇淋￥350
(照片提供／Baozi)

黑玉子，一袋5顆￥500
(照片提供／Baozi)

來到這裡不妨嘗嘗這鼎鼎大名的特色飲食。

　　要前往大涌谷可搭乘「箱根空中纜車」，纜車共有桃源台、姥子、大涌谷、早雲山4站，天氣晴朗時可以在纜車途中眺望富士山美景喔！

{Info}

✉ 神奈川縣足柄下郡箱根町仙石原1251　☎ 0460-84-8437
➡ 搭乘「箱根空中纜車」，從桃源台約20分，或從早雲山約10分　http www.hakoneropeway.co.jp/ohwakudani

箱根空中纜車

大涌谷瀰漫著硫磺蒸氣

強羅公園

日本最早的法式庭院

　　近百年歷史的強羅公園是日本最早的法式庭院。公園的中心為噴水池，後門旁是

強羅公園玫瑰園

玫瑰園，其他還有熱帶植物館、體驗工藝館等，也可前往白雲洞茶苑喝抹茶。

{Info}

✉ 神奈川縣足柄下郡箱根町強羅1300　☎ 0460-82-2825　🕐 09:00～17:00　💲 大人￥550，小學生以下免費　➡ 由強羅車站步行約5分　http www.hakone-tozan.co.jp/gorapark

強羅公園噴水池

玩家提示　箱根的藝術殿堂

　　早雲山～強羅、強羅～箱根湯本之間是箱根較為熱鬧的區域，有許多美術館、博物館、資料館，值得花時間好好參觀，很多地方出示周遊券就有門票優惠喔！

箱根玻璃之森美術館的玻璃藝術品

一の湯 🛏

箱根地區歷史悠久的溫泉旅館集團

　　近400年歷史的「一の湯」在箱根地區有7家分館，其中3家位於塔ノ沢、3家位於仙石原、1家位於蘆之湖，價位合理，最便宜的1泊2食方案每人1萬日幣有找。此外，只要住宿當中任一分館，當天能免費到其他分館泡湯。

　　歷史最悠久的是「塔ノ沢 一の湯本館」，外觀為4層樓的純木造建築，古色古香，房間窗戶面向旅館後方的早川溪，晚上可聽著窗外潺潺流水聲入眠。此處溫泉泉質為PH約8.5的鹼性單純溫泉。

　　位於仙石原的「品の木 一の湯」，設有本棟及隱密度較高的別邸，多數房間內設有露天風呂。特別的是此處有2種溫泉，包括PH約9.2的鹼性單純溫泉及PH約2.9的硫酸鹽泉。

　　「一の湯」的標準會席料理主餐是「箱根山麓豚」涮涮鍋，若連住2天以上，第2天主餐有一の湯名物「金目鯛姿煮」；只住1晚的旅客也能提早預約追加，每份¥2,000，適合2～3人食用。此外，也可預約追加生魚片刺身船(お造り舟盛り)、伊勢龍蝦等單價較高的料理。

1.「塔ノ沢 一の湯本館」外觀(照片提供／Baozi)／2.「塔ノ沢 一の湯本館」房間窗外的早川溪(照片提供／Baozi)／3.「品の木 一の湯」外觀／4.生魚片刺身船(3人份)／5.箱根山麓豚(3人份)／6.金目鯛姿煮／7.「品の木 一の湯」房間內的露天風呂

{Info}

✉ 神奈川縣足柄下郡箱根町塔ノ沢90 (本館)；神奈川縣足柄下郡箱根町仙石原940-2 (品の木) ➡「本館」由「箱根湯本」搭乘巴士約5分於「上塔ノ沢」下車後徒步1分，或搭乘箱根登山鐵路於「塔ノ沢」下車後徒步約5分；「品の木」由「箱根湯本」搭乘往桃源台方向的巴士約25分於「品の木・箱根ハイランドホテル」下車徒步1分 🔗 www.ichinoyu.co.jp

前進富士五湖

"象徵日本的富士山,歐洲風的美術館"

今日
這樣玩

goo.gl/KfN7mF

| 塔ノ沢 | → 箱根登山巴士 🚌 → 23分(¥710) | 仙石 | → 小田急箱根高速巴士 🚌 → 25分(¥710) | 御殿場 | → 富士急行巴士 🚌 → 51分(¥1,280) | 忍野八海 **1小時** |

| → 富士急行巴士 🚌 → 24分(¥430) | 河口湖 | → 河口湖周遊巴士 🚌 → 24分(¥290) | 音樂盒之森美術館 **2~3小時** | → | 宿河口湖 |

快來美術館看我表演吧!

◀於音樂盒之森美術館販售的桃太郎音樂盒(¥6,280)

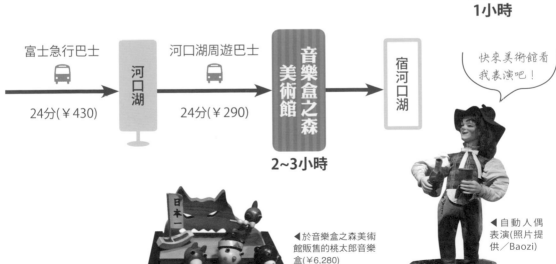

◀自動人偶表演(照片提供/Baozi)

旅遊案內所
出發前先了解的事

河口湖車站

河口湖周遊巴士

前往富士五湖地區交通
搭巴士玩透透

箱根湯本地區幾乎沒有公車可直達御殿場，必須先搭乘「箱根登山巴士」前往仙石，再轉搭「小田急箱根高速巴士」前往御殿場。注意箱根登山巴士的「仙石」站與小田急箱根高速巴士的「箱根仙石」站為不同站牌，但在附近而已。另外，小田急箱根高速巴士與富士急行巴士的站牌分別在御殿場車站的兩側，須跨過天橋。

從御殿場前往河口湖需搭乘「富士急行巴士」。遊覽富士五湖地區，可搭乘「河口湖周遊巴士」（紅線）及「西湖周遊巴士」（綠線，含紅線的2日券¥1,300）；另外還有以下巴士可利用：「鳴沢‧精進湖‧本栖湖周遊巴士」（藍線，每天僅4班，含紅線、綠線之2日券¥1,500）、「富士山世界遺產路線巴士」

（2日券¥1,030）、「ふじっ湖号」（含富士吉田、忍野八海、山中湖全路線之2日券¥1,340；僅含忍野八海、山中湖路線之2日券¥1,030）。本票券常有修改，建議出發前確認最新版內容。

🔗 小田急箱根高速巴士：
www.odakyu-hakonehighway.co.jp
🔗 富士急巴士：
bus.fujikyu.co.jp/rosen

忍野八海

湧出富士山雪水的8個池塘

忍野八海，位於山梨縣忍野村，天氣好的話可以看到富士山，中間最大的「中池」是人工池，不屬於八海。「八海」其實是8個池塘，為富士山雪水湧出的泉水，包括出口池、鏡池、菖蒲池、濁池、銚子池、御釜池、湧池、底抜池，各自有流傳的傳說及守護神。

忍野八海之「鏡池」

池本茶屋的冷蕎麥麵

來自富士山的雪水

{Info}
✉ 山梨県南都留郡忍野村忍草1514　📞 0555-84-3111　➡ 由御殿場車站搭乘富士急行巴士約51分可抵達　🔗 www.vill.oshino.yamanashi.jp/8lake.html

音樂盒之森美術館 (河口湖オルゴールの森美術館)

中世紀歐洲風情的美術館

位於河口湖畔的音樂盒之森美術館，與富士山遙遙相望，踏入館內宛如置身中世紀歐洲。購票進場時會提供園區導覽圖及各表演時間的資料，園區內除了有各式各樣的自動演奏樂器和音樂盒，也有庭園、小教堂、餐廳、體驗區、音樂盒紀念品商店等。

館內收藏了不少貴重的自動演奏樂器，其中有個1912年德國製的自動演奏樂器，據說原本是要放到鐵達尼號上的，卻因來不及而作罷。還有世界最大規模的舞蹈自動音樂盒，啟動時連兩側牆壁上的人偶都會跟著演奏。此外，這裡還有超過百年歷史的自動人偶表演，可供遊客近距離鑑賞。

1.小教堂／2.夏季的音樂盒之森美術館／3.商店販售的「富士の山」音樂盒(¥3,360)／4.冬季的音樂盒之森美術館／5.世界最大規模的舞蹈自動音樂盒(照片提供／Baozi)／6.自動砂畫表演／7.水舞秀

{Info}

✉ 山梨縣南都留郡富士河口湖町河口3077-20　☎ 0555-20-4111　🕘 09:00～17:30　💲 大人￥1,500，大學生、高中生￥1,100，中小學生￥800；出示富士箱根周遊券可享優惠　➡ 由河口湖車站搭乘河口湖周遊巴士(紅線)約24分於「河口湖オルゴールの森美術館」下車　🌐 kawaguchikomusicforest.jp

河口湖溫泉旅館推薦

把握挑選溫泉旅館的小祕訣，在房內遠眺富士山美景

　　河口湖是東京近郊著名的溫泉鄉，有非常多溫泉旅館，但若想在旅館房間同時欣賞河口湖及富士山，則必須選擇河口湖北岸為數不多的旅館。

　　河口湖北岸較偏西邊的旅館依序是Sunnide Resort、秀峰閣湖月，望向富士山的角度較為正面，但位置離商店街較遠；較偏東邊的旅館依序是湖山亭うぶや、富之湖飯店、風のテラスKukuna、グリーンレイク(Green Lake)、富士吟景、新世紀飯店(Hotel New Century)、湖のホテル(Mizuno Hotel)、美富士園、Hotel Route Inn，越靠東邊，望向富士山的角度越會被山擋住，其中Green Lake及Mizuno Hotel位在山坡上，不在湖邊。

富士吟景

房內即可眺望逆富士的溫泉旅館

　　「湖楽おんやど 富士吟景」過去為「ホテルニュー富士」，近幾年整修後才改名。除了本館，也新設較高級的「別邸 凜」，所有房間皆面湖，在房內就可坐享河口湖及富士山景色。溫泉為單純溫泉及低張性弱鹼性泉，露天風呂「富士見の湯」位於頂樓，可以邊泡溫泉、吹著涼風，邊欣賞富士山美景。

　　旅館外面的步道就是不錯的「眺望逆富士」地點，但東邊會稍微被山擋住。富士山的倒影在湖上就像一幅畫，美得令人捨不得離開，建議清晨前往，看到逆富士的機率最高。

刊頭照片提供／Shen
1.眺望逆富士／**2.** 晚餐之生魚片與海膽(照片提供／Baozi)／**3.**富士吟景所有房間皆面湖／**4.**富士吟景是顯眼的黃色建築，大浴場在頂樓

サニ・デリゾート(Sunnide Resort)

眺望逆富士絕佳的度假村

Sunnide Resort位於河口湖北岸，離河口湖車站較遠，占地約2萬坪，有16間房間的本館、4間房間的洋館、森林中的小木屋群25棟、以及9間房的湖畔別邸千一景。

「湖畔別邸千一景」有約21坪的primiun suite及18坪的grand suite 2種房型，9間房間全為和洋式房型，且房內就附有露天風呂，可展望河口湖及富士山。千一景之外的其他房型無法在房內看到河口湖及富士山，只能在大浴場泡湯時欣賞。

旅館外面就是公車站牌「サニーデ前長崎公園入口」，這裡是眺望逆富士的絕佳地點，比富士吟景附近的角度更為正面。

1～2.晚餐為一道道上的會席，圖1為含伊勢龍蝦生魚片盤的晚餐，圖2為前菜盤／3.千一景的「grand suite」房型／4.Sunnide Resort本館外觀／5.千一景的房間皆可眺望河口湖及富士山／6.千一景的房間皆附有露天風呂

{Info}

富士吟景
✉ 山梨県南都留郡河口湖町浅川132 ☎ 0555-72-0010 ➡ 由河口湖車站搭乘河口湖周遊巴士(紅線)約20分於「風のテラスKukuna前」下車 http www.fujiginkei.jp

サニーデリゾート
✉ 山梨県南都留郡富士河口湖町大石2549-1 ☎ 0555-76-6004 ➡ 由河口湖車站搭乘河口湖周遊巴士(紅線)約28分於「サニーデ前長崎公園入口」下車 http www.sunnide.com

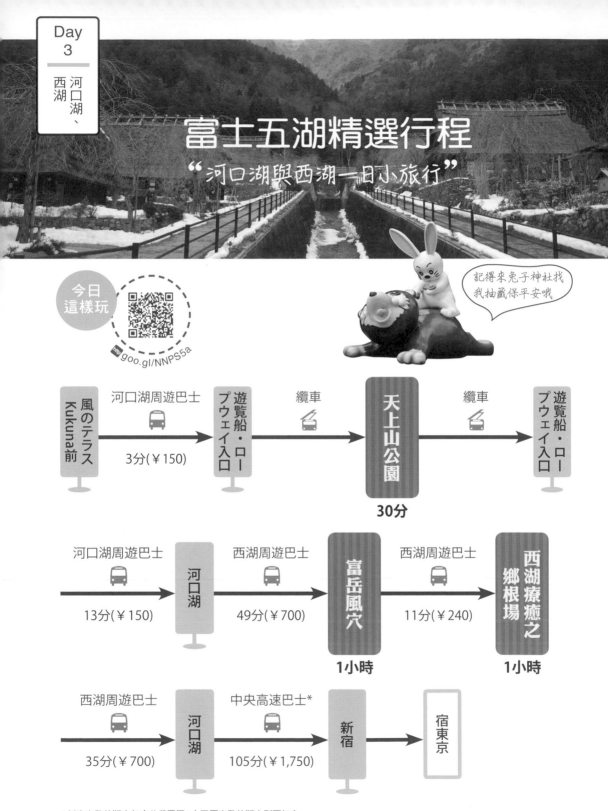

旅遊案內所
出發前先了解的事

中央高速巴士
往返新宿及河口湖的主要交通工具

「中央高速巴士」由富士急及京王巴士經營，主要往返新宿及河口湖之間，全車指定席，務必提早預約；使用富士箱根周遊券可於河口湖站、富士急樂園或富士山站上下車。由河口湖前往新宿約105分鐘，但傍晚下班時段可能因塞車而延遲。

高速巴士

http bus-tw.fujikyu.co.jp/highway/detail/id/1

天上山纜車及公園

一覽河口湖與富士山全景

天上山公園標高1,075公尺，可由山下搭乘纜車前往，僅需3分鐘，抵達山上展望台就可欣賞富士山及河口湖的全景，天氣好的話還可以看見南阿爾卑斯。公園內有「天上之鐘」，能祈求戀愛或無病消災；「兔子神社」販售神籤及各種御守；「狐狸茶屋」則是紀念品、土產及輕食店，還可以免費照張相並馬上沖洗1張小照片附在明信片上，或以¥1,000購買較大張的照片附贈相框。

兔子神社

天上之鐘

狐狸茶屋

眺望河口湖

{Info}

✉ 山梨縣南都留郡富士河口湖町淺川1163-1 ☎ 0555-72-0363 ⏰ 09:00~17:20(4/16~10/15)，09:00~17:10(3/1~4/15及10/16~11/30)，09:30~16:40(12~2月) 💲 大人來回¥800、單程¥450，小孩來回¥400、單程¥230；出示富士箱根周遊券可享優惠 ➡ 由河口湖車站搭乘河口湖周遊巴士(紅線)約16分於「遊覽船・ロープウェイ入口」下車 http www.kachikachiyama-ropeway.com

富岳風穴、鳴澤冰穴

大自然的鬼斧神工

「富岳風穴」及「鳴澤冰穴」位於富士五湖區的青木原樹海附近，平均氣溫僅有3度，是已經存在1,200年以上的溶岩洞窟。「富岳風穴」為橫洞型洞穴，總長201公尺，過去作為天然的冷藏庫貯藏蠶蛹，可參觀夏天也不會融化的冰柱、溶岩棚、繩狀溶岩等。「鳴澤冰穴」為豎穴環狀型洞穴，總長153公尺，可參觀長達3公尺的巨人冰柱。

風穴及冰穴相距約800公尺，中間須穿越「青木原樹海」，此為原始樹林，較為陰森且過去常有人自殺；風穴及冰穴兩者內部大同小異，而冰穴內路線較為崎嶇不平、階梯較多且較滑；此外，綠線巴士僅停風穴，藍線巴士風穴及冰穴都有停但一天僅有4班。若時間不足、有行動不方便者同行，或對樹海有禁忌，建議參觀風穴即可。

點燈的冰柱

風穴內為天然的冷藏庫

青木原樹海

{Info}

✉ 山梨県南都留郡富士河口湖町西湖青木ヶ原2068-1 ☎ 0555-85-2300 ⏰ 09:00～17:15(4/1～4/28、5/9～7/31)；09:00～17:45(8/1～8/10、8/17～8/28)；08:30～17:45(4/29～5/8、8/11～8/16)；09:00～17:00(10/17～10/31、3/16～3/31)；09:00～16:45(11/1～11/15)；09:00～16:15(11/16～3/15) 💲 大人￥350、小孩￥250；共同套票大人￥600 ➡ 由河口湖車站搭乘「西湖周遊巴士」(綠線)約49分於「富岳風穴」下車；或搭乘「鳴沢・精進湖・本栖湖周遊巴士」(藍線，每天僅4班) 約24分於「富岳風穴」或「鳴沢冰穴」下車 🌐 www.mtfuji-cave.com/tc

---

西湖療癒之鄉根場 (西湖いやしの里根場)

迷你版合掌村

位於西湖畔的「西湖いやしの里根場」，是規模較小的茅葺民家(合掌屋)，由於之前受颱風侵襲幾乎全毀，目前所見為2006年復原後的規模，約有20棟，包括餐飲、手作體驗、販售在地物產等店家。此處為純樸的農村風景，可眺望富士山，風光明媚，吸引不少遊客前來。

▶景色優美的西湖
▼合掌屋，目前約有20棟，規模不大

{Info}

✉ 山梨県南都留郡富士河口湖町西湖根場2710 ☎ 0555-20-4677 ⏰ 3～11月09:00～17:00(無公休)，12～2月09:30～16:30(週三公休) 💲 大人￥350、小孩￥150 ➡ 由河口湖車站搭乘「西湖周遊巴士」(綠線)約40分於「西湖いやしの里根場」下車 🌐 www.fujisan.ne.jp/iyashi

ほうとう不動

山梨縣的暖心鄉土料理

ほうとう(餺飥)是山梨縣的鄉土料理，這是由一種扁平的麵加蔬菜和味噌煮出來的麵食，據說戰國時代武田信玄的軍隊在戰爭時曾以之為糧食。

河口湖北本店

「ほうとう不動」共有4間分店，河口湖北本店、河口湖南店、河口湖駅前店、東恋路店，都在河口湖附近。店家的招牌是「不動ほうとう」，使用自家製麵，將南瓜、山菜等富士山麓在地食材，加入味噌湯汁用鐵鍋煮成，熱騰騰的湯頭相當甘甜，在氣溫偏低的湖畔喝口湯，整個身子瞬間都變得暖呼呼囉！

{Info}
🕐 11:00～19:00
http www.houtou-fudou.jp

店家招牌「不動ほうとう」(¥1080)

ミワロックン(MIWA69'n)

野菜雞白湯醬汁的沾麵

河口湖車站附近的MIWA69'n是評價不錯的沾麵店，店主是沖繩出身的女性，每天僅販售午餐時段。麵條選用知名店家三河屋製麵的極太麵，沾麵醬汁強調不使用化學調味料，以加入野菜熬煮的魚介雞白湯為底。醬汁相當濃郁，沾上麵條一起享用，滿嘴充滿雞湯和野菜的甜味。

沾麵¥750

{Info}
✉ 山梨縣南都留郡富士河口湖町船津996-21　🕐 11:15～14:00，售完為止，週一、日公休　➡ 由河口湖車站步行約10分

河口湖伴手禮特搜

河口湖車站除了是富士急行、高速巴士、前往富士五湖各種巴士的搭乘處，內部也有餐廳和商店，是購買在地特色伴手禮的好去處喔！

甲斐銘果「くろ玉」▶¥540，外層是黑糖，內部是豌豆餡

◀桔梗信玄餅，布裝8個¥1,240

◀桔梗信玄餅是沾著黃豆粉和黑糖的麻糬

▼富士山造型日本酒，每組3瓶¥1,300

◀不二家出產的桔梗信玄餅乾

| 日光 | 奧日光 | 鬼怒川 |

日光廣域周遊券
Nikko All Area Pass

4日

世·界·遺·產·之·旅

湖光山色溫泉鄉
主題樂園時空隧道

從東京出發，約莫2個多小時就來到另一個世界，

短則2天、長則4天，日光，絕對有讓你流連忘返的魅力。

精雕細琢的世界遺產、如萬馬奔騰的瀑布、險峻溪谷的奇岩怪石，

夜晚住在靜謐的湖畔山莊，泡泡溫泉、享用會席料理，擁山嵐溪水入夢鄉，

想來點熱鬧的，還可以到小人國樂園和江戶村，瞬間變身武士或花魁哦！

日光東照宮
世界遺產

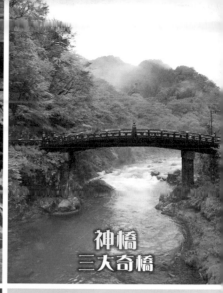

神橋
三大奇橋

華嚴瀑布
三大瀑布

拜訪的景點

戰場之原
自然濕原

中禪寺湖
日光最大湖

龍王峽
奇岩溪谷

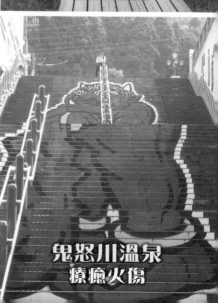

鬼怒川溫泉
療癒火傷

日光
にっこう

| 栃木縣 | 關東地區最大的內陸縣，最大的都市宇都宮市距離東京約100公里，以餃子聞名。

日光市是著名的世界遺產區域，祭祀德川家康的東照宮、二荒山神社、輪王寺被稱為「二社一寺」，建築華麗且雕刻細緻，值得細細品味。

奧日光地區則是以自然風光著名，可搭乘觀光船欣賞男體山或垂釣虹鱒的中禪寺湖，遊覽日本三大名瀑之一的華嚴瀑布，徒步或搭乘低公害公車探訪溼原地帶的戰場之原，前往湯元溫泉或光德溫泉泡湯，享受自然美景。

鬼怒川溫泉是已有300多年歷史的著名溫泉區，溪谷沿岸大型溫泉旅館林立。鬼怒川上游有一條長約3公里的龍王峽自然研究路，可在此散步，欣賞沿途的奇岩怪石和瀑布，尤其秋天紅葉季時景色絕佳。

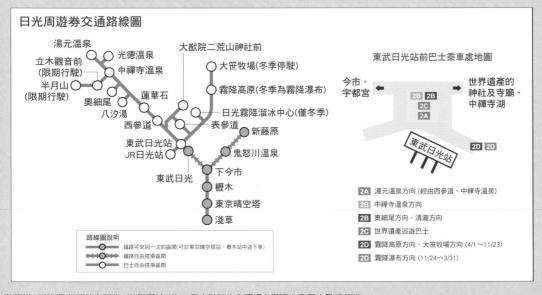

日光周遊券交通路線圖

湯元溫泉
光德溫泉
立木觀音前（限期行駛）
中禪寺溫泉
半月山（限期行駛）
奧細尾
八汐湯
西參道
蓮華石
大獣院二荒山神社前
大笹牧場（冬季停駛）
霧降高原（冬季為霧降瀑布）
日光霧降溜冰中心（僅冬季）
表參道
新藤原
東武日光站
JR日光站
鬼怒川溫泉
東武日光
下今市
樫木
東京晴空塔
淺草

路線圖說明
鐵路可來回一次的區間(可於東京晴空塔站、樫木站中途下車)
鐵路自由搭乘區間
巴士自由搭乘區間

東武日光站前巴士乘車處地圖

今市、宇都宮
世界遺產的神社及寺廟、中禪寺湖

2B 2B
2C
2A

東武日光站

2D 2D

2A 湯元溫泉方向（經由西參道、中禪寺溫泉）
2B 中禪寺溫泉方向
2B 奧細尾方向、清瀧方向
2C 世界遺產巡遊巴士
2D 霧降高原方向、大笹牧場方向（4/1～11/23）
2D 霧降瀑布方向（11/24～3/31）

1.鬼怒川、川治溫泉鄉的吉祥物／2.龍王峽／3.二荒山神社中宮祠裡有男體山登拜次數排行榜

日光廣域周遊券資訊

日光廣域周遊券(Nikko All Area Pass)使用的範圍包含前往中禪寺湖或湯元溫泉的公車，由於只要淺草和日光電車來回(¥2,600)再加上中禪寺湖公車來回車資(¥2,300)就超過周遊券的價值(¥4,520)，因此這張票券雖然可以使用4天，不過只要行程有中禪寺湖或湯元溫泉，即使只有2天也很值得買。

票價

4～11月¥4,520，12～3月¥4,150，兒童半價。

使用期間

自起始日起連續使用4天。

使用範圍

可來回使用1次淺草～下今市站間的東武鐵路，無限次搭乘

東武電車

「指定自由搭乘區間」內的東武鐵路和巴士，包含從東武日光站前的巴士乘車處出發和到達的2A、2B、2C、2D巴士的所有區間。部分觀光設施及交通工具也享有折扣。

售票地點

可在東武淺草站中央入口的東武旅遊服務中心淺草、東京晴空街道東座5樓的東武集團遊客廣場(tourist plaza)、東武拓博旅遊(top tours)的池袋(池袋站西口B1)和新宿(新宿中央大廈MB1)等分店購買。或於出發4日前完成網上訂票，再前往東武旅遊服務中心淺草領取。

注意事項

1. 不能搭乘特快列車，若要乘坐特快列車，須購買特快票。

距東武日光車站不遠處的JR日光車站外觀

日光廣域周遊券(照片中價錢為調漲前)

2. 淺草至下今市之間只能往返乘坐1次(東京晴空塔站、栃木站可以半途下車)。
3. 不包含日光的神社和寺院的通用參拜券。
4. 淺草出發往東武日光方向及鬼怒川溫泉方向的列車前半段路線相同，於下今市會分成2個方向，搭車前務必確認搭乘的車廂。

官網

http 日光廣域周遊券：www.tobu.co.jp/foreign/tcn/pass/all.html (中文版)
http 東武巴士：www.tobu-bus.com/tcn/nikko (中文版)

JR日光車站2樓保留原來的候車室空間

機場交通

成田機場

從成田機場可搭乘「京成Access特急」至淺草站，約50分¥1,240，轉搭東武急行電車至東武日光站，約135分¥1,300。

玩家提示 ● **日光市區域周遊券**

若行程只有日光二社一寺及鬼怒川，可選擇另一張日光市區域周遊券(Nikko City Area Pass)，此為票價¥2,670的2日券，使用範圍與日光廣域周遊券相比，巴士的部分僅能搭乘東武日光站前出發和到達的2C巴士所有區間、2A和2B巴士到蓮華石的區間。

http 日光市區域周遊券：www.tobu.co.jp /foreign/tcn/pass/twoday.html(中文版)

前進日光最深處

"徜徉瀑布之美，湯元溫泉小鎮"

今日
這樣玩

goo.gl/HVWQ5S

淺草駅 → 東武快速 🚃 → 東武日光駅 → 東武巴士 🚌 → 明智平 → 東武巴士 🚌 →
135分(￥1,300)　　36分(￥1,100)　　9分(￥240)

1小時

中禪寺溫泉 → 徒步 🚶 → 華嚴瀑布 → 東武巴士 🚌 → 龍頭瀑布 → 東武巴士 🚌 →
5分　　11分(￥420)　　16分(￥570)

1小時　　　　　**1小時**

湯元溫泉 → 宿湯元溫泉

1小時

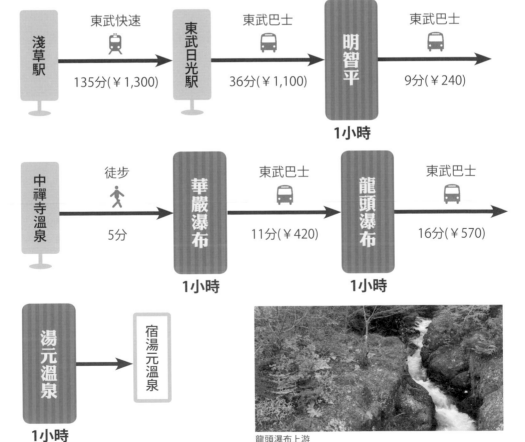

龍頭瀑布上游

明智平

眺望中禪寺湖與男體山之湖光山色

　　從明智平搭乘纜車，約3分鐘即可抵達「明智平展望台」，此處為附近的制高點，天氣好

明智平纜車站

的話可以展望華嚴瀑布、中禪寺湖、男體山等周邊的美景，另一側則是綿延的山景及斷崖。

　　特別注意從日光來往中禪寺湖，上坡和下坡走的是不同路，因此在上坡的明智平纜車必須安排在去程時前往。

{Info}

✉ 栃木縣日光市細尾町深沢709 ☎ 0288-55-0331 ⏰ 纜車09:00～16:00；楓葉季會延長；天候不佳會停止 💲 大人來回￥730、單程￥400，小孩來回￥370、單程￥200 ➡ 從東武日光站搭乘巴士約36分於「明智平」下車 🔗 www.nikko-kotsu.co.jp/ropeway.html

淺井精肉店 ✖

美味多汁的炸豬排

　　「淺井精肉店」位於中禪寺湖遊覽船搭乘處對面，

用餐時刻提供限量、份數不多的餐點，售完為止。店內座位僅約6席，經常大排長龍，建議早點來。炸豬排分量大，咬一口就立即感受到汁多味美且紮實的口感。

豚ロースカツ定食(￥1,200)

{Info}

✉ 栃木縣日光市中宮祠2478 ☎ 0288-55-0014 ⏰ 11:00～14:00，17:00～19:00(售完為止) ➡ 從東武日光站搭乘巴士約55分於「遊覽船發著所」下車

華嚴瀑布

日本三名瀑

　　位於中禪寺湖附近的「華嚴瀑布」，與茨城縣「袋田瀑布」及和歌山縣「那智瀑布」，並稱為「日本三名瀑」。

可付費搭乘電梯至觀景台

　　華嚴瀑布從97公尺高岩壁流瀉而下，可搭乘電梯就近觀賞更為壯觀。春夏飛翔的燕子、秋天的紅葉、冬季的冰柱，四季都有不同風情。

{Info}

✉ 栃木縣日光市中宮祠 ☎ 0288-55-0030 ⏰ 夏季08:00～17:00，冬季09:00～16:30(營業時間不一定，可能有變動) 💲 搭乘電梯大人￥550，中小學生￥330 ➡ 從東武日光站搭乘巴士約45分於「中禪寺溫泉」下車，再步行約5分 🔗 kegon.jp

名列「日本三名瀑」的華嚴瀑布

龍頭瀑布

奧日光三名瀑

「龍頭瀑布」與「華嚴瀑布」及「湯瀑布」並稱為「奧日光三名瀑」。

龍頭瀑布高低落差約60公尺，但並非自斷崖傾瀉而下，而是綿延約210公尺，每段觀賞皆有不同感受。瀑布中間會分開成兩條分支，於觀景台正面看形狀像龍頭因而得名，每年10月紅葉季時景色最佳。

{Info}

✉ 栃木県日光市中宮祠 📞 0288-54-2496 (觀光協會) ➡ 從東武日光站搭乘巴士約55分於「竜頭の滝」下車，再步行約5分抵達觀景台；或於「竜上」下車 http www.nikko-kankou.org/spot/6

從「竜上」欣賞龍頭瀑布，氣勢宏偉，也可遠望中禪寺湖

從龍頭茶屋旁邊「瀧見台」欣賞龍頭瀑布是最經典的角度

湯元溫泉

湯之平濕原

歷史悠久的溫泉小鎮

位於日光國家公園內，奧日光深處的湯元溫泉，坐落於湯之湖旁，是約有23家旅館的溫泉小鎮。湯元溫泉歷史悠久，自日光開山祖勝道上人於西元788年發現至今已有1,200多年，泉質為白濁的單純硫磺泉。

{Info}

✉ 栃木県日光市湯元2549 📞 0288-62-2570(奧日光湯元溫泉旅館協同組合) ➡ 東武日光搭乘巴士約75分至終點站「湯元溫泉」 http www.nikkoyumoto.com

勝道上人建立的溫泉神社　　溫泉寺

紅葉季的湯元溫泉美不勝收

つるやの塩羊羹本舗

甜而不膩的手作羊羹

　　塩羊羹是日光的特產之一，湯元溫泉唯一的店家「つるやの塩羊羹本舗」，羊羹是自家手工製成而非工廠製作的。淡淡的鹹味融合紅豆的甜味，讓整個羊羹吃起來不會過膩。

つるやの塩羊羹本舗 ｜ 塩羊羹￥760

豆知識 **塩羊羹：翻轉羊羹都是甜的刻板印象**

　　羊羹是日本代表點心之一，以紅豆為主要原料，陸續開發出栗子、抹茶等不同口味，但通常味道過甜，讓許多不嗜甜食的人興趣缺缺。塩羊羹在表面抹上一層薄薄的塩，鹹甜交錯，調和成完美比例。日本販售塩羊羹的地方不多，主要集中在長野縣的松本、諏訪一帶，つるやの塩羊羹本舗則為日光知名店家。

{Info}

✉ 栃木県日光市湯元溫泉2549　☎ 0288-62-2537　🕐 08:00～16:00(售完為止，可提早預約)　➡ 東武日光搭乘巴士約75分至終點站「湯元溫泉」

紫雲莊 💤

饒富人情味的溫馨旅館

　　小而美的紫雲莊旅館僅有8個房間，價格實惠。1樓有一般內湯，外面另有半露天溫泉池，房客可登記輪流使用。美味豐盛的餐點很有傳統日式家庭味，值得品嘗。可用英文跟親切的老闆娘溝通，且因曾有臺灣人在此打工，旅館內也有部分中文說明。

{Info}

✉ 栃木県日光市湯元2541-1　☎ 0288-62-2528　💲 1泊2食每人約￥8,000~12,000　➡ 東武日光搭乘巴士約75分至終點站「湯元溫泉」，下車徒步約5分　http
shiunso.gogo.tc/home.html

豐盛的晚餐，道道美味

外觀簡單的旅館紫雲莊

半露天的溫泉池

簡單美味的早餐

枯寂蒼茫與
寧靜深邃的極致美學
"戰場之原散策，中禪寺湖遊船"

今日
這樣玩

goo.gl/vZcyYd

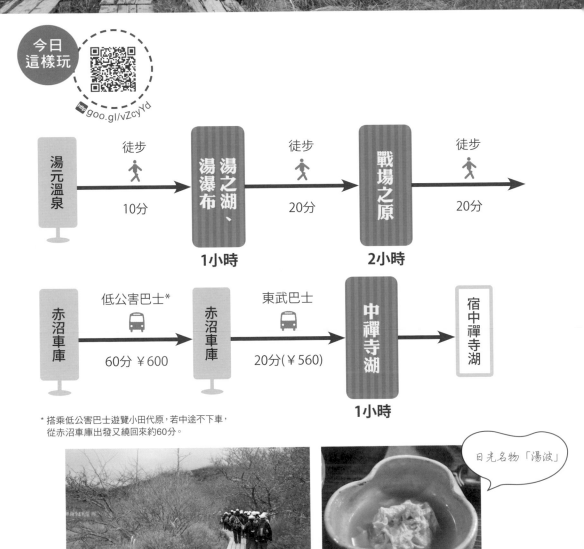

| 湯元溫泉 | 徒步 10分 → | 湯之湖、湯瀑布 1小時 | 徒步 20分 → | 戰場之原 2小時 | 徒步 20分 → |

| 赤沼車庫 | 低公害巴士* 60分 ￥600 → | 赤沼車庫 | 東武巴士 20分(￥560) → | 中禪寺湖 1小時 | → | 宿中禪寺湖 |

＊搭乘低公害巴士遊覽小田代原，若中途不下車，
從赤沼車庫出發又繞回來約60分。

戰場之原

日光名物「湯波」

旅遊案內所
出發前先了解的事

戰場之原玩樂指南
可健行或搭乘公車

一般玩家會選擇「戰場之原自然研究路」健行，中途完全沒有洗手間，務必記得在湯瀑布旁的茶屋或赤沼茶屋先上洗手間。從赤沼公車站到小田代橋這段約3公里，步行約需80分，是較為平坦的路線，小田代橋走出去不遠處即為光德入口公車站；若再繼續往上前往湯元溫泉這段約3公里，步行約需100分，有段路稍微陡峭；若要全程健行，推薦由湯元溫泉往下走為下坡比較輕鬆。不想健行的旅客，可選擇搭乘公車在三本松站下車，從「戰場之原展望台」一覽戰場之原的景色。

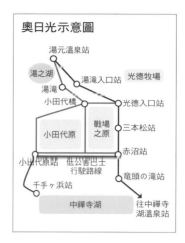

奧日光示意圖

- 湯元溫泉站
- 湯之湖
- 湯滝入口站　光德牧場
- 湯滝
- 小田代橋　　光德入口站
- 　　　　　戰場之原
- 小田代原　　　　　　三本松站
- 　　　　　　　　　赤沼站
- 小田代原站　低公害巴士行駛路線
- 　　　　　　　　　竜頭の滝站
- 千手ヶ浜站
- 中禪寺湖　　　　往中禪寺湖溫泉站

湯之湖

奧日光深處的美麗湖泊

位於湯元地區的湯之湖海拔約1,475公尺，是昔日三岳火山噴發後熔漿阻塞所形成的「堰塞湖」，湖中棲息多樣化的魚種，尤其每年5～9月解禁期間是垂釣名所。湖畔四周環繞各種原生林，繞行一周約需1小時。

{Info}

✉ 栃木県日光市湯元 ➡ 東武日光搭乘巴士約75分至終點站「湯元溫泉」 http www.nikko-kankou.org/spot/13

煙雨迷濛的湯之湖，別有一番風情，秋季時節倒影也是色彩繽紛

沿著湖畔的步道欣賞美景

平靜湖面的湯之湖

湯瀑布

奧日光三名瀑

「湯瀑布」與「龍頭瀑布」及「華嚴瀑布」並稱為「奧日光三名瀑」。「湯瀑布」位於湯之湖南端，自

壯麗的湯瀑布

70公尺高的岩壁奔流而下，非常壯觀。

瀑布旁的「湯滝レストハウス」，提供蕎麥麵、咖哩飯、烤岩魚、甘酒等簡單餐點，如果要健行，也可以提前預約便當。

{Info}

✉ 栃木県日光市湯元2499 ☎ 0288-62-8611(湯滝レストハウス) ➡ 東武日光搭乘巴士約75分至終點站「湯元溫泉」步行約20分，或前一站「湯滝入口」下車徒步約8分 http www.yutaki.com

自岩壁上傾瀉而下的湯瀑布

111

戰場之原

富含動植物的自然濕原寶庫

戰場之原位於中禪寺湖與湯元溫泉之間，海拔約1,400公尺，為各種動植物棲息的高地濕原，是個自然寶庫，四季皆有不同風情，可沿著環繞其西側的「戰場之原自然研究路」木板棧道健行。神話中，男體山的神(蛇)和赤城山的神(蜈蚣)在此爭奪地盤，因而有「戰場之原」這個名字。

{Info}

✉ 栃木県日光市中宮祠　➡ 從東武日光站搭乘巴士約60分於「三本松」下車可抵達展望台　http www.nikko-kankou.org/spot/10

1.附近有時候會有熊出沒，健行時記得攜帶熊鈴／2.湯瀑布至小田代橋之間的景色宜人／3.一路上遇到的遊客包括小學生，都會很有禮貌地互道聲「こんにちは」(午安)／4.赤沼茶屋／5.在濕原中的「自然研究路」行走／6.秋天枯黃、蕭瑟的風景相當迷人，天氣好時可看到後面的男體山

小田代原

適合健行的生態保護區

小田代原是位於戰場之原西側的阜原，面積約戰場之原四分之一大，四周也有健行步道。此區為保護生態而禁止一般車輛進出，每年4月底～11月底可搭乘特別運行的「低公害巴士」前往，途中若發現野生動物，司機會停車讓大家欣賞。

路邊可見野生動物

{Info}

💲 低公害巴士每次￥300
➡ 從東武日光站搭乘巴士約58分於「赤沼」下車，步行前往或轉搭低公害巴士 http www.nikko-nsm.co.jp/function/bus

可坐在巴士上欣賞小田代原風光

玩家提示　搭乘低公害巴士注意事項

「低公害巴士」運行在「赤沼車庫」及「千手ヶ浜」之間，最遠車程約30分鐘，不能使用周遊券，單程車資￥300，回程的公車是直接往回開，如果不下車司機會請你再來投￥300。不同季節車次不同，請上官網查詢時刻表。

特別運行的低公害巴士

中禪寺湖

乘船飽覽湖上風光，品嘗美味虹鱒魚

中禪寺湖是由男體山噴出的熔岩所形成，是日光國立公園內最大的湖泊，周長約25公里。可搭乘遊覽船欣賞景

可搭乘遊覽船欣賞湖岸邊的景色

色，搭船處有3個站，可選擇繞一圈或搭到其他點下船。

湖畔旅館林立，其中「ホテル湖上苑」是唯一建在湖面上且全部房間都面湖的旅館，由以前的外國大使別莊改建而成，招牌料理是「虹鱒」，中午餐廳對外開放，即使不住宿也能來用餐。

{Info}

中禪寺湖遊覽船
🕐 09:00～17:00 (4月中～11月底)　💲 繞一周的定期航班￥1,250(出示周遊券享有折扣)　➡ 從東武日光站搭乘巴士約55分於「遊覽船發著所」下車 http chuzenjiko-cruise.com

ホテル湖上苑
✉ 栃木縣日光市中宮祠2478　☎ 0288-55-0500　💲 1泊2食每人約￥12,000～20,000 http www.kojoen.com

中禪寺湖與雲霧中的男體山

ホテル湖上苑

魚料理為旅館招牌，炸虹鱒佐 orange sauce

113

溪谷奇岩溫泉鄉
"小人國環遊世界，江戶村變身忍者"

今日
這樣玩

http goo.gl/88V5py

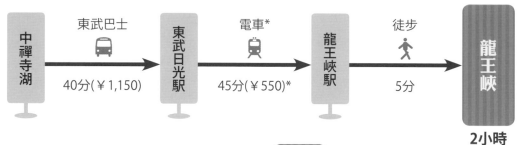

中禪寺湖 —— 東武巴士 🚌 40分(￥1,150) —→ 東武日光駅 —— 電車* 🚃 45分(￥550)* —→ 龍王峽駅 —— 徒步 🚶 5分 —→ 龍王峽 **2小時**

—— 電車 🚃 15分 ￥340 —→ 鬼怒川溫泉駅 —— 徒步 🚶 10分 —→ 鬼怒川溫泉 **3小時** —→ 宿鬼怒川溫泉

* 註：此段大部分非直達車，須於下今市轉車，且部分
　　路段超出周遊券範圍需補票￥190。

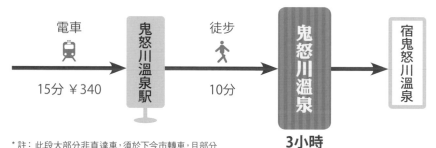

龍王峽自▶
然研究路

◀往龍王峽的列車
有部分會開往福島
會津若松

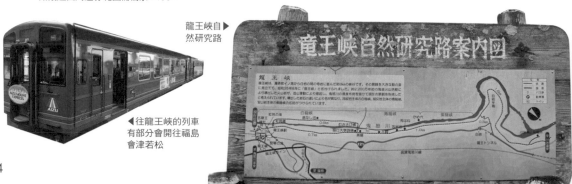

龍王峽

欣賞鬼怒川的溪谷與奇岩

虹見の滝與虹見橋

白龍峽

龍王峽位於鬼怒川上游，2,200萬年前，海底火山噴發後的火山岩因長期受鬼怒川侵蝕而形成了溪谷。「龍王峽自然研究路」從龍王峽到白岩，約長2.5公里，依岩石的不同分為白龍峽、青龍峽、紫龍峽3段。從虹見橋可欣賞主要由「流紋岩」構成的「白龍峽」；過了むささび橋就是「青龍峽」，此段因含有「綠色凝灰岩」，使流水呈現特殊的碧綠色；最後一段是「紫龍峽」，主要成分為略呈紫色的「安山岩」。

青龍峽

{Info}

✉ 栃木縣日光市藤原1357 ➡ 從淺草搭乘東武電車至龍王峽站約需2.5小時 🔗 www.ryuokyo.org

玩家提示 龍王峽步行攻略

龍王峽自然研究路共約2.5公里，全程步行約需90分鐘，如遇下雨路面濕滑則需要更多時間。步行至虹見橋約15分，步行至むささび橋約50分，可視體力及腳程決定路線，選擇折返回龍王峽車站搭乘火車，或至終點白岩站搭乘公車。

紫龍峽

鬼怒川溫泉

溪谷畔的美麗溫泉鄉 & 兩大主題樂園

鬼怒川溫泉是有300多年歷史的知名溫泉鄉，觀光資源豐富，溪谷兩岸旅館林立。旅客可乘船欣賞沿岸風光，或搭乘空中纜車前往丸山展望台眺望群山與溫泉鄉景色。此外，這裡還有兩個頗受歡迎的主題樂園：東武世界廣場、日光江戶村，詳細資訊請看P.116、117介紹。

▶鬼怒川溫泉的吉祥物「鬼怒太」，共有8個不同陶像

溪谷兩旁是鬼怒川溫泉旅館

きぬ川不動瀧 🛏

榮登Jalan高分排行榜的料理溫泉旅宿

坐落於鬼怒川畔的料理溫泉旅館，僅10間房間，曾在訂房網站Jalan「關東甲信越地區的絕品料理旅宿」榮獲第二名。晚餐是逐一上菜的會席料理，精緻美味，擺盤和器皿也很講究。溫泉有大浴場也有露天風呂，能觀賞鬼怒川景致。走廊播放著傳統日本音樂，有著懷舊的日式氛圍。

{Info}
✉ 栃木県日光市鬼怒川温泉大原656-1 ☎ 0288-76-2008 💲 1泊2食每人約￥13,000～30,000 ➡ 可預約「東武ダイヤルバス」接送，從東武鬼怒川車站到旅館約15分鐘，車資單程￥190 http www.fudotaki.com

▲晚餐之先付(前菜)

▼晚餐之造里(生魚片)

旅館坐落於鬼怒川畔

鬼怒川溫泉周邊主題樂園

日光江戶村 ①

武士、忍者、花魁、公主
隨你變變變

穿梭於黑瓦木造屋的街道上，隨處可遇見綁著髮髻的武士、衣著華麗的花魁，甚至還有戴著面具的神祕忍者，彷彿穿越時空誤闖江戶時代街頭。有興趣的話也可以租借服裝來場變裝秀喔！

{Info}
✉ 栃木県日光市柄倉470-2 🕐 09:00～17:00(12/1～3/19為09:30～16:00)，週三及12/8～12/21公休 💲 大人￥4,700、小孩￥2,400、65歲以上￥3,290 ➡ 鬼怒川溫泉站搭巴士約15分鐘 http edowonderland.net

1.劇服裝扮亮相／2.古色古香的木造屋街道／3.街頭隨處可遇武士及花魁／4.古代民家女編織草鞋

東武世界廣場

彷若環遊世界一圈的小人國樂園

斥資重金打造的小人國主題樂園，囊括世界各地百餘座知名建築，其中有46個是世界遺產。從建築本體到小型人偶都栩栩如生，環繞一圈彷彿也環遊世界一周了！

{Info}

✉ 栃木県日光市鬼怒川温泉大原209-1　🕐 09:00～17:00(12/1～3/19為09:30～16:00)　💲 大人￥2,800、小孩￥1,400(當日券)
➡ 鬼怒川温泉站搭巴士約5分鐘
http www.tobuws.co.jp

1.埃及阿布辛貝神殿／2.東京鐵塔／3.美國白宮／4.北京天壇／5.俄國聖瓦西里大教堂／6.英國白金漢宮／7.埃及金字塔／8.梵蒂岡聖彼得大教堂

Day 4
二社一寺

金碧輝煌的世界遺產之旅
"到日光最熱門社寺緬懷德川家康與家光"

今日這樣玩

http goo.gl/KQ8714

二荒山神社的安產御守

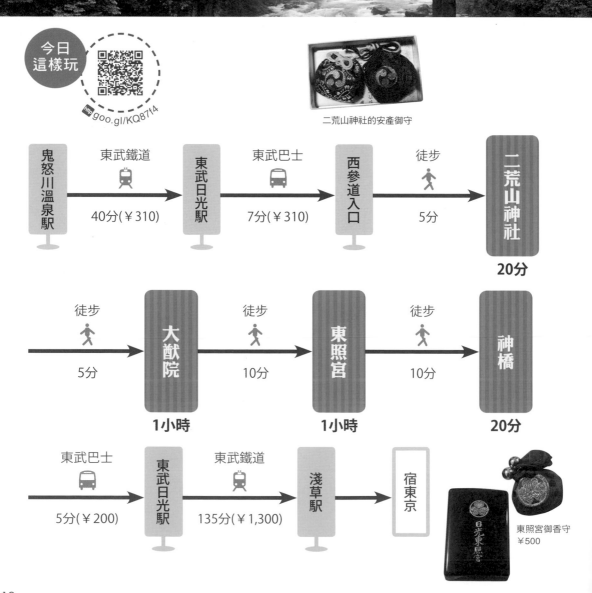

鬼怒川溫泉駅 → 東武鐵道 🚆 40分(¥310) → 東武日光駅 → 東武巴士 🚌 7分(¥310) → 西參道入口 → 徒步 🚶 5分 → 二荒山神社 20分

→ 徒步 🚶 5分 → 大猷院 1小時 → 徒步 🚶 10分 → 東照宮 1小時 → 徒步 🚶 10分 → 神橋 20分

→ 東武巴士 🚌 5分(¥200) → 東武日光駅 → 東武鐵道 🚆 135分(¥1,300) → 淺草駅 → 宿東京

東照宮御香守 ¥500

朱紅色「神橋」與山口縣錦帶橋、山梨縣猿橋名列「日本三大奇橋」

二荒山神社本社

二荒山神社

朱紅色神橋為日本三大奇橋

最早於西元782年，勝道上人於男體山設祠，即

「八棟造」風格的本殿

「奧宮」；而本社位在日光市東照宮旁，其本殿主要供奉男體山的大己貴命、女峰山的田心姬命、太郎山的味耜高彥根命三大神；中禪寺湖畔還有個「中宮祠」，同時也是「男體山頂與奧宮登拜口」。

表參道外象徵二社一寺入口的朱紅色「神橋」，屬於二荒山神社所有，長28公尺，已登錄為世界遺產。

{Info}

✉ 栃木県日光市山內2307 ☎ 0288-54-0535 🕐 4～10月08:00～17:00，11～3月08:00～16:00 ➡ 從東武日光站搭乘巴士約18分於「大猷院 二荒山神社前」下車 http www.futarasan.jp

輪王寺

本殿三佛堂，家光靈廟大猷院

輪王寺占地廣闊，包括日光市山內地區的三佛堂、金剛櫻、天空迴廊、大護摩堂、寶物殿、逍遙園、紫雲閣、大猷院、常行堂，以及奧日光地區的中禪寺、立木觀音、湯元、溫泉寺。

「輪王寺大猷院」內有德川第三代將軍德川家光的陵寢，由於家康為家光的祖父，建築依照家光遺言，規模及裝飾不超過東照宮，因此規模較小。參道鋪設的是遇雨即呈現紅藍兩色的根府川石。「唐門」使用大量金箔，兩側有華麗的花鳥雕刻或花形格子。本殿及拜殿也是使用大量金箔，「相の間」與拜殿地板高度相同，不過本殿是禁止進入的，內為德川家光的木像。「皇嘉門」又稱「龍宮門」，裡面為家光墓所。

1.「大猷院」使用大量金箔的本殿及拜殿／2.「大猷院」華麗的唐門／3.本殿「三佛堂」(正在整修，預計到2020年才會完工)

{Info}

✉ 栃木県日光市山內2300 ☎ 0288-54-0531 🕐 4～10月08:00～17:00，11～3月08:00～16:00 💰 輪王寺券(三佛堂．大猷院)大人￥900、中小學生￥400；三佛堂單獨券大人￥400、中小學生￥200；大猷院單獨券大人￥550、中小學生￥250；寶物殿．逍遙園券大人￥300、中小學生￥100 ➡ 前往「三佛堂．大護摩堂．寶物殿．逍遙園」從東武日光站搭乘巴士約10分於「勝道上人像前」下車；前往「大猷院．常行堂」從東武日光站搭乘巴士約18分於「大猷院．二荒山神社前」下車 http rinnoji.or.jp

日光東照宮

金碧輝煌的世界文化遺產

▼眠貓神籤￥100

「潛門」上的「眠貓」▶

代表「非禮勿視、非禮勿聽、非禮勿言」的「三猿猴」

　　日光東照宮是德川家康的家廟，於1999年被列入世界文化遺產，金碧輝煌的建築，有相當多國寶，值得慢慢欣賞。

　　「一の鳥居」是高9公尺的石造鳥居，聽說為了看起來更深遠，鳥居前的石階長寬並不相同。「表門」兩側為仁王像，門邊為狛犬。「三神庫」其中「上神庫」上有象形雕刻。「神廄」是東照宮唯一沒有塗漆的木造建築，最知名的是代表「非禮勿視、非禮勿聽、非禮勿言」的「三猿猴」雕刻。「手水舍」是唐破風建築風格屋頂。「二の鳥居」是日本第一座青銅製鳥居。華麗的「陽明門」有超過500種以上精細的雕刻彩繪，可一直欣賞到日落，有「日暮の門」之稱。「神輿舍」內有3座神輿(德川

白色塗裝的「唐門」

家康、豐臣秀吉、源賴朝)。白色塗裝的「唐門」是本社的正門，除了門柱上有昇龍和降龍雕刻，頂上還有面東西的「龍」和面南北的「猊」。若在「本地堂」(鳴竜)內部天井下拍手，則會出現回音，彷彿龍鳴。

　　奧社「潛門」上由左甚五郎創作的「眠貓」相當具人氣，迴廊上有許多其他雕刻。穿越「坂下門」，步上270級石階，可通往奧社。奧宮拜殿後方的「奧宮御寶塔」，為德川家康之墓。

眠貓御守￥650▶

{Info}

✉ 栃木県日光市山內2301　☎ 0288-54-0560　🕐 4～10月08:00～17:00，11～3月08:00～16:00　💲 高中生以上￥1,300，中小學生￥450　➡ 從東武日光站搭乘巴士約9分於「表參道」下車　🌐 toshogu.jp

一の鳥居

▲沒有塗漆的木造建築「神廄」
▼「上神庫」上的象形雕刻

金谷飯店烘焙坊 <small>(金谷ホテルベーカリー)</small>

古傳祕方的百年咖哩派

　　金谷飯店創業於明治6年(西元1873年)，是日本最早的休閒度假飯店。旗下的金谷飯店烘焙坊，除了日光及栃木縣各處有分店，因大受歡迎甚至還拓展到東京。東武車站對面就有一家，1樓是烘焙坊，販售各種麵包，嚴選在地食材並使用日光名水製成；2樓是喫茶店，販售咖哩飯等餐點。最受歡迎的咖哩派和咖哩麵包，蘊藏百年古傳祕方的好滋味，即使沒時間用餐，也記得買個麵包來嘗嘗唷！

▲2樓喫茶店

▲東武車站對面的金谷飯店烘焙坊

▲特製牛肉咖哩￥945

▲咖哩派￥315，外皮酥脆，內餡是口味稍重的濃濃咖哩醬

◀咖哩麵包每個約￥200～￥250

{Info}

✉ 栃木県日光市松原町1-7　📞 0288-54-1313　🕘 09:00～18:00　➡ 東武日光車站對面　🌐 www.kanayahotelbakery.co.jp

---

｜ 日光伴手禮特搜 ｜

日光地區土產店主要集中在日光車站、鬼怒川車站及中禪寺湖站周邊，有各式各樣的土產和紀念品可以採購。

▲日光天然水製的啤酒一組
2瓶￥1,290(日光)

▲鱒魚甘露煮￥580(中禪寺湖)

▲日光甚五郎煎餅￥735(日光)

◀きぬの清流 栗
￥472(鬼怒川)

▲猴子餅乾￥315(日光)

▲椎茸￥530(日光)

|愛知|三重|

近畿鐵路周遊券Plus

Kintetsu Rail Pass Plus

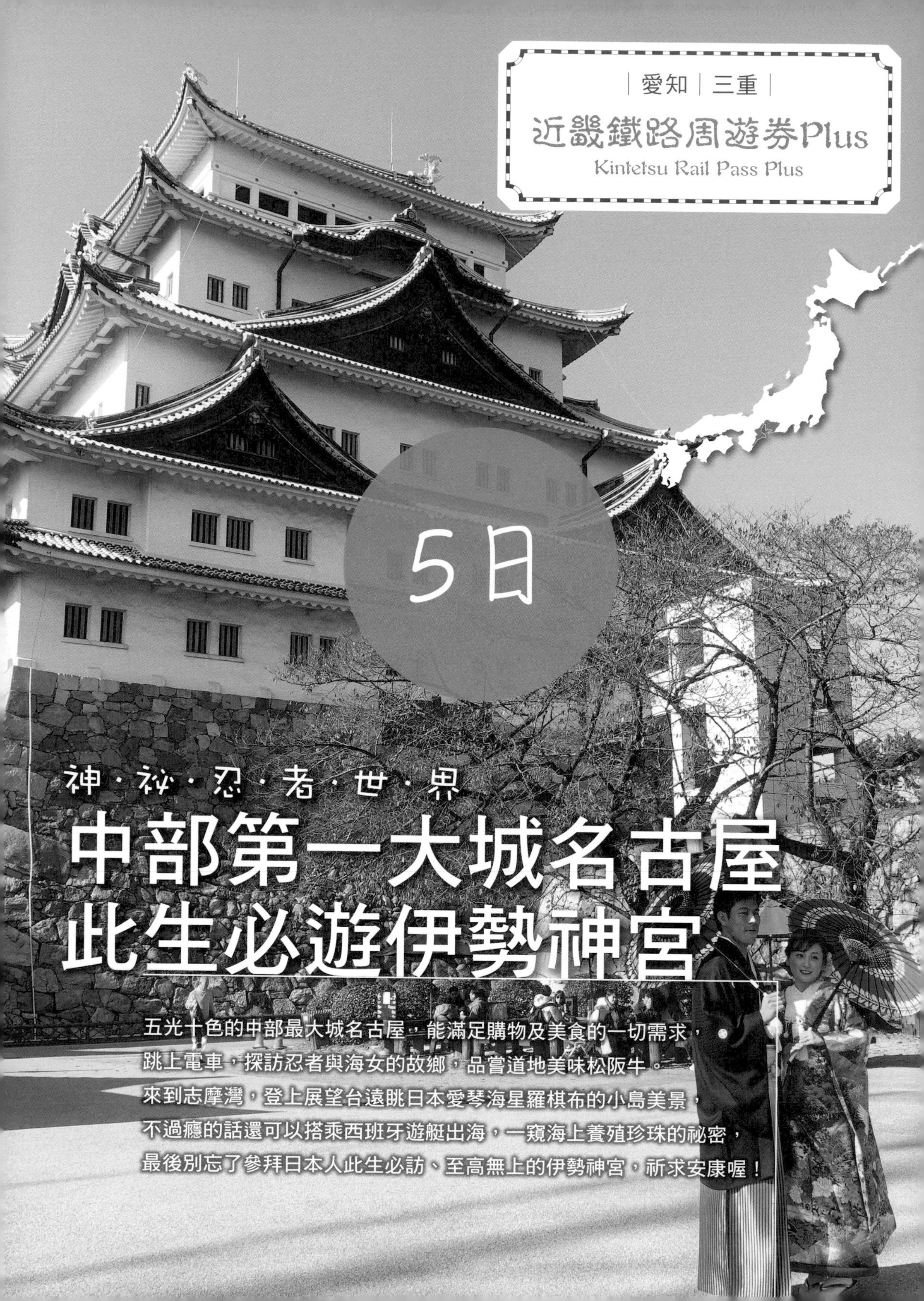

5日

神·祕·忍·者·世·界

中部第一大城名古屋
此生必遊伊勢神宮

五光十色的中部最大城名古屋，能滿足購物及美食的一切需求，
跳上電車，探訪忍者與海女的故鄉，品嘗道地美味松阪牛。
來到志摩灣，登上展望台遠眺日本愛琴海星羅棋布的小島美景，
不過癮的話還可以搭乘西班牙遊艇出海，一窺海上養殖珍珠的祕密，
最後別忘了參拜日本人此生必訪、至高無上的伊勢神宮，祈求安康喔！

名古屋
中部最大城

伊賀上野
忍者故鄉

松阪
道地松阪牛

伊勢
此生必參拜神宮

拜訪的
城市

鳥羽
海女故鄉

志摩
日本愛琴海

大王崎
燈塔50選

東海地方
とうかいちほう

| 愛知縣 |

中部國際機場所在地,是日本的工業大縣,尤以豐田汽車為首的汽車產業最為著名。名古屋是中部最大都市,廣為人知的名古屋城及熱田神宮皆為知名景點。名古屋車站及榮町是最熱鬧的購物商圈,味噌炸豬排、鰻魚飯三吃、手羽先為在地必嘗美食。

| 三重縣 |

觀光資源豐富,日本人一生必訪的伊勢神宮、忍者的故鄉伊賀上野、觀賞日出及祈求良緣的夫婦岩與二見興玉神社、海女故鄉及珍珠養殖盛行的鳥羽地區、英虞灣旁的志摩地區、西班牙風格的志摩西班牙村、F1賽車比賽場地鈴鹿賽道等,都是著名景點。美食方面,伊勢龍蝦、松阪牛、的矢牡蠣、赤福餅等均為三重縣高知名度的美食代表。

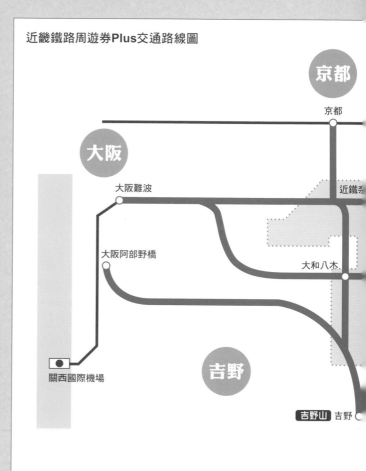

近畿鐵路周遊券Plus交通路線圖

京都

京都

大阪

大阪難波

近鐵

大阪阿部野橋

大和八木

關西國際機場

吉野

吉野山 吉野

1.Komeda Coffee(コメダ珈琲店)享用名古屋特有早餐文化／2.綠洲21及名古屋電視塔／3.志摩半島的矢牡蠣／4.名古屋鶴舞公園為賞櫻百選勝地／5.搭乘「希望號」遊覽英虞灣／6.名花之里(なばなの里)彩燈展

1

2

3

東海地區位居日本本州中部，介於關西及關東地區之間，主要包含愛知縣、岐阜縣、三重縣。名古屋不僅擁有機場，也是重要的交通樞紐。

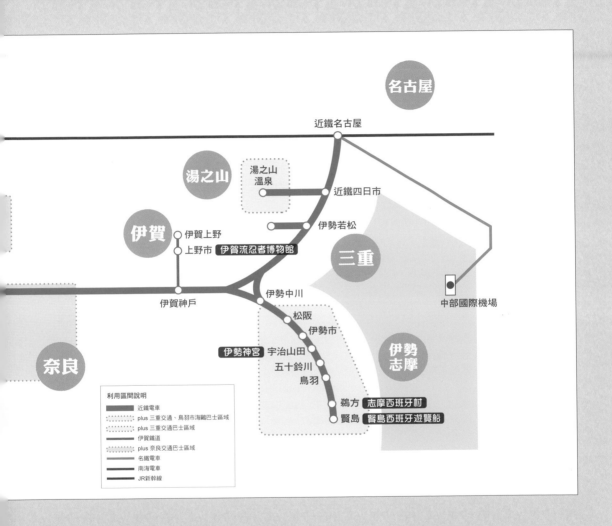

名古屋

近鐵名古屋

湯之山

湯之山溫泉

近鐵四日市

伊勢若松

伊賀

伊賀上野

上野市　伊賀流忍者博物館

三重

中部國際機場

伊勢中川

伊賀神戶

松阪

伊勢市

伊勢神宮　宇治山田

五十鈴川

鳥羽

伊勢志摩

奈良

鵜方　志摩西班牙村

賢島　賢島西班牙遊覽船

利用區間說明

近鐵電車
plus 三重交通、鳥羽市海鷗巴士區域
plus 三重交通巴士區域
伊賀鐵道
plus 奈良交通巴士區域
名鐵電車
南海電車
JR新幹線

近畿鐵路周遊券Plus資訊

主要適用於近畿鐵路，包括大阪、京都、奈良、名古屋、伊勢志摩地區的近畿鐵路路線皆可搭乘。Plus廣域版比一般版增加了奈良交通及部分三重交通、鳥羽市海鷗巴士之使用範圍。

票價

日本當地售價￥5,000，海外售價￥4,800，兒童(6～11歲)半價。

使用期間

自起始日起連續使用5天。

使用範圍

5天內可不限次數自由搭乘使用範圍內的近鐵電車、伊賀鐵道、奈良交通巴士、三重交通巴士、鳥羽市海鷗巴士。奈良交通巴士使用範圍為奈良公園、西之京、法隆寺、明日香、室生、山之邊之道區間；三重交通及鳥羽市海鷗巴士使用範圍為松阪、伊勢、鳥羽、志摩區間、近鐵湯之山溫泉站～三交湯之山溫泉區間。

注意事項

1. 不可搭乘特急列車，若要搭乘需另外加購指定席特急券。
2. 出示本票券，可於大阪、京都、奈良、名古屋、伊勢志摩地區部分百貨及觀光設施享有優惠。
3. 限外國觀光客才能購買。

官網

http www.kintetsu.co.jp/foreign/chinese-han/ticket/krp_plus.html (中文版)

購票方式

購票方式	兌換地點
先在海外旅行社購買兌換券，再到指定地點兌換	近鐵車站(大阪難波、大阪上本町、京都、大阪阿部野橋、近鐵名古屋)；近畿日本旅行社(上本町營業所、近鐵八木站營業所、近鐵百貨店奈良店內營業所、京都站店、名古屋中央營業所、津營業所、宇治山田營業所)；日本旅行(Tis大阪支店、Tis天王寺支店、天王寺支店、Tis京都支店、名古屋榮支店)
在日本當地購買	近鐵車站(大阪難波、大阪上本町、京都、大阪阿部野橋、近鐵名古屋、近鐵奈良、津)；關西旅遊資訊服務中心(關西國際機場、大丸心齋橋、京都)；Bic Camera(難波店、Q's Mall店、JR京都站店、名古屋站西店、名古屋JR Gate Tower店)；中部國際機場(名鐵Travel Plaza、Central Japan Travel Center)；Nagoya Tourist Information Center

近鐵普通或急行列車

機場交通

中部國際機場

從中部國際機場前往名古屋，可搭乘名鐵特急，約33分￥870；或搭乘利木津巴士，約50～80分￥1,200。

官網

http www.centrair.jp/tch

名鐵空港線特急

利木津巴士

票券比較：まわりゃんせ

「まわりゃんせ」是近畿鐵路推出專門遊覽三重縣伊勢、鳥羽、志摩地區的4日券，不是針對外國人設計的票，日本人也能購買。本票券適合專門遊覽此一區塊的遊客，例如仿名古屋至賢島特急來回￥7,160、志摩スペイン村￥5,300、伊勢 安土桃山文化村￥3,900、鳥羽水族館￥2,500、賢島エスパーニャクルーズ￥1,600，輕鬆超過4日券票價￥9,800，非常划算。

範圍

■免費往返一次：

近鐵電車任一站往返伊勢志摩地區1趟的乘車券含特急券，來回站可不同，如第1天大阪難波往賢島、第4天松阪往近鐵名古屋。

■指定區間內無限搭乘：

松阪伊勢鳥羽志摩地區的近鐵電車(松阪至賢島間，含特急列車)、三重交通路線巴士(含CAN巴士)、鳥羽市營定期船及志摩マリンレジャーあご湾定期船。

■指定20個設施免費入場1次：

票價

成人￥9,800，兒童￥5,300。

期限

自起始日起連續使用4天。

提醒

1.不可搭乘觀光特急「しまかぜ」。

2.務必注意每年公告的票券使用期限，如2018年販售日期為1月10日～12月26日、使用日期為2月10日～12月29日。

官網

http www.kintetsu.co.jp/ise_toba_shima/mawa/f_mawa.html

近鐵特急列車

近鐵觀光特急しまかぜ

所在區域	設施名稱
松阪地區	本居宣長記念館、松阪商人の館、松阪市立歷史民俗資料館、文化財センターはにわ館、斎宮歷史博物館
伊勢地區	お伊勢まいり資料館、伊勢河崎商人館
二見地區	賓日館、伊勢·安土桃山文化村
鳥羽地區	鳥羽水族館、ミキモト真珠島、鳥羽湾めぐりとイルカ島、マコンデ美術館
志摩地區	志摩スペイン村パルケエスパーニャ、伊勢志摩温泉 志摩スペイン村「ひまわりの湯」、ホテル近鉄アクアヴィラ 伊勢志摩「アクアパレス」及「ともやまの湯」、志摩マリンランド、賢島エスパーニャクルーズ、愛洲の館

中部最熱鬧大城名古屋
"在松阪百年料理旅館享用道地松阪牛"

今日這樣玩
goo.gl/xhwcf2

名古屋市區交通方便，可搭乘地鐵前往景點與車站，此處以簡圖標示行程。

名古屋駅 —地鐵→ 名古屋城 —地鐵→ 熱田神宮 —*→ 松阪駅 → 宿松阪

名古屋城 1小時　熱田神宮 1小時

＊註：從名古屋到松阪：搭乘近鐵約85分￥1,260，急行列車可直達(費用包含於票券內)；若搭乘往賢島方向的特急可直達約67分，須加特急費￥1,320。

旅遊案內所
出發前先了解的事

名古屋市區常用交通1日券簡介
地鐵站或巴士上均能購買，划算又便利

1日券	適用範圍			票價	
	地下鐵	市營巴士	Meguru觀光遊覽巴士	大人	小孩
地下鐵1日乘車券	V			￥740	￥370
巴士1日乘車券		V	V	￥600	￥300
巴士‧地下鐵1日乘車券	V	V	V	￥850	￥430
週末環保券(ドニチエコきっぷ)	V	V	V	￥600	￥300
Meguru1日乘車券			V	￥500	￥250

名古屋市交通局：www.kotsu.city.nagoya.jp

玩家提示　專屬外國人的乘車券

　昇龍道名古屋巴士地鐵通用1日乘車券(SHORYUDO Nagoya Subway & Bus 1Day Ticket)：限外國人出示護照才能購買，1張￥600，一次限購2張，但不限購買次數。所有地鐵、巴士、Meguru觀光巴士均可無限搭乘，是對外國旅客最划算的1日券。但只有下列地點可購買：中部國際機場的名鐵旅行廣場及Central Japan Travel Center、名古屋市金山觀光導遊所、綠洲21諮詢中心、交通局服務中心(地鐵名古屋、金山、榮)。

昇龍道名古屋▶巴士地鐵1日乘車券

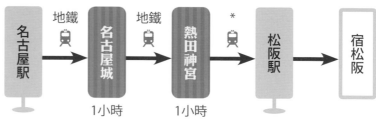

名古屋城

瞻仰德川家族的華麗居城

德川家康於西元1612年修造名古屋城，直到明治時代都是尾張德川家族的居城。名古屋大空襲中部分建築被燒毀，後來重建的大守閣改為地下1層、地上7層的鋼筋混凝土建築。從小天守閣進入大天守閣後，可以直接搭電梯前往大天守閣頂。很有名的「金鯱」，以前作為防火的符咒被用來裝飾大梁，後來成為城主權利的象徵。

1.巧遇忍者表演／2.本丸御殿擁有金碧輝煌的障壁畫，最有名的是竹林豹虎圖／3.名古屋城／4.金鯱

{Info}

✉ 愛知県名古屋市中区本丸1-1 ☎ 052-231-1700 🕐 09:00～16:30 💲 大人￥500，中學生以下免費 🚇 地鐵名城線「市役所」下車，7號出口步行約5分；或地鐵鶴舞線「浅間町」下車，1號出口步行約12分 🔗 www.nagoyajo.city.nagoya.jp

熱田神宮

遠古傳說中的日本三大神宮

熱田神宮歷史相當久遠，7世紀編纂的日本最古老史書《古事記》裡就已記載。熱田神宮、伊勢神宮、明治神宮合稱「日本三大神宮」。日本神話中出現的3種神器：天叢雲劍(或稱草薙劍)位於熱田神宮、八咫鏡位於伊勢神宮、八尺瓊勾玉則位於皇居。

熱田神宮寶物館收藏了皇室、將軍、藩主及多人捐贈的4,000多件稀世珍寶，包括織田信長的遺物。境內很有名的「大楠」樹，傳說是弘法大師親手種植的；「二十五丁橋」據說是名古屋最古老的石橋。

熱田神宮(照片提供／神久鈴九)

{Info}

✉ 愛知県名古屋市熱田区神宮1-1-1 ☎ 052-671-4151 🕐 寶物館09:00～16:30 💲 寶物館大人￥300，中小學生￥150 🚃 名鐵「神宮前」步行3分；或JR「熱田」步行10分；或地鐵名城線「神宮西」步行約10分 🔗 www.atsutajingu.or.jp/jingu

御守販賣部(照片提供／神久鈴九)

松阪市

品嘗道地的松阪牛

三重縣松阪市,以松阪牛享譽海內外。市區有兩家知名松阪牛老店,「和田金」及「牛銀」,但更有特色的是松阪牛料理旅館,在古色古香的百年木造屋住上一晚,品嘗世代相傳好手藝。

道地松阪牛

小西屋 😴

網友評比近滿分的百年松阪牛料理旅館

創業120年,每間和室都面對中庭的日式庭園,晚餐在Jalan訂房網站獲得近滿分評價。每組客人都有1間專屬和室享用晚餐,用餐全程有女將貼心服務。

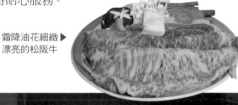
◀霜降油花細緻
漂亮的松阪牛

小西屋和室,與中庭的日式庭院相通

{Info}
✉ 三重縣松阪市本町2160 💲 1泊2食每人約￥7,000～￥13,000 ➡ JR或近鐵「松阪駅」徒步10分 🔗 www.jalan.net/yad339830 (Jalan訂房網站)

鯛屋旅館 😴

古色古香的老舖松阪牛料理旅館

創業220年,外觀是古色古香的木造建築。晚餐由老闆娘親自煮壽喜燒給客人吃,邊煮邊介紹關東、關西不

10疊榻榻米的和室房

同的壽喜燒煮法,遇到外國人會改說幾句簡單英文,相當親切。

壽喜燒

{Info}
✉ 三重縣松阪市日野町780 📞 0598-23-1200 💲 1泊2食每人約￥6,000～￥18,000 ➡ JR或近鐵「松阪駅」徒步5分 🔗 www.taiyaryokan.com

香嵐溪
溪谷兩岸間的火燦紅葉

香嵐溪是中部地區首屈一指的賞楓名勝，每年11月中下旬，歲入深秋，潺潺溪流、兩岸山間，4,000株紅葉如火如荼地肆意燦爛。建議下午3點前抵達，等到5點天黑點燈，捕捉比白天更豔麗的楓紅之盛！

{Info}　　　　　　　　　　　　　　　比白天更加耀眼的夜楓▶

➡ 名古屋駅搭乘地下鐵鶴舞線到淨水駅(約45分鐘¥700)，轉乘巴士(おいでんバス)到香嵐溪(約60分鐘¥500) http asuke.info

滿山滿谷的絢爛楓紅

閒坐溪畔野餐話家常，抬頭即漫天楓紅

名花之里(なばなの里)
長達半年的超大規模夜間彩燈絕景

近年來人氣水漲船高的名花之里，雖位居三重縣，但從名古屋過去僅40分鐘車程，交通相當方便。原是占地上萬坪的大型主題公園，一年四季都有美麗花卉能欣賞，每年10月中下旬～隔年5月初春時分的夜間點燈是日本時間最長、規模最大的彩燈展，千萬顆LED燈隨音樂流轉閃爍，上演震撼人心的精采聲光秀。

浪漫歐風餐廳

令人幸福滿滿的彩燈隧道

{Info}

✉ 三重縣桑名市長島町駒江漆畑270　🕐 09:00～22:00　💲 ¥2,300(內含¥1,000金券可於園區內折抵消費)，小學學齡前兒童免費　➡「近鐵長島駅」搭乘三重交通巴士約10分鐘。可於「近鐵名古屋駅」購買優惠套票(近鉄電車&バス割引セットきっぷ)¥3,190，內含近鐵名古屋駅到近鐵長島駅來回近鐵電車車票+近鐵長島駅到名花之里來回巴士票+入場券+¥1,000金券可於園區內折抵消費 http www.nagashima-onsen.co.jp

五光十色的水上燈河

名古屋美食特搜

▶▶ 矢場とん
道地味噌炸豬排

以味噌炸豬排聞名，創業60餘年，分店很多，甚至進軍台灣。也有販售豬排捲、炸蝦及蟹肉可樂餅等綜合炸物。

▲矢場とん以可愛豬為招牌

▼炸豬排串(照片提供／神久鈴九)

腰內炸豬排丼(照片提供／神久鈴九)▶

{Info}

✉ 愛知縣名古屋市中區大須3-6-18(本店) ☎ 052-252-8810 🕐 11:00～21:00 ➡ 地鐵名城線「矢場町」或鶴舞線「上前津」下車，步行約5分 http www.yabaton.com

▶▶ 世界の山ちゃん
酥脆手羽先

「手羽先」就是雞翅，名古屋代表美食之一，最有名的是以屋台起家的居酒屋「世界の山ちゃん」，全日本有70家以上，台灣、香港、泰國也有分店。招牌「幻の手羽先」，炸得酥酥脆脆，是外帶回飯店的最棒宵夜啦！

幻の手羽先▶外帶餐盒

{Info}

✉ 愛知縣名古屋市中區榮4-9-6(本店) ☎ 052-242-1342 🕐 平日17:30～0:45，假日17:00～23:15 ➡ 地鐵「榮站」13號出口徒步5分 http www.yamachan.co.jp

▶▶ まるや本店
鰻魚飯三吃超滿足

在名古屋車站、機場及市區都有分店。活鰻魚、備長炭烤、祕傳醬汁，加上職人技術，才能完成ひつまぶし(鰻魚飯三吃)。首先將所有食材分成4等份，1/4盛到碗中，當成普通鰻魚飯吃；再來1/4加上芥末、蔥、海苔提味後享用；接下來1/4加入高湯或煎茶當成茶泡飯享用；最後1/4就看自己喜歡怎麼吃吧！

自己調製成茶泡飯▶

▲鰻魚飯三吃

{Info}

✉ 愛知縣名古屋市中村區名駅1-2-1名鐵百貨店本館9Fレストラン街(名駅店) ☎ 052-585-7108 🕐 11:30～23:00 ➡ 與名古屋車站相通，徒步約5分 http www.maruya-honten.com

▶▶ 地雷也
名古屋特色炸蝦飯糰

販售具有名古屋特色的「天むす」(炸蝦飯糰)，目前多數分店位於名古屋市區、市郊高速公路休息站、東京大型百貨內，很適合外帶野餐。

▲天むす(5個¥681)

{Info}

✉ 愛知縣名古屋市東區德川1-739(本店) ☎ 0120-41-1064 🕐 09:00～15:00 ➡ 地鐵「車道站」1號出口徒步15分 http www.jiraiya.net

出發！前往忍者的故鄉

"品嘗海女親手烹飪的豪華海鮮會席料理"

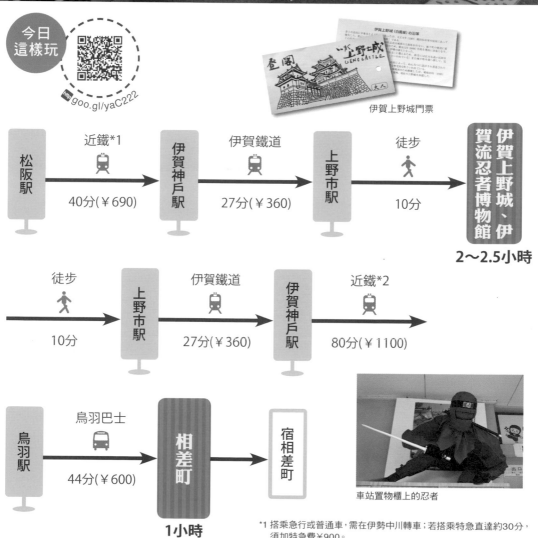

今日這樣玩

goo.gl/yaC222

伊賀上野城門票

松阪駅 → 近鐵*1 🚆 40分（￥690） → 伊賀神戶駅 → 伊賀鐵道 🚆 27分（￥360） → 上野市駅 → 徒步 🚶 10分 → 伊賀上野城、伊賀流忍者博物館　2～2.5小時

徒步 🚶 10分 → 上野市駅 → 伊賀鐵道 🚆 27分（￥360） → 伊賀神戶駅 → 近鐵*2 🚆 80分（￥1100） →

鳥羽駅 → 鳥羽巴士 🚌 44分（￥600） → 相差町　1小時 → 宿相差町

車站置物櫃上的忍者

*1 搭乘急行或普通車，需在伊勢中川轉車；若搭乘特急直達約30分，須加特急費￥900。
*2 搭乘急行或普通車，需在五十鈴川轉車；若搭乘特急直達約56分，須加特急費￥900。

133

旅遊案內所

出發前先了解的事

伊賀鐵道

彩繪忍者列車

伊賀鐵道運行於伊賀神戶站～伊賀上野站之間，共有14個站，全長僅16.6公里。伊賀鐵道自2009年起，陸續推出數款不同顏色的忍者列車，吸引大家前往伊賀上野，來個忍者之旅。伊賀鐵道有售票員的站不多，會在車上收車票費，出示近畿鐵道周遊券Plus即可搭乘。

http www.igatetsu.co.jp

伊賀上野忍者節（伊賀上野NINJAフェスタ）

一起變裝成伊賀忍者吧！

伊賀上野市每年4月初～5月初的週末會舉辦伊賀上野忍者節，有許多和忍者相關的活動，活動當天路上會看到不少穿著忍者裝的小朋友和忍者犬。觀光案內所樓上有忍者衣裝變身處，租借衣服須付費，有很多超萌的小小忍者哦！

http www.iga.ne.jp/~ninjafesta

忍者犬

忍者變裝

上車找找忍者躲在哪兒吧

各式彩繪忍者列車

伊賀流忍者博物館

認識伊賀忍者

博物館外觀

伊賀流忍者博物館包含幾個部分。伊賀流忍者屋敷，介紹各種忍者使用的機關，如祕門或祕道等，以日文講解，不過有外國人在場時會拉出英文字幕。忍者體驗館，有各種忍者的武器和裝備展示，共400多種。忍者傳承館，有暗號及一些忍術的解說。Ninja坊，販售各種玩具、忍具、忍者衣裝。欲欣賞忍者表演秀，則需另外付費。

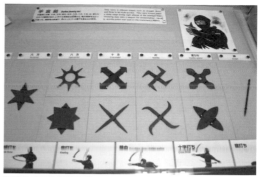

忍者的武器和裝備展示

{Info}

📧 三重縣伊賀市上野丸之內117　📞 0595-23-0311　🕐 09:00～17:00　💲 入館費用大人￥756 (出示周遊券為￥594)，小孩￥432；忍者秀另外付費￥400　➡ 由伊賀神戶站搭乘伊賀鐵道約27分於「上野市」下車，步行約10分　🌐 www.iganinja.jp

伊賀上野城

日本最高石垣的城池

天守閣頂46枚書畫的「天井繪卷」，為畫家橫山大觀寄贈

伊賀上野城名列100名城，外觀優雅又稱「白鳳城」，於1608年由築城名手藤堂高虎所擴建，受暴風侵襲倒塌後再度重建，是木造3層大天守和2層小天守組成的複合式天守。城中有武士盔甲穿著體驗，工作人員也會幫忙體驗者和藤堂高虎的大娃娃合照。城內的各種文物展示，都可以拍照。伊賀上野城的石垣約有30公尺高，與大阪城並列日本最高。

{Info}

📧 三重縣伊賀市上野丸之內106　📞 0595-21-3148　🕐 09:00～17:00　💲 大人￥500，小孩￥200　➡ 由伊賀神戶站搭乘伊賀鐵道約27分於「上野市」下車，步行約10分　🌐 igaueno-castle.jp

藤堂高虎穿著的「唐冠形兜」，是三重縣指定文化財

南鳥羽相差町

最多現役海女居住的城市

除了因日劇《小海女》廣為人知的岩手縣久慈之外，三重縣南鳥羽相差町也是「海女的故鄉」，而且數量更多，是最多現役海女居住的城市。

可免費參觀「相差海女文化資料館」，了解海女文化；走訪守護海女的「神明神社」和保佑海女的慈母石神「石神さん」。「海女小屋」能體驗海女文化、品嘗海鮮。此外，這裡也有海女經營的旅館、海女的家、海女的店，連郵便局都有限定版的海女郵票哦！

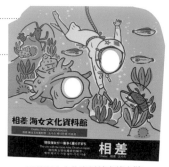
相差海女文化資料館宣傳立牌

{Info}
✉ 三重縣鳥羽市相差町1240-1 ➡ 由鳥羽站搭乘鳥羽市營路線巴士「鳥羽‧国崎線」約44分於「相差町」下車 http www.toba-osatsu.jp

海女的家

保佑海女的慈母石神「石神さん」

相差海女文化資料館館內展品

漁師料理と温泉の宿 浜栄 💤

超豐盛海鮮會席料理不容錯過

由海女阿嬤和漁師老闆經營的民宿，15個房間皆內附洗手間，大浴場有露天風呂，屬於鹼性單純溫泉。晚餐有各種不同方案，「おばあちゃんの海女会席」每人一定有1隻鮑魚及伊勢龍蝦，其他視漁獲而定，包括生魚片船、海螺、生魚片、醃章魚、醃海帶、烤明蝦、海螺及貝類、煮魚、炸魚、牡蠣、龍蝦頭湯、水果及甜點，是超級豐盛的海鮮會席料理。

{Info}
✉ 三重縣鳥羽市相差町1483-1 ☎ 0599-33-6255 💲 1泊2食每人約¥11,500～¥16,500 ➡ 可事先預約從鳥羽車站接送 http www.hamaei.com

1.旅館外觀／2.伊勢龍蝦／3.海螺及貝類／4.生魚片船／5.鮑魚

登展望台一覽遼闊美景

"入住無敵海景套房，大啖伊勢龍蝦"

今日
這樣玩

goo.gl/9GUe84

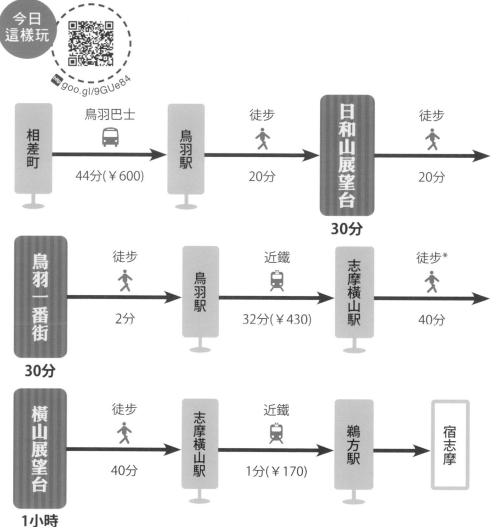

相差町	鳥羽巴士	鳥羽駅	徒步	日和山展望台	徒步	
	44分（￥600）		20分	30分	20分	

鳥羽一番街	徒步	鳥羽駅	近鐵	志摩橫山駅	徒步*	
30分	2分		32分（￥430）		40分	

橫山展望台	徒步	志摩橫山駅	近鐵	鵜方駅	宿志摩
1小時	40分		1分（￥170）		

* 橫山展望台無公車直達，除非自駕，否則只能徒步上去，建議預留2～2.5小時。如不打算前往，可在鳥羽市區遊覽，
鳥羽一番街、日和山展望台、鳥羽水族館、ミキモト真珠島、鳥羽 めぐりとイルカ島等，皆步行20分鐘內可到達。

鳥羽市

海女與珍珠的故鄉

鳥羽市以溫泉和珍珠養殖聞名，車站附近就有不少觀光景點。

「鳥羽一番街」就在近鐵及JR鳥羽車站對面，販售各式土產，也有餐廳和珍珠專門店。「日和山展望台」可眺望鳥羽灣，展望台中央是罕見的八角柱方位石，已有350多年歷史，也有無線電話發祥地紀念碑，還有象徵幸福的「幸せの鐘」。「鳥羽水族館」建築物全長240公尺，飼養1,200多種生物，為日本第一多，也是日本唯一飼育「儒艮」的水族館。「ミキモト真珠島」是世界第一個珍珠養殖成功的島嶼，可參觀「真珠博物館」。「鳥羽湾めぐりとイルカ島」，搭乘以龍宮為造型的遊船暢遊鳥羽灣，並前往「イルカ島」欣賞海豚秀。

罕見的八角柱方位石▶

{Info}

➡ 搭乘近鐵特急，由名古屋約95分、或由大阪難波約120分，於「鳥羽」下車。🌐 www.toba.gr.jp，tobakanko.jp

車站對面是鳥羽一番街，後方是「ミキモト真珠島」

日和山展望台眺望鳥羽灣

幸せの鐘

橫山展望台

遠眺日本愛琴海美景

伊勢志摩地區的宣傳照片常可看到英虞灣，擁有美麗的曲折海岸線和數十個島嶼，有日本愛琴海美譽，從標高200多公尺的橫山展望台可一覽全方位美景。

{Info}

✉ 三重県志摩市阿児町鵜方875-20 ➡ 由鳥羽站搭乘近鐵約32於「志摩橫山」下車，步行約40分 🌐 www.kanko-shima.com(志摩市觀光協會)

英虞灣展望台眺望美景

玩家提示 **展望台遊玩攻略**

距展望台最近的志摩橫山是個無人小車站，這3公里的路程沒有公車往返，需步行上山。前往

志摩橫山是個無人小車站

橫山遊客中心約30分，再10分鐘抵達第1個眺望點「橫山展望台」，再10分抵達第2站「パノラマ展望台」及「見晴展望台」，再10分抵達最高的第3個眺望點「英虞灣展望台」。

徒步上山的路

橫山遊客中心

プレミアリゾート 夕雅 伊勢志摩 🛏️

泡溫泉欣賞夕陽百選的落日

所有房間都面向太平洋，有和室也有洋房。溫泉引自浜島町源泉，為鈉塩化物溫泉，露天風呂傍晚可欣賞「日本夕陽百選」的落日、夜晚可欣賞滿天星斗。部分樓層設有View Lounge，閱讀雜誌之餘一抬頭就望見海景，十分愜意。晚餐有不同料理方案可選，最知名的在地料理為伊勢龍蝦、伊勢烏龍麵、生鮪魚或鰹魚加上海苔及醬油的志摩鄉土料理「手こね壽司」。

1.所有房間都面海／2.早餐為自助式／3.伊勢龍蝦酒蒸煮／4.伊勢龍蝦與生魚片／5.手こね壽司／6.鵜方車站／7.旅館接駁車／8.天氣好的話在房間即可欣賞「夕陽百選」的落日美景

{Info}

✉️ 三重県志摩市浜島町浜島1645
📞 0599-53-1551　💲 1泊2食每人約￥10,000～￥30,000　➡️ 可事先預約接駁車從鵜方車站接送約20分　🔗 www.yu-ga.in

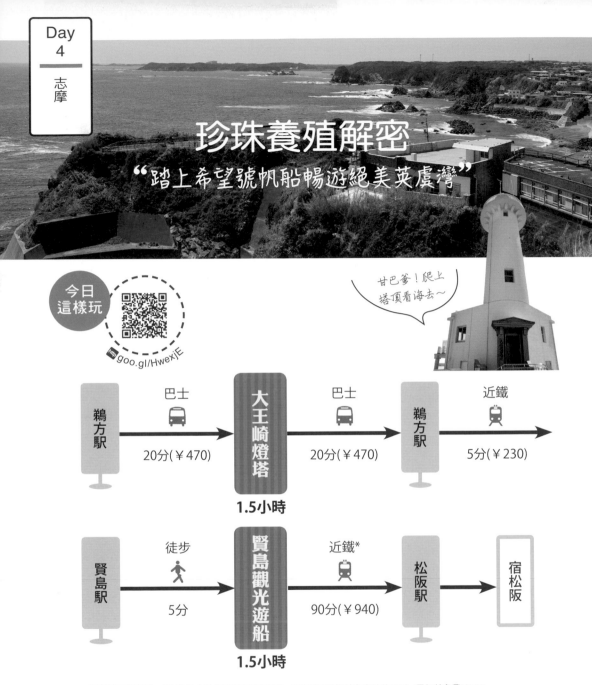

珍珠養殖解密

"踏上希望號帆船暢遊絕美英虞灣"

今日
這樣玩

goo.gl/HwexjE

甘巴爹！爬上
塔頂看海去～

| 鵜方駅 | 巴士 🚌 20分（￥470） | 大王崎燈塔 1.5小時 | 巴士 🚌 20分（￥470） | 鵜方駅 | 近鐵 🚆 5分（￥230） | |

| 賢島駅 | 徒步 🚶 5分 | 賢島觀光遊船 1.5小時 | 近鐵* 🚆 90分（￥940） | 松阪駅 | → | 宿松阪 |

* 可搭普通車直達，或在宇治山田站轉急行列車節省一點時間；若搭特急直達約60分，需加特急費￥900。

◀▲ 遊覽船與船票

搭乘三重交通巴士▶
前往大王崎燈塔吧

大王崎燈塔(大王崎灯台)

日本燈塔50選

　　大王崎位於志摩半島最東南方，是個小漁村，有一小段商店街但遊客不多。大王崎燈塔設置於1927年，名列日本燈台50選，可登上塔頂眺望周邊360度景色，一旁有資料館供參觀。

大王崎燈塔

燈塔旁資料館

{Info}

✉ 三重県志摩市大王町波切490-3　☎ 0599-72-0789
🕐 09:00～16:00　💲 大人￥200　🚌 鵜方車站搭乘三重交通巴士御座線約20分於「大王崎灯台」下車步行10分　http www.daiozaki.com

---

賢島觀光遊船(賢島エスパーニャクルーズ)

希望號帆船型遊覽船

英虞灣

欣賞英虞灣美景

　　有別於橫山展望台從上空眺望英虞灣，賢島遊覽船則是直接在英虞灣上航行，以不同角度欣賞英虞灣的景色。海上有珍珠養殖場，中途會安排10分鐘的珍珠工場見學，若看到喜歡的珍珠飾品可要把握機會哦！

珍珠工場見學▶

{Info}

✉ 三重県志摩市阿児町神明752-11　☎ 0599-43-1023　🕐 09:30～16:30，航程50分鐘　💲 大人￥1,600，出示周遊券為￥1,500，小孩半價　🚃 搭乘近鐵特急，由名古屋約95分、或由大阪難波約120分，於「賢島」下車徒步5分　http shima-marineleisure.com/cruise/espana/info

玩家提示　希望號帆船時刻表

　　務必先查好時刻表，並非每個時段都是帆船型遊覽船「エスペランサ」(西班牙語，意思為「希望」)，只有09:30、10:30、11:30、13:30、14:30、15:30才是，其他時段為小型遊覽船，另外還要注意12:30和16:30的時段不是天天都有。

此生必訪伊勢神宮

"逛江戶老街，嘗小吃甜點"

今日
這樣玩

goo.gl/AkJkLG

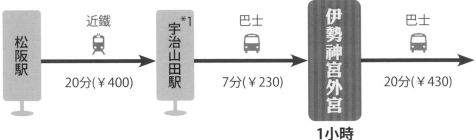

| 松阪駅 | 近鐵 🚃 20分(¥400) | 宇治山田駅 *1 | 巴士 🚌 7分(¥230) | 伊勢神宮外宮 | 巴士 🚌 20分(¥430) |

1小時

| 宮、托福橫丁 伊勢神宮內 | CAN巴士 🚌 26分(¥690) | 二見興玉神社 夫婦岩、 | CAN巴士*2 🚌 44分(¥400) | 宇治山田駅 | 近鐵*3 🚃 110分(¥1,450) |

3小時 **1小時**

| 名古屋駅 | → | 宿名古屋 |

*1 宇治山田站較大，投幣式寄物櫃較多，可在此
　寄放行李。
*2 若不需回宇治山田站拿行李，也可搭乘CAN
　巴士前往鳥羽站(約14分)再轉乘近鐵。
*3 搭乘急行或普通車，可能直達或是在伊勢中
　川或松阪轉車；若搭乘特急直達約85分，需
　加特急費¥1,320。

◀夫婦岩守

旅遊案內所
出發前先了解的事

◀宇治山田車站

▼CAN bus

伊勢二見鳥羽周遊巴士「CAN bus」
遊覽景點的好幫手

CAN bus往返於宇治山田、伊勢市、五十鈴川及鳥羽車站，途經重要景點：伊勢神宮外宮及內宮、伊勢安土桃山文化村、二見浦及夫婦岩、鳥羽水族館及ミキモト真珠島，1日券￥1,000、2日券￥1,600，出示近畿鐵路周遊券Plus可免費搭乘。

http www.sanco.co.jp/shuttle/shuttle03-01

近畿鐵路周遊券Plus｜Day 5｜伊勢

伊勢神宮

日本人一生一定要去一次的神社

為日本全國神社之首，在日本人心目中是一生當中至少要參拜一次的最高神社。主要由內宮「皇大神宮」與外宮「豐受大神宮」構成，內宮祭祀天照大御神(太陽女神，被奉為日本天皇始祖)，外宮祭祀豐受大御神(掌管稻穀等食物的女神)。為常保建築在最佳狀態以及延續神明能量，每隔20年，會在現今正殿旁的空地重蓋一座一模一樣的神殿，將舊殿神儀遷移至新殿，此「式年遷宮」的儀式至今已傳承1,300多年。神宮周圍是遍植百年巨木的原始森林，充滿靈氣，每20年重建新神殿所需的建材乃來自這片森林的高級檜木。

外宮(豐受大神宮)正宮

內宮入口處「宇治橋」，是俗界與聖界的分界處，過橋時要靠右邊走

內宮的「御手洗場」五十鈴川，溪水清澈，錦鯉悠遊其中，需在此洗淨雙手才能進內宮參拜

{Info}

✉ 三重縣伊勢市宇治館町1 🕐 10～12月05:00～17:00，1～4及9月05:00～18:00，5～8月05:00～19:00 ➡ 前往外宮，於JR或近鐵「伊勢市站」或近鐵「宇治山田站」搭乘巴士約5分；前往內宮，於外宮搭乘巴士約10分、近鐵「宇治山田站」約19分、近鐵「五十鈴川站」約6分 http www.isejingu.or.jp

托福橫丁・厄除町 (おかげ横丁、おはらい町)

歡迎光臨
托福橫丁

好逛好吃又好買的江戶老街

位於伊勢神宮內宮前，呈T字形交叉的托福橫丁、厄除町，是從江戶時代起就極為熱鬧的參道，經移築改建而成，集合數十家飲食、土產、手工藝品店鋪，當中不乏百年老鋪。

◀ 熱鬧的托福橫丁

{Info}

➡ 搭乘三重巴士於「神宮會館前」(內宮前一站)下車 http www.okageyokocho.co.jp

豆腐庵山中

以伊勢神宮內清澈的五十鈴川為水源，將純大豆製成豆乳、甜甜圈、豆腐冰淇淋。

看隨時都門庭若市的光景就知道有多受歡迎了！

豆腐冰▶淇淋

豆腐庵山中

赤福本店

於西元1707年創立，以伊勢名物「赤福餅」遠近馳名，是紅豆泥包裹麻糬的和菓子，幾乎人手一盒。除了直營店，關西機場、中部國際機場、大阪京都名古屋等大站或百貨公司都能買到，注意保存期限只有2天。本店另有每個月1號限定販售的「朔日餅」，每個月的口味都不同。

赤福本店

內用榻榻米空間

▲ 內用3個赤福餅加上伊勢茶 ￥290

人手一盒▶的赤福餅

ふくすけ

自家手打烏龍麵使用三重縣產小麥，濃褐色的醬汁以鰹魚為底，還加了昆布及椎茸，相當對味。

▲伊勢烏龍麵￥480

可在外面涼亭用餐

豚捨

除了販售牛丼、牛鍋、壽喜燒等料理，也有專做炸物的外帶區，如炸肉餅、串炸、炸可樂餅，便宜又美味。

▼便宜又好吃的炸物

「豚捨」托福橫丁分店

{Info}

豆腐庵山中
✉ 三重縣伊勢市宇治中之切町06
🕐 10:00~16:00，週四公休
http tofu-an-yamanaka.jp

赤福本店
✉ 三重縣伊勢市宇治中之切町26番地
🕐 05:00~17:00
http www.akafuku.co.jp

ふくすけ
✉ 三重縣伊勢市宇治中之切町52
🕐 10:00~17:00
http www.okageyokocho.co.jp/tenpo.php?no=1

豚捨
✉ 三重縣伊勢市宇治中之切町52
🕐 4~9月09:00~18:00，10~3月09:00~17:00
http www.butasute.co.jp

二見興玉神社‧夫婦岩

緣結與夫婦圓滿的神社

二見興玉神社的主祭神為猿田彥大神、宇迦御魂大神、綿津見大神，祈求良緣及夫婦圓滿，由於青蛙是猿田彥大神的使者，境內有許多青蛙雕像。夫婦岩自古為日出遙拜所，據說夏至前後天氣晴朗時有機會看到富士山，男岩高9公尺、女岩高4公尺，其間以大注連繩相連。

著名的夫婦岩

{Info}

✉ 三重縣伊勢市二見町江575 ☎ 0596-43-2020 ➡ 由宇治山田站搭乘CAN巴士約44分、或由鳥羽站搭乘CAN巴士約14分，於「夫婦岩東口」下車後徒步5分 http www.amigo2.ne.jp/~oki-tama

二見興玉神社

二見蛙

夫婦岩參宮通名店街

145

| 高山 | 上高地 | 新穗高 | 白川鄉 | 立山黑部 |

阿爾卑斯·高山·松本地區周遊券
Alpine-Takayama-Matsumoto Area Tourist Pass

5日

横·斷·阿·爾·卑·斯

立山與穗高連峰壯闊雄景
童話般的夢幻合掌屋

中部地區峰峰相連到天邊的巍峨群峰，有日本阿爾卑斯山脈美稱。
首先，在充滿京都風情的高山小鎮品嘗飛驒牛入口即化的銷魂滋味，
前往神仙居住的上高地仙境，再搭乘日本唯一的雙層纜車登上雲端世界，
讓6種交通工具帶你橫貫立山黑部，飽覽日本最壯麗的雄峰英姿。
還有世界遺產合掌村、國寶四城松本城、江戶時代驛站馬籠宿，
誰說去交通複雜的中部地區一定要跟團？
自助不求人，看完本篇介紹Let's Go！

高山
飛驒小京都

上高地
神降之地

新穗高
雙層纜車

立山黑部
雪之大谷

拜訪的城市

松本
國寶松本城

白川鄉
夢幻合掌屋

馬籠
木曾古道

中部地區
ちゅうぶちほう

　　立山黑部在不同季節擁有不同的美麗風景，向來是備受國人青睞的景點，連同附近的上高地、新穗高，都是日本阿爾卑斯山脈路線的熱門旅遊路線。

┃飛驒┃

岐阜縣的內陸地區，當中最為人熟知的就是列為世界遺產的白川鄉合掌村以及有小京都之稱的高山；鄰近的飛驒古川是古色古香的純樸小鎮，因動畫電影《你的名字》在此取景而一炮而紅。溫泉資源豐沛，擁有日本三大溫泉之一的下呂溫泉，及5個不同泉源組成的奧飛驒溫泉鄉，最深山處的新穗高溫泉有日本唯一的雙層纜車，到最高處的展望台能一覽穗高連峰美景。來到飛驒地區，絕不容錯過飛驒牛、五平餅等代表性美食，也別忘了買個可愛的猴寶寶帶回家喔！

┃阿爾卑斯┃

日本也有屬於自己的阿爾卑斯山脈！位於中部地區，包括木曾山脈(中央阿爾卑斯)、飛驒山脈(北阿爾卑斯)、赤石山脈(南阿爾卑斯)。連綿不絕的群山標高約3,000公尺，有許多以阿爾卑斯路線為主題的遊覽路線，最負盛名的就是立山黑部，4～6月的雪之大谷、7～8月翠綠山谷、10月漫山紅葉，隨時前來都有不同風貌。

┃信州┃

古稱信濃國，範圍相當於現在的長野縣。面積遼闊，通常會和阿爾卑斯・飛驒路線一併遊覽的地區包括松本、上高地、奈良井宿，若有多餘時間，可順道至乘鞍高原、白骨溫泉一遊。長野縣的蕎麥麵名列日本三大蕎麥麵，只要在長野境內都吃得到喔！

1.乘鞍高原／**2**.白骨溫泉／**3**.猴寶寶是飛驒地區的吉祥物／**4**.人力車穿梭於上三之町老街巷弄中／**5**.室堂的雷鳥，傳聞看到的人能得到幸福(照片提供／Shen)／**6**.住宿室堂之立山飯店，房內即可欣賞富山方向夕陽西下的美景

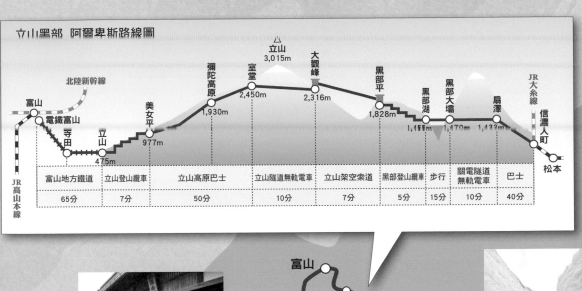

立山黑部 阿爾卑斯路線圖

北陸新幹線

JR大糸線

立山 3,015m
大觀峰 2,316m
室堂 2,450m
彌陀高原 1,930m
黑部平 1,828m
黑部大壩 1,470m
扇澤 1,433m
美女平 977m
立山 475m
富山
電鐵富山
寺田
信濃大町
松本
JR高山本線

	富山地方鐵道	立山登山纜車	立山高原巴士	立山隧道無軌電車	立山架空索道	黑部登山纜車	步行	關電隧道無軌電車	巴士
	65分	7分	50分	10分	7分	5分	15分	10分	40分

富山
立山
扇澤
信濃大町
飛驒古川
穗高
高山
JR大糸線
松本
鹽尻
奈良井
下呂
木曾福島
JR高山本線
南木曾
JR中央本線
岐阜
中津川
JR東海道本線
惠那
名古屋

高山

立山黑部

合掌村

上高地

4

5

6

阿爾卑斯・高山・松本地區周遊券資訊

這張票券主要是用於「中部地區」的5日券，包括名古屋、高山、富山、松本的JR路線，更包含穿越立山黑部的所有交通工具，因此票券的使用期間會配合立山黑部的開山日期，適合名古屋或富山進出、且要遊覽立山黑部的旅客。

票價

需於海外旅行社事先購買￥17,500，日本當地沒有販售，兒童(6～11歲)半價。

使用期間

自起始日起連續使用5天。

使用範圍

可不限次數自由搭乘名古屋—下呂—高山—富山區間(經由東海道、高山線)、信濃大町—松本—名古屋區間(經由大糸・篠之井・中央本線)的JR在來線各種列車的自由席，以及立山黑部阿爾卑斯路線內(富山—立山—室堂—大觀峰—黑部大壩—信濃大町)之間的各項交通工具。

注意事項

1. 可劃位搭乘指定席4次；乘坐綠色車廂需另外付費；無法搭乘Home liner及其他的liner列車，也無法搭乘新幹線。
2. 搭乘立山黑部的交通工具，需在立山站或黑部湖站的窗口出示本票，以取得區間乘車用的「乘車整理票」。

3. 須注意期限，例如2017年發售日期為2月1日～11月8日，兌換日期為3月15日～11月8日，使用日期為4月15日～11月12日。

官網

http touristpass.jp/zh-tw/alpine/ (中文版)

春天積雪未融的立山連峰與空中纜車

購票方式	兌換地點
先在海外旅行社購買兌換券，再到指定車站兌換	JR東海售票處(東京、品川、新橫濱、名古屋、京都、新大阪、高山)；JR東海Tours(東京、品川、新橫濱)

中部地區常用票券介紹與比較

昇龍道巴士周遊券

可在指定天數內無限搭乘中部地區指定路線的巴士，還包括來往中部國際機場(或小松、富山機場)的票券，共有3種版本。

■高山・白川鄉・金澤路線：3日券￥7,500，可搭乘區間包括名古屋、岐阜、高山、白川鄉、金澤、富山。

■廣域路線：5日券￥13,000，可搭乘區間除了上述3日券範圍，還包括新穗高、平湯、下呂、松本、神岡、五箇山、高岡。

■松本・馬籠・駒根路線：3日券￥7,000，可搭乘區間包括名古屋、松本、長野、駒根、馬籠、惠那、新穗高、平湯、高山、下呂等路線。

須特別注意其中有幾段路線的巴士是完全預約制，尤其是名古屋、白川鄉路線，務必事先預約才能搭乘。此票券最適合用於冬天的非立山黑部開山期間，暢遊中部地區各大城市與景點。

http www.mwt.co.jp/shoryudo/index.php (中文版)

◀昇龍道3日券

立山黑部阿爾卑斯套票(立山黑部アルペンルート)

JR東海推出的套票,涵蓋立山黑部交通工具,非針對外國人,日本人也能購買,依不同路線及出發地點的組合有不同票價。此套票為8日券,僅於立山黑部開山時間可使用,特別注意在日本的黃金週(約4月下旬~5月初)、盂蘭盆(約8月中旬)不可使用。另外,需事先選好逆時鐘或順時鐘方向,除了部分指定區間可自由搭乘外,不可走回頭路。以下列舉2條國人最常使用的路線。

■名古屋出發的「飛驒路線」(ひだコース):¥18,610,途經高山、但不經金澤,立山黑部阿爾卑斯路線內可自由乘降,但JR範圍內僅岐阜~飛驒古川、信濃大町~松本、中津川~洗馬為自由乘降區間,其餘只能單方向搭乘1次。

■名古屋出發的「白鷺路線」(しらさぎコース):¥21,850,途經米原及金澤,但不經高山,立山黑部阿爾卑斯路線內可自由乘降,但JR範圍內僅金澤~富山、信濃大町~松本、中津川~洗馬為自由乘降區間,其餘只能單方向搭乘1次。

http railway.jr-central.co.jp/tickets/otoku_tateyamakurobe

立山黑部加購票

若購買不包含立山黑部的鐵路周遊券,可另買¥9,000的立山黑部加購票,能連續使用5日。這是外國人限定票券,買票時要出示護照且告知使用日期,購票窗口包括屬於JR西日本的京都、新大阪、大阪、富山、金澤,以及屬於JR東日本的成田機場、羽田

機場、東京、新宿、池袋、長野。特別注意只有氣候不佳才能退票,且退票必須在購買區塊的銷售點才能退,例如在屬於JR西日本的富山購買,則不能在屬於東日本的長野退票。建議在預計出發的車站(富山或長野)購買,萬一要退比較方便,且前一天就先買好,以免當天早上排隊耽誤時間。

因立山黑部加購票不能走回頭路,需特別注意各周遊券的使用區間,例如:「北陸拱型鐵路周遊券」可免費搭乘富山~上越妙高間;「北陸地區鐵路周遊券」於長野~黑部宇奈月溫泉間須另行購買車票(自由席¥5,830);「JR東日本鐵路周遊券(長野、新潟地區)」於富山~上越妙高間須另買車票(¥4,530);「關西北陸地區鐵路周遊券」於長野~上越妙高間須另買車票(¥2,810)。

© 富山車站窗口05:30~23:00,長野10:00~19:00(假日到17:30)

http www.jrtateyama.com/tc (中文版)

立山黑部加購票

機場交通

富山機場

從機場搭乘巴士到富山車站約40分鐘¥410。

中部國際機場

要前往名古屋,可搭乘「名鐵特急」,約33分¥870;或搭乘利木津巴士,約50~80分¥1,200。

玩家提示 **依進出機場使用票券暢遊立山黑部**

立山黑部一直是國人旅遊的熱門景點,因交通複雜,造成很多人不敢自助,在此簡單整理不同機場進出推薦使用的票券供讀者參考,輕鬆規畫行程!

進出機場	推薦票券
小松機場或富山機場	北陸地區鐵路周遊券+立山黑部加購票 或 昇龍道巴士周遊券+立山黑部加購票
中部國際機場	阿爾卑斯‧高山‧松本地區周遊券 或 立山黑部阿爾卑斯套票 或 昇龍道巴士周遊券+立山黑部加購票
成田機場或羽田機場	北陸拱型鐵路周遊券+立山黑部加購票 或 JR東日本鐵路周遊券(長野、新潟地區)+立山黑部加購票
關西國際機場	關西&北陸地區鐵路周遊券+立山黑部加購票
關東關西不同點進出	北陸拱型鐵路周遊券+立山黑部加購票

飛驒高山小京都
"上三之町老街巡禮，祭典之森欣賞神轎"

今日這樣玩

http goo.gl/Temyrs

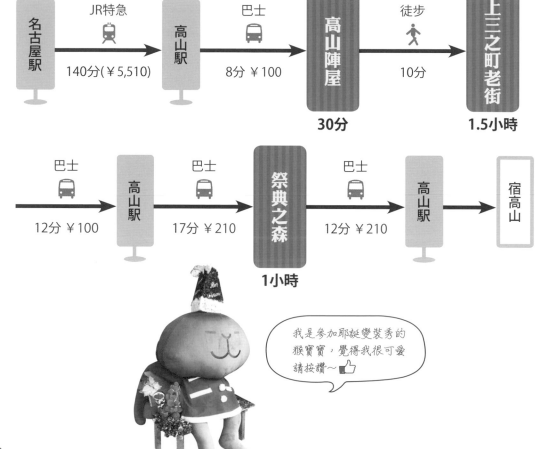

名古屋駅 → JR特急 🚃 140分(￥5,510) → 高山駅 → 巴士 🚌 8分 ￥100 → 高山陣屋 30分 → 徒步 🚶 10分 → 上三之町老街 1.5小時

巴士 🚌 12分 ￥100 → 高山駅 → 巴士 🚌 17分 ￥210 → 祭典之森 1小時 → 巴士 🚌 12分 ￥210 → 高山駅 → 宿高山

我是參加耶誕變裝秀的
猴寶寶，覺得我很可愛
請按讚～👍

旅遊案內所
出發前先了解的事

高山四通八達的巴士路線
遊覽市區搭乘周遊巴士，對外景點搭乘濃飛巴士

在高山市區移動可搭乘「飛驒高山周遊巴士」，包括每天順時針或逆時針各10班繞行市中心的街道巴士(まちなみバス，每次¥100)，以及每天16班繞行較遠的猴寶寶巴士(さるぼぼバス，每次¥210)，若搭乘次數多，可購買兩者皆能搭乘的1日券¥620，出示1日券還可於指定設施享有門票折扣。街道巴士通過的主要景點包括上三之町老街(於さんまち通り下車)、高山陣屋(高山陣屋前下車)、高山祭屋台會館(八幡宮前下車)、日下部民藝館(日下部民藝館口下車)、飛驒高山まちの博物館(博物館前下車)。猴寶寶巴士通過的主要景點包括飛驒之里、飛驒高山美術館、飛驒高山祭典之森、飛驒・世界生活文化中心。

此外，高山濃飛巴士中心是前往白川鄉、上高地、奧飛驒溫泉鄉等主要景點的交通樞紐，「濃飛巴士」是連結對外景點的主要交通工具。

http 飛驒高山：www.hida.jp/chinese (中文版)
http 飛驒高山周遊巴士：kankou.city.takayama.lg.jp (選擇「飛驒高山周遊バス」)
http 濃飛巴士：www.nouhibus.co.jp/ch_h (中文版)

濃飛巴士中心與濃飛巴士

歡迎來到飛驒高山

高山陣屋

日本全國現存唯一郡代官府

高山陣屋，原屬於高山城主金森氏，後來金森氏被江戶幕府調到山形後，這裡成為江戶幕府時代地方官施政辦公的場所，是當今日本唯一被完整保留的幕府郡代所，現在作為博物館，展示行政廳房、辦公室、廚房、洗手間、浴室、住宅用空間、法庭審判室和儲藏室。

{Info}

✉ 岐阜県高山市八軒町1-5 ☎ 0577-32-0643 ⏰ 3～10月08:45～17:00(8月到18:00)，11～2月08:45～16:30 💲 大人¥430，高中生以下免費 ➡ 由高山車站搭乘巴士約8分於「高山陣屋前」下車；或步行約15分 http www.pref.gifu.lg.jp/kyoiku/bunka/bunkazai/27212

高山陣屋，下雪時的景致也別有一番風味

上三之町老街(古い町並)

飛驒高山小京都

「三町筋」是一之町、二之町、三之町的總稱，是3條近乎平行的南北走向街道，為高山的代表性徒步區，是重要傳統建造物保存區，有「飛驒高山小京都」之美稱。其中「上三之町」為建築物保存最佳的區域，屋齡大都在300年以上，是稀有珍貴的古建築物群，有各具特色的商店、倉庫、酒廠、味噌工廠、茶屋、民藝品店、料理店，外觀建築和內在陳設都保存江戶時代以來的濃厚古早原味。

傳統建築物

{Info}
➡ 由高山車站搭乘巴士約8分於「さんまち通り」下車；或步行約15分

LE MIDI(ル ミディアイ) 布丁專門店 ❌

人氣第一名布丁

LE MIDI餐廳是販售飛驒牛牛排、漢堡排的法國餐廳，其外帶的布丁專門店，販售曾在樂天網路人氣第一名的布丁「宿儺かぽちゃ」，使用飛驒  高山傳統野菜及飛驒產的牛奶和蛋製成。

▲人氣第一名的布丁(¥350)

{Info}
✉ 岐阜縣高山市本町2-85 ☎ 0577-36-6386 🕙 10:00～15:00，週四公休 ➡ 由高山車站步行約12分 🌐 www.le-midi.jp/sukunakabocha

飛驒高山祭典之森(飛驒高山まつりの森)

◀歡迎用的大鼓

欣賞盛大祭典的美麗神轎

這是位於地下的博物館，陳列仿造高山祭的神轎等傳統藝術品。

高山祭，是高山市最盛大的祭典，每年春秋各辦一次，春之祭(4月14～15日)於高山市古町南半部的日枝神社舉行，又稱山王祭；秋之祭(10月9～10日)於古町北半部的八幡神社舉行，又稱八幡祭。高山祭、京都祇園祭、埼玉秩父夜祭，並稱「日本三大曳山祭」，高山祭、京都祇園祭、滋賀長浜曳山祭，並稱「日本三大山車祭」；由此可見高山祭在日本傳統祭典中的重要地位。

高山祭神轎

{Info}
✉ 岐阜縣高山市千島町1111 ☎ 0577-37-1000 🕙 3～10月08:45～17:00(8月到18:00)，11～2月08:45～16:30 💲 大人¥1,000，中學生以下¥600 ➡ 由高山車站搭乘巴士約17分於「飛驒高山まつりの森」下車 🌐 www.togeihida.co.jp

エム(M)

美味中華拉麵

エム是LE MIDI 的姐妹店,最特別 的是飛驒牛拉麵, 若不吃牛也有一 般拉麵和沾麵,不 喜歡重口味湯頭的可選擇較為清淡的「淡麗塩 拉麵」。

▲A5飛驒牛塩味拉麵(￥1,500)

{Info}

✉ 岐阜縣高山市本町2-10 ☎ 0577-35-3566 🕐 11:00～
15:30,18:00～23:00,週四公休 ➡ 由高山車站步行約10分
http www.le-midi.jp/m/index.html

飛驒こって牛

飛驒牛握壽司排隊名店

選用高檔飛驒 牛製成握壽司,料 理包括飛驒牛握 壽司(2貫￥600)、 飛驒牛軍艦(2貫 ￥700)、飛驒牛握

經常大排長龍

壽司加軍艦(3貫￥900)、特選部位飛驒牛握壽司 (2貫￥900)等。

最高級的「飛驒牛トロさしにぎり」(￥900)

{Info}

✉ 岐阜縣高山市上三之町34 ☎ 0577-37-7733 🕐 10:00～
17:00 ➡ 由高山車站步行約15分 http takayama-kotteushi.jp

上三之町伴手禮特搜

來到好逛又好買的上三之町老街,別忘了帶些美味的伴手禮哦!

朴葉味噌,飛驒高▶ 山一帶的鄉土料理

▲飛驒牛咖哩(￥540)

▲駄菓子,味噌及胡麻口味的米菓零嘴

飛驒高山拉麵(￥860)▶

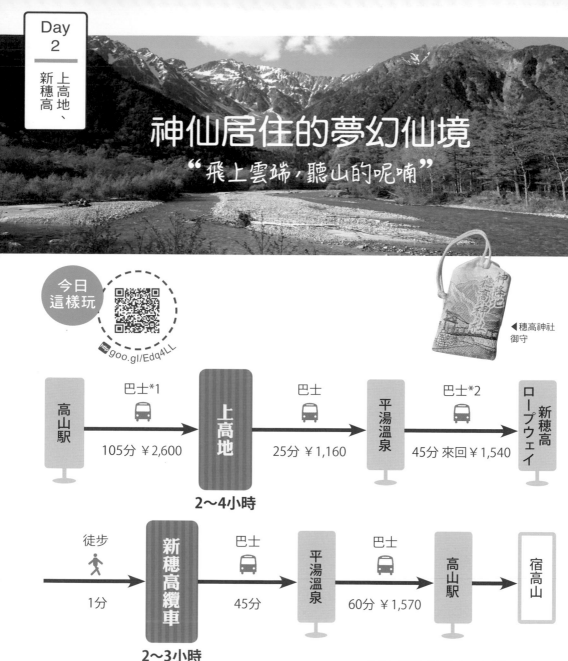

神仙居住的夢幻仙境

"飛上雲端，聽山的呢喃"

今日
這樣玩

goo.gl/Edq4LL

◀穗高神社
御守

高山駅 ──巴士*1── 上高地 ──巴士── 平湯溫泉 ──巴士*2── 新穗高ロープウェイ

105分 ￥2,600　　　25分 ￥1,160　　　45分 來回 ￥1,540

2～4小時

徒步 ── 新穗高纜車 ──巴士── 平湯溫泉 ──巴士── 高山駅 ── 宿高山

1分　　　　　　45分　　　　　60分 ￥1,570

2～3小時
來回纜車 ￥2,900

*1 中途在平湯溫泉換車，搭到大正池下車，遊玩上高地後回程於上高地巴士總站上車。

*2 平湯溫泉到新穗高纜車站的巴士票價：單程￥890，來回￥1,540(來回票之有效期限為2日)。

註：本日可購買票券「上高地・奧飛驒」まるごと・バリューきっぷ，大人￥7,000，可涵蓋所有巴士及纜車費用。若想深度遊覽，可安排2日行程，上高地、新穗高溫泉都有旅館，或者也能考慮住在轉車站的平湯溫泉。

平湯之森(ひらゆの森)，提供日歸溫泉及住宿，距平湯溫泉巴士站只要步行3分鐘(照片提供／Shen)

旅遊案內所
出發前先了解的事

上高地交通
可從2個入口前往
1. 松本：從松本直達上高地的巴士很少，大多數需從松本搭電車到新島々駅，再轉巴士到上高地，單程￥2,450、來回￥4,550。
2. 高山：從高山搭巴士到平湯溫泉，再轉乘巴士到上高地，約需1小時45分，單程￥2,600、來回￥5,040。

*註：來回票皆7日內有效，往上高地的途中可以在大正池下車，回程在上高地巴士總站上車。

奧飛驒溫泉鄉＆新穗高纜車交通
5處溫泉搭配纜車觀光
奧飛驒溫泉鄉包含5個泉質不同的溫泉，由近而遠依序為平湯溫泉、福地溫泉、新平湯溫泉、栃尾溫泉、新穗高溫泉。抵達最深山處的新穗高溫泉後，再往前一站就是終點新穗高纜車站。從高山搭乘巴士到新穗高纜車站，中途需在平湯溫泉換車，約需1小時45分，單程￥2,160、來回￥4,110；新穗高纜車(兩段式)來回票價￥2,900。

暢遊上高地+搭乘新穗高纜車的超值票券
購買套票最划算
前往上高地及新穗高溫泉只能仰賴巴士，來回交通費不便宜，加上纜車費用更貴。對於購買JR鐵路券、又想去上高地及新穗高的旅客，名鐵公司出的套票(まるごと・バリューきっぷ)最適合，至少可省下約￥2,000費用，請參閱下表。

アルプス街道平湯，位於平湯溫泉巴士站，有餐廳、土產店、日歸溫泉，相當於平湯溫泉的玄關(照片提供／Shen)

上高地、新穗高交通路線圖

```
新穗高纜車站
  新穗高溫泉          上高地巴士總站
    栃尾溫泉        帝國飯店
飛驒古川
白川鄉   新平湯溫泉      大正池
         福地溫泉    中の湯      新島々   松本
高山   平湯溫泉   乘鞍疊平  乘鞍高原
下呂溫泉
```

		「奧飛驒」まるごと・バリューきっぷ	「上高地・奧飛驒」まるごと・バリューきっぷ
票價	高山出發	大人￥5,150、小孩￥2,680	大人￥7,000、小孩￥3,610
	平湯溫泉出發	大人￥3,600、小孩￥1,850	大人￥5,450、小孩￥2,780
內容		①高山(或平湯溫泉)到新穗高纜車站來回巴士可無限搭乘②新穗高纜車來回票③アルプス街道平湯入浴券	左列3項＋④平湯溫泉到上高地來回巴士(只能去回各搭1次)
使用期間		每年網站會公告不能使用的日期	需配合上高地開放時間(4月中～11月中)，且每年黃金週、暑假旺季及網站公告的特定日期不能使用
有效期間		連續2日	
售票地點		名鐵觀光服務中心、名鐵名古屋站服務中心(在名鐵百貨B1驗票閘口附近)、超商(如Lawson售票機)	
換票地點		高山濃飛巴士中心(或平湯巴士總站)	
優惠特典		高山～白川鄉濃飛巴士9折，神寶乃湯(新穗高纜車站)、平湯之森(平湯溫泉)泡湯券8折，以及其他門票或商店折扣	
網站		http 名鐵票券：www.meitetsu.co.jp/recommend/catalog/1245547_5053.html http 濃飛巴士：www.nouhibus.co.jp	

上高地

神的故鄉·人間仙境

「上高地」意指「神降之地」，位於長野縣西部、標高約1,500公尺的盆地型峽谷，以美麗的湖光山色著稱。清澈的梓川自陡峭山腳蜿蜒而下，大正池、田代池、明神池散布其間，溼原、白樺、落葉松、針葉林的多變景色鋪成一路林木蔭鬱的宜人步道，周邊連綿不絕，高達3,000公尺的阿爾卑斯山脈與藍天蒼穹倒映於如鏡水面，描繪出一幅渾然天成的醉人山水畫。這般人間仙境每年只有4月中旬～11月中旬開放，夏天為綠意盎然的避暑勝地，10月中旬滿山滿谷的紅葉則是最美時分。

{Info}

http www.kamikochi.or.jp

1.嘉門次小屋的鹽烤岩魚，以地爐柴火烤到香酥脆／2.明神橋／3.田代池，位於大正池到河童橋之間的健行步道，四周被濕地環繞／4.河童橋與穗高連峰是上高地的代表性地標(照片提供／Shen)／5.大正池，觀賞山岳樹林倒映池中的美景／6.野鴨悠游於大正池中／7.明神池，秋季變色的山林倒影將池水也染得絢麗／8.河童橋附近的梓川左岸是觀賞穗高連峰的絕佳地點(照片提供／Shen)／9.嘉門次小屋

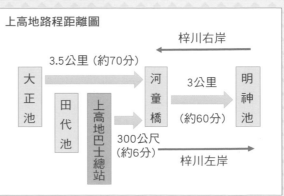

玩家提示　上高地遊玩攻略

❶ **時間不夠的快速玩法：**在大正池下車，步行到河童橋，再折返300公尺到上高地巴士總站搭車離開，大約1.5小時，這段是最多人走的熱門路線。

❷ **時間充裕的半日玩法：**從河童橋繼續往前走到明神池，參觀明神池、穗高神社後再往回走到上高地巴士總站搭車，來回約需2.5小時。這段路可選擇走河的左岸或右岸，梓川左岸是泥土路，整條路都是面對穗高連峰，步行約50分鐘；梓川右岸因穿越溼原，有段路是高架木棧道，沿途景色變化多端，步行約70分鐘，建議來回可以左岸、右岸各走一趟。

❸ 明神池有一大一小，與穗高神社奧宮需一併買門票才能進入(大人￥300、小學生￥100)，這裡遊客較少，能好好欣賞靜謐的深山美景。

❹ 若要在上高地吃午餐，人潮最多的河童橋兩邊有較多土產店及餐館，許多遊客會在河童食堂用餐，上高地觀光中心(位於上高地巴士總站旁)2樓也有上高地食堂。明神池附近有2家餐館兼旅館，明神館、嘉門次小屋，推薦名物鹽烤岩魚(單點約￥1,000，定食約￥1,600)。

上高地路程距離圖

梓川右岸 ←

大正池　田代池　上高地巴士總站 — 3.5公里（約70分）→ 河童橋 — 3公里（約60分）→ 明神池

河童橋 — 300公尺（約6分） 上高地巴士總站

梓川左岸 →

新穗高纜車

搭乘日本唯一的雙層纜車飛往雲上世界

位於奧飛驒溫泉鄉最深處的新穗高纜車，擁有全日本唯一的雙層纜車，搭乘纜車登上最頂端標高2,156公尺的展望台，以360度全視角飽覽巍峨的北阿爾卑斯山群峰。俯瞰風情萬種的山谷新綠、紅葉、白雪，彷若身在雲端，坐擁無邊山色，一顆心也遺落在這不知幾許深的雲鄉了！

{Info}

☎ 0578-89-2252 ⏰ 首班纜車4～11月08:30、12～3月09:00發車(但8月及10月的週末假日提前到08:00)，回程末班纜車4～11月16:45、12～3月16:15發車，上下皆30分鐘1班車 💲 2段纜車來回￥2,900、小學生￥1,450 ➡ 搭乘濃飛巴士到「新穗高ロープウェイ」下車(從高山出發需1小時45分) ⓗⓣⓣⓟ shinhotaka-ropeway.jp

玩家提示 — 新穗高纜車玩樂指南

❶ 新穗高纜車分為2段，第一段從「新穗高溫泉駅」到「鍋平高原駅」，為一般的單層纜車，步行1分鐘到「白樺平駅」(しらかば平駅)，轉乘雙層的第二段纜車到最高點「西穗高口駅」。

❷ 白樺平駅2樓有餐廳和麵包店。鍋平高原駅的新穗高遊客中心有模型及影片介紹自然生態，神寶乃湯是開放式露天溫泉(大人￥600、小孩￥400)，若時間充裕還可以沿全長2.3公里的自然散策路健行，欣賞各種高山植物。

1.新穗高纜車站／2.在最頂端的展望台眺望穗高連峰(照片提供／Shen)／3.第二段的雙層纜車／4.最頂端的展望台，在這裡寄明信片回家是最好的紀念

童話故事裡的夢幻國度合掌村

"飛驒古川·超人氣動畫電影踩點聖地"

今日
這樣玩

goo.gl/qPM2RB

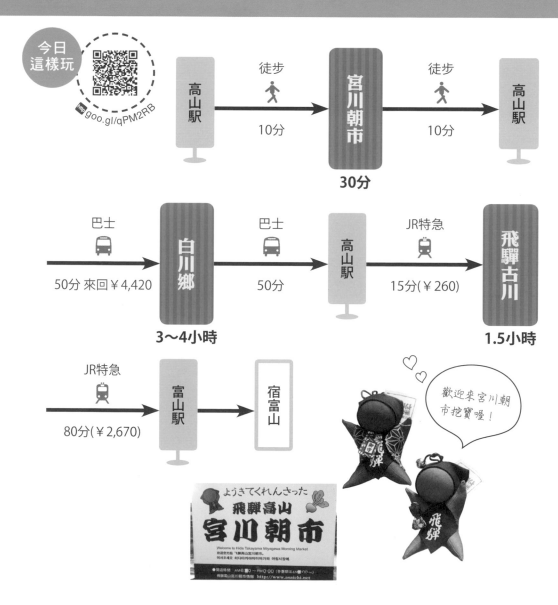

高山駅 → 徒步 10分 → 宮川朝市 → 徒步 10分 → 高山駅

30分

巴士 50分 來回￥4,420 → 白川鄉 → 巴士 50分 → 高山駅 → JR特急 15分(￥260) → 飛驒古川

3～4小時　　　　　　　　　　　　　　　　　　　**1.5小時**

JR特急 80分(￥2,670) → 富山駅 → 宿富山

♡ 歡迎來宮川朝市挖寶喔！

ようきてくれんさった
飛驒高山
宮川朝市
Welcome to Hida Takayama Miyagawa Morning Market

宮川朝市

高山河畔的日本三大朝市

宮川朝市位於高山市中心下三之町的宮川河畔，從江戶時代至今，歷史悠久，與石川縣輪島朝市、千葉縣勝浦朝市並稱「日本三大朝市」。每天早上營業，販售各式各樣的漬物、水果、農產品、手工藝品、土產，除了在地人，也吸引不少遊客來挖寶。

飛驒產松茸

◀香醇濃，好喝的飛驒牛乳

豆知識

猴寶寶(さるぼぼ)

飛驒地區的吉祥物，手腳尖尖、沒有五官，穿戴著黑色頭巾與肚兜，不同顏色的身體代表不同意義，例如粉紅色祈求桃花運，綠色祈求健康，藍色祈求學業或工作順利。

土產店的可愛猴寶寶

{Info}

🕐 4～11月07:00～12:00，12～3月08:00～12:00　➡ 高山車站徒步約10分　http www.asaichi.net

在風景優美的宮川河堤散步十分愜意

宮川朝市

豆知識

飛驒牛

岐阜縣飛驒地區飼養14個月以上的黑毛和牛，且符合協會認證B3等級以上的肉質才有資格稱「飛驒牛」。細緻如大理石紋均勻分布的油花是肉質柔嫩豐潤的關鍵所在，高山市有許多餐廳提供牛排、燒肉、壽喜燒、握壽司、拉麵、牛丼等各式料理，合掌村及周邊觀光景點也隨處可見飛驒牛串燒的小吃攤販，最經典的是「飛驒牛朴葉味噌燒」，將牛肉和味噌、洋蔥、香菇放在朴葉上烤，是其他地方吃不到的道地美食！

飛驒牛壽喜燒

▲飛驒牛串燒(約¥300～500)

◀飛驒牛石鍋拌飯

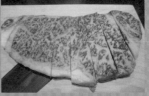
最高等級A5飛驒牛沙朗牛排(約¥5,000)

白川鄉

世界遺產合掌村

▲飛驒牛可樂餅

相逢橋(であい橋)

岐阜縣白川鄉、京都美山町、福島縣大內宿並列日本現存三大合掌村,當中最廣為人知的白川鄉合掌村於1995年被列為世界遺產。「合掌造り」為木造建築物,興建過程不用釘子,特色是以茅草覆蓋的屋頂,呈人字型如同雙手合十,屋頂陡峭使冬季積雪易於滑落以免壓垮屋頂。白川鄉內共有5個合掌村落,其中以110間合掌屋組成的荻町最為壯觀。

有些設施及民家開放付費參觀,展示傳統農耕工具、養蠶用具和各種生活器具。這裡的著名小吃是五平餅、飛驒牛串、糯米糰子,邊逛邊吃、邊賞美景,悠閒愜意。位於制高點的「荻町城跡展望台」是最美觀景台,整個合掌村部落盡收眼底。

民家園的傳統器物展示

五平餅,塗上醬汁再炭烤的橢圓形烤米餅

◀可付費參觀的神田家

{Info}

➡ 可搭乘濃飛巴士,從高山、金澤或富山前往,需時約60～80分 http www.shirakawa-go.gr.jp

從荻町展望台眺望整個合掌村(照片提供／Shen)

玩家提示　**前往白川鄉的最佳時節**

白川鄉四季皆美，尤其是10月下旬銀杏與紅葉交織的畫面最為浪漫，1～2月的點燈更是如白色仙境般夢幻唯美。若想欣賞每年僅開放短短數日的點燈，必須隨時留意官網訊息，約莫半年前(7～8月)就會公告隔年點燈日，近來因遊客暴增，點燈規則及限制越來越多，務必詳讀官網，及早準備。

夢幻的合掌村點燈

點燈的「和田家」

飛驒古川

《你的名字》浪漫場景巡禮

　　2016年由新海誠編導的動畫電影《你的名字》創下票房新紀錄，男主角瀧為了尋找消失的女主角三葉，憑著記憶中的「糸守町」來到飛驒古川，使這淳樸小鎮一夕間變成許多影迷朝聖的熱門景點。主要景點是距離車站步行5分鐘的白壁土藏老街，幽靜古樸的街道，三五成群的錦鯉悠游於清澈的瀨戶川，彷彿穿越時光隧道。

{Info}

➡ 從高山搭乘JR到飛驒古川約15分 ￥260

🔗 www.hida-kankou.jp

白壁土藏老街 (照片提供／Shen)

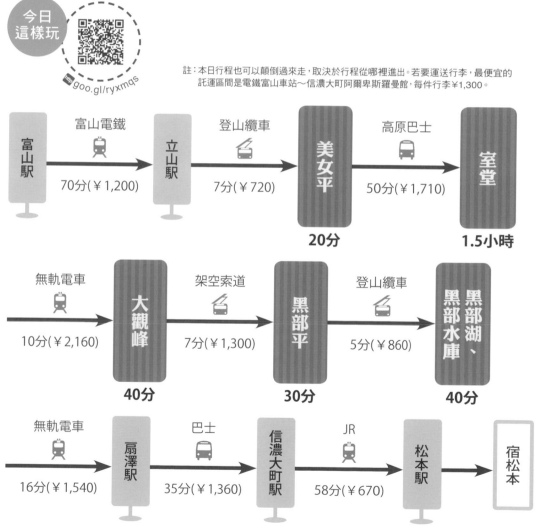

絕美阿爾卑斯路線
"橫貫立山黑部一日旅"

今日
這樣玩

goo.gl/ryxmqs

註：本日行程也可以顛倒過來走，取決於行程從哪裡進出。若要運送行李，最便宜的
託運區間是電鐵富山車站～信濃大町阿爾卑斯羅曼館，每件行李¥1,300。

| 富山驛 | 富山電鐵 🚆 70分(¥1,200) | 立山驛 | 登山纜車 🚟 7分(¥720) | 美女平 20分 | 高原巴士 🚌 50分(¥1,710) | 室堂 1.5小時 |

無軌電車 🚃 10分(¥2,160) → 大觀峰 40分 → 架空索道 🚡 7分(¥1,300) → 黑部平 30分 → 登山纜車 🚟 5分(¥860) → 黑部湖、黑部水庫 40分

無軌電車 🚃 16分(¥1,540) → 扇澤驛 → 巴士 🚌 35分(¥1,360) → 信濃大町驛 → JR 🚆 58分(¥670) → 松本驛 → 宿松本

旅遊案內所
出發前先了解的事

該從哪一側上山比較好
旺季建議預留充裕時間

很多人關心最熱門的開山初期雪牆季節究竟要從立山側或扇澤側上山較佳？可以的話建議從立山側上山，因立山側的旅行團人數較少，此外，高原巴士和大觀峰纜車兩邊受天候影響停駛的機會差不多，萬一上不去想臨時多訂1天旅館等隔天，富山、高岡、金澤這側的訂房比信濃大町、長野、松本稍微容易又便宜些。開山初期人潮洶湧且天氣不穩定，除了要做好功課，若時間充裕最好多預留1天，以防萬一封閉上不去隔天還有機會。

立山黑部最多人潮的期間是4月中旬開山到5月上旬、8月中旬盛夏、10月上旬紅葉季，有可能無法按照希望的時間搭車，建議行程規畫要寬鬆些。

使用各種票券穿越立山黑部時，多數交通工具不需預約，但從立山往美女平這段登山纜車有管控，必須要有確定的時段才能搭車。若是使用不能回頭的票券(例如立山黑部加購票)，需在電鐵富山站兌換，會拿到一張立山往扇澤單向使用的票券，接下來在每一站都出示這張票券刷條碼即可通行。

官網
http www.alpen-route.com/tw (中文版)

立山往扇澤片道使用的票券及立山往美女平押上時間的票

立山車站

阿爾卑斯路線起點

立山車站是橫越立山黑部的起點，有免費的各種語言入山指南可索取。這站的紀念品店有賣一些保暖用品，例如手套，裝備不夠的人可在此購買。

立山車站～美女平的登山纜車

富山～立山車站的電鐵富山

美女平・彌陀原

森林浴百選vs最大高原濕地

美女平海拔約977公尺，最著名景點就是車站旁的「美女杉」。美女平附近是多種鳥類棲息的原生林，曾入選日本森林浴百選。往上到1,900公尺高的彌陀原，是日本最大的高原濕地，許多人會在這裡中途下車沿著遊步道健行。

高原巴士，從美女平經▶
彌陀原、天狗平開往室堂，需時50分鐘，海拔高度差1,500公尺

▼彌陀原有遊步道可健行，秋季的草原變成一片金黃色

室堂

離星星最近的車站，
尋找幸福雷鳥

室堂海拔2,450公尺，號稱離星星最近的車站，有個簡易郵便局，這裡寄出的明信片會蓋上立山限定的風景郵戳，很有紀念價值。御庫裏池(みくりが池)是火口湖，長年白雪覆蓋，只有7～10月才看得到蔚藍池面倒映立山雄姿美景。

室堂附近約有240隻「雷鳥」，自古以來被視為「神之使者」，會隨季節改變羽毛的顏色，平時不易被人發現，5～6月看到的機率最高，據說看到雷鳥的人就會得到幸福喔！

1.可愛的雷鳥娃娃／2.「星の雫」是超人氣伴手禮／3.御庫裏池溫泉的手工起司蛋糕非常濃郁／4.雷鳥鑰匙圈／5.5～6月看到雷鳥的機率較高，身體為栗褐色，帶有不規則黑色斑紋，在落葉和枯草叢中形成保護色(照片提供／Shen)／6.夏季的御庫裏池

玩家提示　室堂住宿情報

多數旅客選擇1日橫貫立山黑部，但希望行程較輕鬆或是要登山的遊客可在室堂住1晚，只有4間住宿可選擇：

❶ 立山飯店(h-tateyama.alpen-route.co.jp)：連結室堂站，最方便但價位最高，不同季節有不同活動，如雪之大谷散策、尋找雷鳥、星空導覽等。

❷ 立山室堂山莊(www.murodou.co.jp)：室堂站徒步10分。

❸ 御庫裏池溫泉(www.mikuri.com)：室堂站徒步15分，日本最高海拔的天然溫泉，是祕湯守護協會認證的會員。

❹ 雷鳥莊(www.raichoso.com)：室堂站徒步30分(積雪時期可能要走1小時以上)。

雪之大谷

雪之大谷

期間限定的壯觀景色

　　每年4月中旬開山初期的雪之大谷，一直是旅遊的超級熱門景點。全長約500公尺，一半是步行者專用，另一半是高原巴士專用；從室堂車站走到雪之大谷的最高處大約要15分鐘。每年開山時，雪之大谷最高處的高度都不同，2017年較高，有19公尺，相當壯觀，而2016年因降雪量不多僅有13公尺，過去十年平均為15.9公尺。

雪之大谷的最高點會立牌標示

玩家提示　前往雪之大谷注意事項

　　雪之大谷期間為4月中旬～6月中下旬，但開山初期天氣不穩定可能遇到關閉，例如2017年開山第1天就因下雪而封閉。每天預計開放時間為09:30～15:15，但其實不一定，例如開山前幾天旅行團超多，直到傍晚5點多還能上山，6點多還有人在等車下山；也曾發生因除雪作業延遲到10:00才開放，有很多突發狀況難以預料，要看運氣。

　　4月中旬的雪之大谷氣溫約零度上下，但太陽出來時又有點熱，建議戴手套和毛帽預防手和臉凍傷。融雪的地方會有點滑，注意鞋子需防滑，如果只走雪之大谷，沒有要深入山區倒不一定要用到冰爪。最好戴太陽眼鏡，避免雪盲。

雪之大谷有一半步行者專用、另一半高原巴士專用

大觀峰

從黑部平觀景台欣賞秋季紅葉與空中纜車

飽覽黑部湖與立山連峰美景

大觀峰海拔2,316公尺，務必留些時間上展望台，從這裡可以眺望黑部湖及稍後要搭乘的空中纜車，風景很美。大觀峰限定的「鉄砲漬」，由蒟蒻包牛蒡製成，非常好吃，只有這一站才買得到喔！

1.大觀峰展望台遠眺積雪的立山連峰／2.立山隧道無軌電車，從室堂穿越立山主峰到大觀峰／3.鉄砲漬(¥670)／4.秋季紅葉與霧中朦朧的黑部湖

黑部平

觀賞空中纜車橫越山谷英姿

從大觀峰搭乘空中纜車到黑部平這7分鐘相當精采，阿爾卑斯山脈及黑部湖360度壯闊全景盡入眼簾。黑部平海拔1,828公尺，觀景台視野絕佳，能欣賞空中纜車上下移動的風景。車站旁的自然生態植物園種植許多高山植物，若有時間可以來走走。

▲蘋果冰淇淋

1.大觀峰～黑部平的空中纜車，高低落差約500公尺／2.黑部平～黑部湖的黑部登山纜車

黑部湖與黑部水庫

日本海拔最高的遊覽船與水庫

　　海拔1,455公尺的黑部湖是人工湖，其遊覽船是全日本標高最高的遊船，遊湖一圈約半小時。從黑部湖步行到下一站黑部水庫約15分鐘。黑部水庫是日本第一座、也是最大最高的拱形水庫，歷時7年才完工，電影《黑部的太陽》即描述這段艱鉅工程的感人故事。推薦爬上220層階梯的展望台，6～10月可觀賞如萬馬奔騰的水庫洩洪，令人震撼不已。黑部水庫餐廳是不錯的景觀餐廳，招牌料理「黑部水庫咖哩飯」(黑部ダムカレー)，以白飯為水壩造型，咖哩為湖水景色，頗有創意。

1.可樂餅綠咖哩飯(黑部ダムカレー)(¥1,080)／**2.**氣勢凌人的水庫洩洪／**3.**爬上展望台眺望水庫洩洪，10月還有峽谷紅葉美景／**4.**黑部水庫與黑部湖

扇澤

阿爾卑斯路線最後一站

　　扇澤是橫越立山黑部的最後一站。從扇澤前往松本須先搭乘巴士前往信濃大町再轉搭JR，或可搭乘巴士直接前往長野，注意每班車都有停信濃大町，但不是每班車都有停長野，務必先查好時刻表。

1.信濃大町的阿爾卑斯羅曼館，受理行李託運，本身是土產店／**2.**黑部水壩～扇澤的關電隧道無軌電車／**3.**扇澤～信濃大町或長野的巴士

木曾古道思古之幽情

"松本必訪國寶級古城,品嘗日本三大蕎麥麵"

今日
這樣玩

goo.gl/Qzwpho

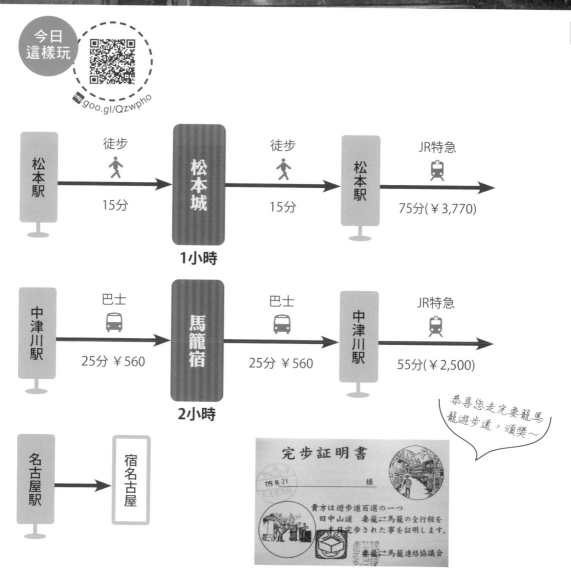

| 松本驛 | 徒步 15分 | 松本城 | 徒步 15分 | 松本驛 | JR特急 75分(￥3,770) |

1小時

| 中津川驛 | 巴士 25分 ￥560 | 馬籠宿 | 巴士 25分 ￥560 | 中津川驛 | JR特急 55分(￥2,500) |

2小時

| 名古屋驛 | → | 宿名古屋 |

恭喜您走完妻籠馬籠遊步道,頒獎~

完步証明書

'19.8.21　　　　様

貴方は遊歩道百選の一つ
旧中山道 妻籠⇄馬籠の全行程を
本日完歩された事を証明します。

妻籠⇄馬籠連絡協議会

松本城

城堡迷不容錯過的
國寶級古城

松本城與姬路城、彥根城、犬山城並稱為國寶四城，也是日本12座現存天守閣中最古老的城堡，加上從未受戰火破壞，保有400多年的原始樣貌，更是彌足珍貴。因外觀漆黑，有「烏城」之別稱，蔚藍晴空下，護城河的城堡倒影與朱紅色欄杆橋構成一幅絕美畫面，每逢楓葉或櫻花盛開，更添詩意。

{Info}

✉ 長野縣松本市丸の内4-1 🕐 08:30～17:00，黃金週及暑假旺季08:00～18:00 💲 大人￥610、中小學生￥300 ➡ JR松本駅徒步15分 http www.matsumoto-castle.jp

紅葉及紅欄杆橋相襯的松本城(照片提供／神久鈴九)

夜晚倒映於水面的松本城比白天更加明耀動人(照片提供／Shen)

盛よし ❌

古民宅改建的平價美味洋食屋

店內為溫暖色調的木質裝潢，供應鐵板豬排、咖哩飯、炸蝦飯等洋食料理，食材相當講究，豬排厚又軟嫩，炸蝦Q彈紮實，分量吃得飽，價位約日幣千圓左右，是松本車站附近CP值相當高的優質好店。

{Info}

✉ 長野縣松本市深志2-1-21 📞 0263-36-2903 🕐 平日11:00～15:00、17:30～21:30，週日11:00～21:00，週二公休 ➡ JR松本駅徒步4分

豆知識　日本三大蕎麥麵

長野縣的戶隱蕎麥麵、島根縣的出雲蕎麥麵、岩手縣的碗子蕎麥麵，並稱為日本三大蕎麥麵。松本是長野縣的第二大都市，街上到處可見蕎麥麵店，香氣十足又富有嚼勁的手打蕎麥麵，等你來品嘗！

天婦羅蕎麥麵定食(照片提供／Shen)

炸蝦飯(照片提供／神久鈴九)

鐵板豬排飯(照片提供／神久鈴九)

馬籠宿

木曾古道最南的驛站

德川幕府成立後開始修建連結江戶到京都的驛道，其中最大的2條分別是海線的「東海道」和山線的「中山道」。中山道全長約540公里，沿途共有69處驛站且稱為「中山道六十九次」，穿越長野縣木曾山脈這一段路稱為「木曾路」，木曾路最南的2個驛站就是妻籠宿、馬籠宿。

馬籠宿是「中山道六十九次」的第43個驛站，也是信濃國境內木曾11宿中位置最南的一個，位於岐阜縣中津川市。整條老街都是石坂坡道，古色古香的土產店、喫茶店散布其間，只可惜過去曾發生2次大火，很多都是災後重建的建築物。

{Info}

馬籠觀光協會

岐阜県中津川市馬籠4300-1
0573-69-2336
08:30～17:00
JR中津川車站搭乘巴士約25分於「馬籠宿」下車
http www.kiso-magome.com

1〜3.馬籠宿處處充滿江戶懷舊風情／4.名物「五平餅」，品嘗醬油與糯米微焦的香味／5.烤仙貝／6.馬籠郵便局／7.馬籠茶屋／8.紀念明治時代知名小說家與詩人島崎藤村的「藤村紀念館」，其長篇小說《夜明け前》即以故鄉馬籠作為舞台／9.馬籠的猴寶寶／10.古樸的土產店及餐館

5日
(附佐渡島2日自駕遊)

山·海·大·自·然
泡古老別所名湯
從生態古蹟走進電影時空

四季自然生態豐富的長野縣，也保有許多歷史文化遺跡，
參拜國寶級善光寺，到彌彥神社求良緣，再到上田城瞻仰戰國名將英姿。
搭乘移動美術館的現美新幹線，來到諾貝爾文學家川端康成筆下的雪國，
品嘗日本品質最高的越光米，喝杯清酒，泡個暖湯，
最後渡海來到佐渡島，坐上千尋也曾搭乘的盆舟，墜入神隱少女的奇幻世界！

長野
國寶級寺院

別所溫泉
信州最古溫泉

上田
戰國名城

「雪國」日本畫の世界

越後湯澤
雪國

拜訪的
城市

村上
鮭魚故鄉

新潟
酒米之國

伊香保
石段溫泉街

甲信越
こうしんえつ

古地名的甲斐、信濃、越後，相當於現今的山梨、長野、新潟縣。從東京前往長野或新潟時，中途會經過群馬縣，可順道一遊。

長野縣

位於有日本屋脊之稱的中央高地上，境內多高山、高原，自然生態豐富，冬季為滑雪勝地。國寶級善光寺是長野首要地標，上田城為戰國時代真田家族名城，也是賞櫻名勝，鄰近的別所溫泉是個保留許多文化遺產的千年古湯。其他如松本城、上高地、諏訪湖、輕井澤、地獄谷野猿公苑的猴子泡溫泉等，都是長野縣知名景點。

新潟縣

緊鄰日本海，是知名的稻米及清酒產地。新潟市是最繁榮的行政區，自江戶流傳至今的「古町藝妓」名列日本三大藝妓。彌彥神社是知名的結緣神社，彌彥山可眺望越後平野美景。越後湯澤是川端康成《雪國》故事場景，越後湯澤溫泉、苗場滑雪場都是熱門景點。村上市是鮭魚的故鄉，城下町保留不少歷史町屋，瀨波海岸可邊泡溫泉邊欣賞日本海最美落日。高田公園櫻花祭最為誘人，名列日本三大夜櫻。新潟外海的佐渡島，島上可體驗《神隱少女》中的「盆舟」，佐渡金山為日本最大礦山。

群馬縣

境內有許多名山和溫泉，草津、伊香保、萬座、水上溫泉都是夙負盛名的溫泉鄉。伊香保是日本人相當喜愛的古老溫泉鄉，位於有「榛名小富士」之稱的榛名山山腰，風景秀麗，還能品嘗名列日本三大烏龍麵的水澤烏龍麵。

1.新潟縣月岡溫泉素有「美人湯」之稱／2.山梨縣武田神社供奉戰國時代軍神武田信玄 (照片提供／神久鈴九)／3.諏訪湖為長野縣內最大湖泊 (照片提供／神久鈴九)／4.群馬縣草津溫泉為日本三大溫泉之首，以「湯畑」為中心，四周為溫泉街／5.佐渡島的矢島經島盆舟體驗／6.春日山的毘沙門堂是戰國名將上杉謙信出兵前冥想之處

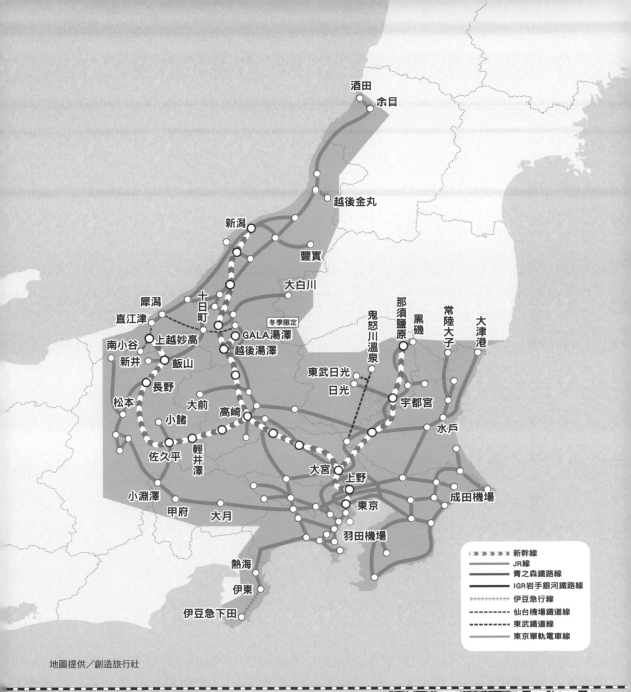

酒田
余目
越後金丸
新潟
豐實
大白川
那須鹽原
鬼怒川溫泉
黑磯
常陸大子
大津港
犀潟
十日町
直江津
上越妙高
GALA湯澤
冬季限定
越後湯澤
東武日光
南小谷
新井
飯山
日光
宇都宮
長野
大前
松本
小諸
高崎
水戶
佐久平
輕井澤
小淵澤
甲府
大月
大宮
上野
成田機場
東京
羽田機場
熱海
伊東
伊豆急下田

新幹線
JR線
青之森鐵路線
IGR岩手銀河鐵路線
伊豆急行線
仙台機場鐵道線
東武鐵道線
東京單軌電車線

地圖提供／創造旅行社

177

東日本鐵路周遊券──長野·新潟地區資訊

這張票券主要是用於JR東日本包含東京都、關東、長野、新潟等地區,為5天機動票,14天內任選5天使用即可,相當便利,適合天數長的旅行,在移動距離短或定點城市停留的日子就不需使用票券。

票價

於海外旅行社事先購買¥17,000,日本當地購買¥18,000,兒童(6~11歲)半價。

使用期間

自起始日起14天內,任選5天使用。

使用範圍

可不限次數在使用日自由搭乘使用範圍內的新幹線、特急、快速、普通列車,包含JR東日本線全線、伊豆急行線全線、北越急行線全線、越後TOKImeki鐵道(直江津~新井區間)、東京單軌電車全線,以及JR東日本與東武鐵道共用軌道的「日光號」、「SPACIA日光號」、「鬼怒川號」、「SPACIA鬼怒川號」,及東武鐵道下今市至東武日光、鬼怒川溫泉的列車。

注意事項

1. 不能搭乘JR巴士。
2. 新幹線僅能搭乘東日本範圍,不能搭乘東海道新幹線。
3. 搭乘指定席需提前至JR東日本車站的售票處或旅遊服務中心劃位,或可事先網路預約再提前取票。

官網

 www.jreast.co.jp/tc/eastpass_n (中文版)

上田電鐵別所溫泉站

購票方式

購票方式	兌換地點
先在海外的旅行社購買兌換券,再到指定地點兌換	JR東日本旅行服務中心(成田機場、羽田機場國際線、東京站丸之內北口、新宿站新南口、池袋);旅行服務中心(橫濱、水戶、長野、新潟);資訊服務中心(品川站中央口、上野站中央口、新宿站東口、澀谷站南口)
日本當地購買	JR東日本旅行服務中心(成田機場、羽田機場國際線、東京站丸之內北口、新宿站新南口、池袋);旅行服務中心(品川、上野、澀谷、橫濱、水戶、長野、新潟)

註:成田機場與JR東日本旅行服務中心的營業時間不同,也可於JR售票處購票;每個地方營業時間不同,務必事先查清楚。

機場交通

成田國際機場

可從成田機場搭車至上野或東京,再轉乘新幹線前往長野或新潟。東京到長野約90分¥7,680、到新潟約130分鐘¥10,050。

村上車站

身心靈皆獲得滿足的療癒之旅

"參拜此生必訪善光寺，信州最古別所泡湯"

今日
這樣玩

goo.gl/G9otY6

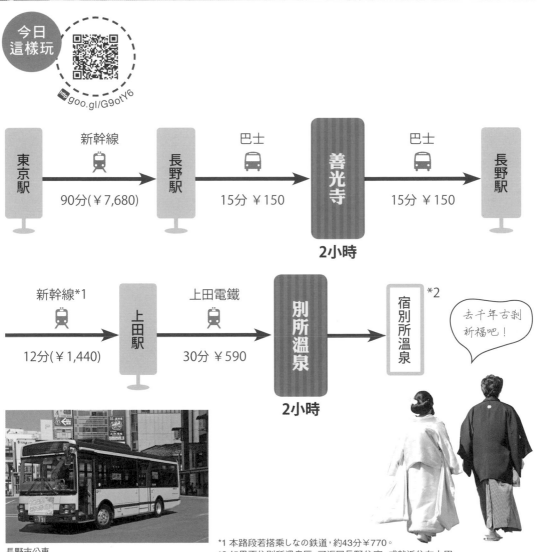

| 東京駅 | →新幹線🚄
90分(￥7,680) | 長野駅 | →巴士🚌
15分 ￥150 | 善光寺 | →巴士🚌
15分 ￥150 | 長野駅 |

2小時（善光寺）

| | →新幹線*1🚄
12分(￥1,440) | 上田駅 | →上田電鐵🚄
30分 ￥590 | 別所溫泉 | → | 宿別所溫泉 *2 |

2小時（別所溫泉）

去千年古剎祈福吧！

長野市公車

*1 本路段若搭乘しなの鉄道，約43分￥770。
*2 如果不住別所溫泉區，可返回長野住宿，或就近住在上田。

善光寺

一生一定要參拜一次的寺院

善光寺是位於長野市的佛教寺院，主要供奉阿彌陀如來，是日本人一生一定要來參拜一次的寺院(一生に一度は善光寺詣り)，每年吸引數百萬人次參訪。善光寺有1,400年以上的歷史，但因位居戰國時代武田信玄與上杉謙信的主要戰場，寺院受到戰爭波及部分燒毀，佛像也被帶到各地流浪多年後才又回到善光寺，目前看到的規模大致上是在江戶時代約1707年重建而成。

1

{Info}

✉ 長野市大字長野元善町491-イ ☎ 026-234-3591 ⏰ 善光寺史料館及山門 09:00～16:00，本堂內陣每天不同，請查詢官網上的月曆 💲 參觀本堂內陣、戒壇、善光寺史料館需購買「內陣券」，大人及大學生￥500、高中生￥200、小學生￥50；山門拜觀需付費價格同上 ➡ 由長野車站搭乘巴士約15分於「善光寺大門」下車，步行約10分 http www.zenkoji.jp

1.善光寺售有特殊的閻魔守／2.善光寺本堂／3.善光寺參道兩旁商家林立，有時候可巧遇日本新婚夫妻外拍／4.善光寺的朱印帳及帳袋有多種不同款式／5.善光寺的朱印因不同月分而異／6.善光寺繪馬／7.善光寺郵便局

長野伴手禮特搜

長野縣屬於內陸縣，古名「信州」，四處可見標榜販售「信州土產」的店。與長野車站相通的「MI DO RI」2樓的「信州おみやげ參道」是最佳採購伴手禮處，其他如車站對面土產店、東急百貨地下街、善光寺參道兩側商家等，也有販售各式伴手禮。

▲小布施堂以栗子相關產品聞名

▲「りんごの木」販售的蘋果派

▲りんご乙女，為蘋果薄片餅乾

▲信州老鋪「高橋」販售各種漬物

▲長野縣產蘋果汁

▲千曲製菓まるごと りんご パイ，內為一顆蜜漬蘋果

▲長野名物おやき，外皮似水煎包，裡面包有各種不同內餡

▲野澤菜為信州名產

▲戶隱蕎麥素有名氣

與長野車站相通的「MI DO RI」2樓的信州おみやげ參道有各式伴手禮
▼

▲おやき外皮為小麥或蕎麥粉製，有各式內餡如野澤菜、紅豆等

{Info}
MI DO RI
✉ 長野縣長野市南千歲1-22-6 ☎ 026-224-1515 🕐 10:00～20:00 (信州おみやげ參道ORAHO) ➡ 與長野車站相通 http
www.eki-midori.com/nagano

別所溫泉

信州最古老的溫泉區

　　別所溫泉位於上田市西南方，據傳開湯已有1,000多年，是信州最古老的溫泉。溫泉區內共有3個外湯，包括「大湯」(木曾義仲ゆかり葵の湯)、「大師湯」(慈覚大師ゆかりの湯)、「石湯」(真田幸村隱しの湯)，各有其歷史故事。此外，這裡也有不少文化遺產，由平安時代初期比叡山延曆寺座主慈覺大師開創的「北向觀音堂」以厄除觀音聞名、「安樂寺」與鎌倉建長寺並列日本最古臨濟禪宗寺院、安樂寺內日本唯一的「木造八角三重塔」已列為國寶、「常樂寺」為北向觀音的本坊、常樂寺內的「石造多寶塔」為國家指定重要文化財。

{Info}

✉ 長野縣上田市別所溫泉1853-3　📞 0268-38-3510　➡ 由上田站搭乘「上田電鐵別所線」約30分於「別所溫泉」下車 http www.bessho-spa.jp

別所溫泉車站

北向觀音堂

1.大湯／2.大師湯／3.石湯／4.常樂寺／5.常樂寺內的石造多寶塔／6.安樂寺內的木造八角三重塔

もみじ茶屋 ⊗

信州鄉土料理居酒屋

ざるそば￥730(蕎麥麵)

長野車站對面巷弄中有不少居酒屋，其中「もみじ茶屋」販售著各式各樣信州的鄉土料理及地酒，最具人氣的是手打的蕎麥麵。店主出身長野縣蕎麥麵知名產地戶隱，不論是蕎麥麵、各種山菜、菌菇類等都是精選過的食材。

1.店家外觀／**2.**店家內部／**3.**ふきのとう天ぷら￥600 (炸蕗花芽)／**4.**純米濁酒「川中島」￥550

{Info}

✉ 長野市南長野南石堂町1368-9 ☎ 026-223-7135 ⏰ 17:00～23:00，週日公休 ➡ JR長野站善光寺口步行約5分
🔗 tabelog.com/nagano/A2001/A200101/20000924

中松屋 💤

超過280年歷史的溫泉旅館

別所溫泉的旅館「中松屋」，創業於江戶時代，已歷經9代、有280年以上的歷史。全館皆為榻榻米，一進入玄關就要脫鞋。旅館約有20多間房間，大小皆為10疊榻榻米以上；另有3間古民家風特別室。晚餐食材依季節選用各種長野縣在地食材，如信州山菜、信州鮭魚、信州和牛等，白飯選用產自長野縣東御市八重原的無農藥米。大浴場位於頂樓，可展望上信越國立公園及上田盆地，旅館的溫泉100%引自天然源泉，別所溫泉泉質為弱鹼性的單純硫磺溫泉，有「美肌の湯」之稱。

{Info}

✉ 長野縣上田市別所溫泉1627 ☎ 0268-38-3123 💲 1泊2食每人約￥10,000～￥22,000 ➡ 別所溫泉車站步行約10分；或可預約接送 🔗 www.nakamatuya.com

1.旅館中松屋外觀／**2.**玄關上方有來訪名人簽名／**3.**晚餐會席料理／**4.**房間內欣賞上田市日景／**5.**房間內欣賞上田市夜景

親臨著名大河劇與小說中的場景

"上田訪歷史名城,越後湯澤雪國散策"

今日
這樣玩

goo.gl/G9otY6

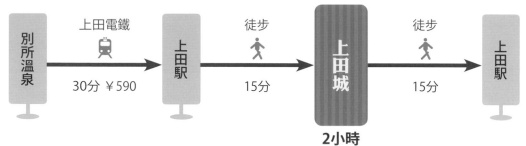

| 別所溫泉 | 上田電鐵 30分 ¥590 | 上田駅 | 徒步 15分 | 上田城 2小時 | 徒步 15分 | 上田駅 |

| | 新幹線*1 80分(¥6,700) | 越後湯澤 2小時 | 新幹線 47分(¥4,860) | 新潟駅 | | 宿新潟 *2 |

上田車站

*1 上田前往越後湯澤,需在高崎站轉車。
*2 或可考慮留宿越後湯澤溫泉區。

上田城

真田家三代的歷史名城

上田城於1583年由真田昌幸築城，歷經兩次真田家擊退德川家大軍的上田合戰，是日本戰國史上赫赫有名的名城。2016年大河劇《真田丸》播出後，人氣更是直線上升。每年4月櫻花盛開時舉辦的「上田城千本桜まつり」，吸引不少賞櫻人潮前往參觀。

{Info}

✉ 長野縣上田市二の丸6263番地イ ☎ 0268-71-6074 🕐 上田城‧上田城跡公園無開園閉園時間；櫓‧博物館08:30～17:00，週三公休 💲 上田城‧上田城跡公園免費；上田城南櫓‧北櫓‧櫓門￥300；市立博物館常設展￥300；共通券￥500 ➡ 由東京站搭乘新幹線約85分於「上田」下車，步行約15分 http www.ueda-cb.gr.jp/uedajo

1.上田車站前的真田幸村公像／**2.**上田城北櫓外的枝垂櫻／**3.**櫻花盛開時的夜間點燈／**4.**上田城跡公園內的真田神社

とんかつ 力亭 ⊗

繼承上野双葉炸豬排的美味店舖

上田車站附近的「とんかつ 力亭」，以美味的炸豬排聞名，餐點為現點現做需稍候。店主曾於「とんかつ御三家」之稱的上野双葉修行，店中可見双葉贈送的暖簾。

{Info}

✉ 長野縣上田市天神1-2-32 ☎ 0268-22-8938 🕐 11:00～14:00，17:00～21:00，週一公休 ➡ 上田站お城口步行約3分 http tabelog.com/nagano/A2004/A200401/20005756

店家外觀

ヒレカツ定食▶
￥1,600(里肌豬排定食)

185

越後湯澤(越後湯沢)

《雪國》故事場景

「国境の長いトンネルを抜けると雪国であった。」(穿過縣境長長的隧道,便是雪國。) 越後湯澤位於新潟縣的最南端,和長野縣及群馬縣相接,是諾貝爾獎小說家川端康成《雪國》故事的場景。車站本身就是一個大型賣場「CoCoLo湯沢」,販售各式各樣在地名產,最知名的莫過於南魚沼產越光米和清酒,也有餐廳、清酒博物館、酒溫泉等。附近的越後湯澤溫泉、苗場滑雪場等都是熱門景點。

{Info}

✉ 新潟県南魚沼郡湯沢町湯沢2427-1 ☎ 025-785-5505(湯沢町観光協会) ➡ 由東京站搭乘新幹線約70分;或由新潟站搭乘新幹線約50分 http www.e-yuzawa.gr.jp(湯沢町観光協会)

川端康成「雪國」

溫泉街上「雪國館」內展示「雪國」故事主角「駒子」的房間

車站內的越乃室清酒博物館有上百種清酒,可以500日幣換取5枚代幣試喝5款

1.名物「爆彈飯糰」/2.へぎそば(片木箱裝蕎麥麵)名店「越後十日町小嶋屋」在湯澤車站有分店,照片中為5人份

車站內的賣場各種特產應有盡有

感受「鮭。酒。人情」的魅力
"村上城下町漫步，瀨波海岸賞最美夕陽"

今日這樣玩

goo.gl/G9otY6

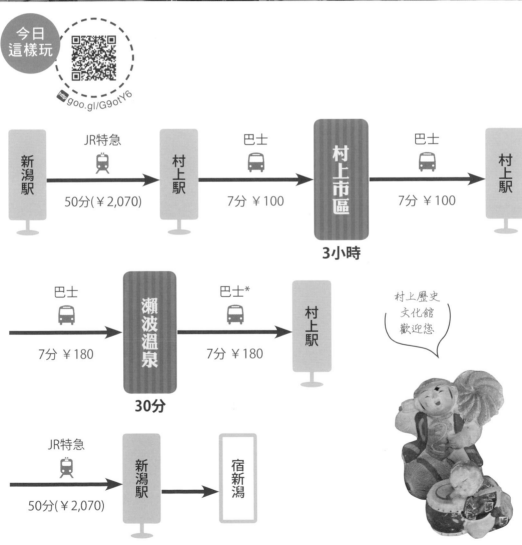

新潟駅 ──JR特急── 50分(￥2,070) ──→ 村上駅 ──巴士── 7分 ￥100 ──→ 村上市區 **3小時** ──巴士── 7分 ￥100 ──→ 村上駅

──巴士── 7分 ￥180 ──→ 瀨波溫泉 **30分** ──巴士*── 7分 ￥180 ──→ 村上駅

──JR特急── 50分(￥2,070) ──→ 新潟駅 ──→ 宿新潟

村上歷史文化館歡迎您

* 6～7月的落日時間較晚，須注意最晚一班回村上站的巴士約為19:05。

旅遊案內所
出發前先了解的事

村上車站

まちなか循環バス

「鮭。酒。人情」村上市
搭乘循環巴士遊覽重要景點

位於新潟縣最北邊的村上市，面向日本海，以「鮭。酒。人情」做號召帶動觀光，城下町保留許多百年以上的町屋。村上市是鮭魚的故鄉，自平安時代就有獻上鮭魚至京都王室的紀錄，每年10～12月鮭魚沿著三面川逆流而上產卵，村上是世界最初成功人工增殖鮭魚的地方，豐富的鮭魚產量也成為主要收入來源。

可搭乘循環公車「まちなか循環バス」遊覽市區重要景點，繞大圈的每天5班、繞小圈的每天10班，每次搭乘¥100，如會使用3次以上可購買1日券¥300，1日券還可搭乘前往瀨波溫泉的「せなみ巡回バス」。

http 村上市觀光情報：www.sake3.com
http 村上市公車：www.city.murakami.lg.jp/soshiki/13/machinaka-bus.html

村上城下町街景

村上の千年鮭 きっかわ

參觀村上專屬的「塩引鮭」

村上的鮭魚料理有上百種，其中最具特色的「塩引鮭」是將鹽漬鮭魚吊在町屋發酵風乾製作，是村上市的特殊景象。有百年以上歷史的町屋「きっかわ」，因女星吉永小百合曾來此攝影，吸引不少遊客前往。店內除了販售各項鮭魚料理及鮭魚製品，還可參觀製作「塩引鮭」的房間，經營的鮭魚料理餐廳「千年鮭 井筒屋」也在附近。

各種鮭魚製品

{Info}
✉ 新潟縣村上市大町1-20
☎ 0254-53-2213 🕐 09:00
～18:00 🚃 JR村上車站搭乘公車約7分於「村上小學校」下車步行約3分 http
www.murakamisake.com

著名的「塩引鮭」

店家為百年歷史的町屋

村上市鄉土資料館·若林家住宅·村上歷史文化館

村上城下町歷史散策

村上市鄉土資料館又名「おしゃぎり会館」，展示村上大祭的祭典山車及歷代村上城主相關歷史資料。若林家住宅為國家指定重要文化財，是茅葺造的平屋武家屋敷，可參觀內部住宅及外部庭園。村上歷史文化館，外觀參考明治時代後期病院所設計，內有村上市典藏的各種民俗資料及歷史資料。

{Info}

✉ 新潟県村上市三之町7-9 ☎ 0254-52-1347 🕐 09:00～16:30 💲 三館共通券￥500
➡ 村上車站搭乘公車約7分於「村上小町郵便局前」下車步行約3分 http www.iwafune.
ne.jp/~osyagiri

1.村上歷史文化館外觀／2.村上歷史文化館內的人形展示／3.若林家住宅為武家屋敷，外部有庭園(照片提供／Baozi)／4.村上市鄉土資料館內展示村上大祭的祭典山車／5.若林家住宅外觀

江戶庄

村上牛專門料理店

村上牛是新潟縣內最高級的和牛，由嚴選的良質素牛飼養約2年越光米稻藁及乾草，配合風光明媚的土地環境、豐富的人情交織孕育出的高級黑毛和牛。販售村上牛的專門料理店「江戶庄」，店家本身也是町屋建築，販售料理有丼飯、牛排、壽喜燒、涮涮鍋等。

店家外觀

村上牛生牛排丼【上】 ¥2,500

村上牛牛排丼 ¥2,500

{Info}
✉ 新潟県村上市大町2-17 📞 0254-50-1181 🕐 11:00～14:00，17:00～20:00 ➡ 村上車站搭乘公車約7分於「村上小學校」下車步行約1分 🌐 www.edoshow.com

瀨波溫泉 汐美莊 🛏

欣賞日本海最美落日

瀨波溫泉位於村上市，開湯已有百年歷史，屬於塩化物泉。建於瀨波海岸線上的溫泉旅館「汐美莊」，全部房間及大浴場皆面向日本海，可邊泡溫泉邊欣賞日本海的落日美景，曾被日本經濟新聞評選為全國第一的夕陽最美旅館，不論是日歸泡湯或是在此留宿一晚，都是高級享受。特定日期晚餐可選擇吃到飽，其他則有村上牛、鮑魚、甘鯛、越乃黃金豚等不同會席料理提供選擇。

在大浴場邊泡溫泉邊欣賞夕陽 (照片提供／汐美莊旅館)

{Info}
✉ 新潟県村上市瀨波溫泉 📞 0254-53-4288 ➡ 村上車站搭乘巴士約7分，於「瀨波溫泉前」站下車
🌐 www.senami.or.jp、www.shiomiso.co.jp

每個房間都面海，可欣賞落日 (照片提供／汐美莊旅館)

結良緣・覓美食・愜意一日遊

"彌彦神社求良緣，新潟市悠閒半日旅"

今日
這樣玩

goo.gl/G9otY6

彌彦神社戀愛御守

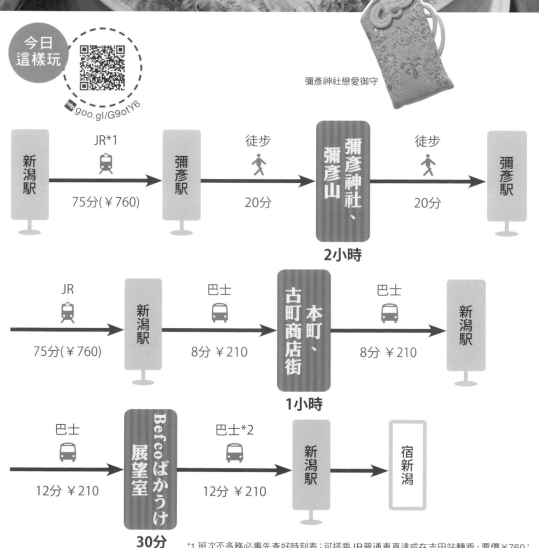

新潟駅 → JR*1 → 彌彦駅 → 徒步 → 彌彦神社、彌彦山 → 徒步 → 彌彦駅
75分（¥760）　20分　　　2小時　　20分

→ JR → 新潟駅 → 巴士 → 本町、古町商店街 → 巴士 → 新潟駅
75分（¥760）　　8分 ¥210　　1小時　　8分 ¥210

→ 巴士 → Befcoばかうけ展望室 → 巴士*2 → 新潟駅 → 宿新潟
12分 ¥210　　30分　　12分 ¥210

*1 班次不多務必事先查好時刻表；可搭乘JR普通車直達或在吉田站轉乘，票價¥760；或可搭乘新幹線至燕三條轉乘JR普通車直達或在吉田站轉乘，票價¥1,830。
*2 最後一班公車約為18:45，若看完夜景時間太晚要回新潟車站，需步行約25分或搭計程車。

彌彥神社·彌彥山 (弥彦神社、弥彦山)

全國知名結緣神社

彌彥神社有「越後一宮」之稱，祭祀天照大神的曾孫天香山命，是日本相當知名的結緣神社，吸引不少人來此祈求姻緣。可搭乘纜車上彌彥山，眺望越後平野及佐渡島美景。附近的店鋪「割烹お食事 吉田屋」，販售著新潟在地的鄉土料理「わっぱ飯」，外盒是以杉木薄板製成的圓形便當盒，內容物主要是炊飯加上鮭魚及鮭魚卵。

彌彥神社的緣結繪馬

戀愛御守

彌彥神社本殿

山上販售含有越光米米粒的冰淇淋

越後平原景色盡收眼底

{Info}

✉ 新潟県西蒲原郡弥彦村弥彦2887-2
☎ 0256-94-2001 💲 登山纜車大人來回票￥1,200 ➡ 新潟車站搭乘JR約75分，於「弥彦」站下車步行約20分 http
www.oyahikosama100nen.com

吉田屋的鄉土料理「わっぱ飯膳」￥1,500

彌彥車站

彌彥山標高634公尺

新潟車站美食特搜

▶▶浦咲ラーメン駅前
含飛魚湯頭的拉麵

新潟車站附近頗受好評的拉麵店，店內僅有16席座位。人氣第一的是含飛魚湯頭的「焼あごラーメン」，可選擇鹽味或醬油，人氣第二是含蝦子的「潮ラーメン」。

◀潮ラーメン ¥790

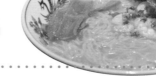
▼焼あごラーメン ¥880

{Info}

 新潟市中央区東大通1-5-7 📞 025-247-2205 🕐 11:30～14:30(週一公休)，18:00～03:00 ➡ 新潟車站步行約5分 http tabelog.com/niigata/A1501/A150101/15010749

▶▶千代鮨
車站附近的握壽司老鋪

新潟擁有日本產量及品質最佳的稻米、豐富新鮮的魚種，最適合品嘗的料理莫過於握壽司了。自2007年起，各店鋪共同推出「極み」菜單，只要¥3,000就可享用10貫握壽司及1碗湯，魚種視季節可能有所不同。

「千代鮨」是位於新潟車站附近的握壽司老鋪，有各種新鮮的單點或握壽司套餐，也提供「極み」菜單，還有知名的各式越後地酒。

◀10貫握壽司「極み」¥3,000

▲店家外觀

{Info}

 新潟市中央区東大通1-5-26 📞 025-245-6727 🕐 11:30～24:00 ➡ 新潟車站步行約5分 http tabelog.com/niigata/A1501/A150101/15008683、www.sushi-kiwami.com

---

▶▶えびす鯛
品嘗真鯛釜飯

在新潟擁有多家居酒屋的「よね蔵」集團，旗下店家「えびす鯛」位於新潟車站附近，提供各式釜飯、鄉土料理、村上牛、炭火燒、握壽司、越後地酒等選擇，其中招牌料理為真鯛釜飯放入土鍋炊煮的「真鯛の釜戸炊き土鍋ご飯」，非常美味。

▲店內環境

▼新潟鄉土料理「のっぺ」¥580

▲店家招牌料理「真鯛の釜戸炊き土鍋ご飯」¥1,980

{Info}

📧 新潟市中央区弁天1-3-3 📞 025-255-5522 🕐 17:00～24:00 ➡ 新潟車站步行約5分 http www.yonekura-group.jp/ebisu

新潟市本町、古町

繁華中心商店街

商店街

橫跨信濃川兩側的萬代橋，是新潟市的地標，從新潟車站側跨越萬代橋，即進入繁華的本町及古町區域。本町商店街有各式各樣商店，尤其有許多新鮮的蔬果類；古町地區自江戶時代留存至今，最知名的是和京都祇園及東京新橋並稱「日本三大藝妓」的「古町藝妓」，目前仍存有料亭及演藝場。

萬代橋與信濃川

{Info}

📧 由新潟車站前搭乘巴士約8分，於「本町」或「古町」下車
🔗 www.niigata-furumachi.jp

Befcoばかうけ展望室

眺望新潟市街景色

位於新潟最高建築「朱鷺メッセ」31樓的展望室，免費對外開放，樓下為日航飯店及商業大樓，可眺望新潟市街、日本海、佐渡島、五頭連峰等景色。

展望台眺望新潟夜景

{Info}

📧 新潟市中央区万代島5-1　📞 025-240-1888　🕐 08:00～22:00(週五只到17:00)　➡ 由新潟車站前搭乘巴士約12分，於「朱鷺メッセ」下車；或徒步約30分　🔗 www.hotelnikkoniigata.jp/observatory

---

新潟伴手禮特搜

新潟有「酒米之國」的稱號，最著名的伴手禮就是越光米、米菓類製品及各種清酒，絕大多數伴手禮都可於新潟車站及越後湯澤車站相通的CoCoLo選購，應有盡有。

▲新潟產的清酒馳名全日本，酒廠至少百家以上

▲不同風味的レルヒさん咖哩

▲笹だんご(竹葉糰子)，以竹葉包裹著豆沙餡的糰子

▲以佐渡島瀕臨絕種的「朱鷺」造型設計的各種商品

▶ 岩船產的越光米是新潟最知名的米之一

{Info}

CoCoLo

🔗 www.cocolo-station.jp

▼浪花屋的米菓「柿の種」

人氣溫泉鄉與
美味烏龍麵的雙重饗宴
"伊香保溫泉泡名湯，逛石段老街"

今日
這樣玩

goo.gl/G9otY6

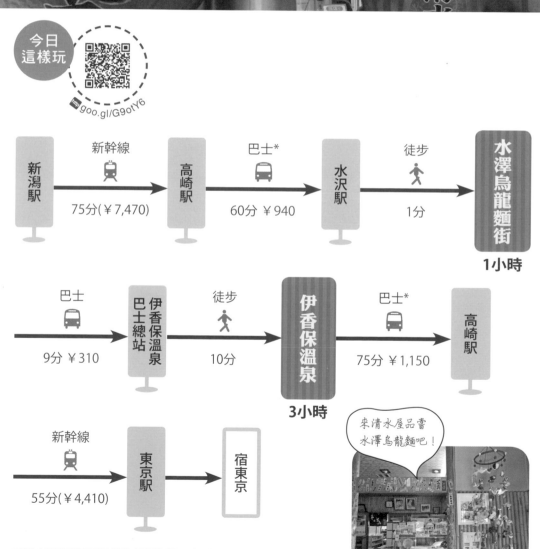

| 新潟駅 | →新幹線🚄 75分(￥7,470) | 高崎駅 | →巴士*🚌 60分 ￥940 | 水沢駅 | →徒步🚶 1分 | 水澤烏龍麵街 1小時 |

| →巴士🚌 9分 ￥310 | 伊香保溫泉巴士總站 | →徒步🚶 10分 | 伊香保溫泉 3小時 | →巴士*🚌 75分 ￥1,150 | 高崎駅 |

| →新幹線🚄 55分(￥4,410) | 東京駅 | → | 宿東京 |

來清水屋品嘗
水澤烏龍麵吧！

* 若先在高崎駅搭JR到渋川駅，再轉搭群馬巴士前往伊香保或水澤，約可節省
　一半巴士費用，但要多轉一次車較為麻煩。

伊香保溫泉

日本第一個溫泉都市觀光區

　　石段街是伊香保的象徵，共365個石階，階面上刻有詩句，站在最底下往上看就能看到整首詩歌，石階兩旁盡是歷史悠久的商家，爬到最頂端是供奉醫療與溫泉之神的伊香保神社，求子、保佑安產、求戀愛運都很靈驗。伊香保溫泉與日本第一的草津溫泉並列群馬縣兩大名湯，有黃金之湯與白銀之湯2種泉質，除了溫泉旅館，也有公共浴池可泡湯，沿街還有許多免費足湯，可以坐在池邊泡泡腳聊聊天。加入黑糖製成的茶褐色「湯乃花饅頭」據說是所有溫泉饅頭的始祖，成了伊香保定番伴手禮。此外，漫步於石段街，地上不時有十二干支的石版印出現，記得找找自己的生肖在哪兒喔！

1.12生肖石版印／**2.**站在石階上眺望風景／**3.**有名的岸権旅館門口提供遊客免費足湯／**4.**湯乃花饅頭／**5.**販售蒟蒻串、甘酒及簡單定食的茶屋公共溫泉

{Info}

➡ JR高崎駅搭乘群馬巴士到伊香保溫泉下車，約75分鐘￥1,150；若由JR渋川駅出發約35分鐘￥620 🔗 伊香保溫泉：www.ikaho-kankou.com、群馬巴士：www.gunbus.co.jp

6.石段物語是有名的伊香保地酒／**7.**伊香保神社求子、求姻緣的御守及繪馬／**8.**公共溫泉／**9.**刻有詩句的石段街

清水屋 ⊗

店家外觀

水澤烏龍麵400年元祖老店

距伊香保溫泉僅4公里的水澤，是日本三大烏龍麵「水澤烏龍麵」起源地，短短一條街上有13間麵店，各具特色。創業400餘年的元祖店「清水屋」，堅持全手工製麵，天皇陛下及不少名人都曾蒞臨。既彈牙又滑溜的冷麵沾著胡麻醬吃，是最能展現麵體香Q味美的吃法。舞茸(菇類)也是當地特產，清燙白舞茸、熱炒黑舞茸都值得品嘗，尤其黑舞茸炒過之後更香更好吃，恰如其名地讓人吃了開心到想跳舞哦！

{Info}

✉ 群馬縣渋川市伊香保町水澤204 📞 0279-72-3020 🕐 11:00～17:00，週四公休 ➡ JR高崎駅搭乘群馬巴士到「水沢」下車，約60分鐘￥940；若由JR渋川駅出發約20分鐘￥460；伊香保溫泉搭乘巴士到「水沢」，約9分鐘￥310

1.店內很多群馬縣吉祥物達摩不倒翁／**2**.清燙白舞茸、熱炒黑舞茸／**3**.充滿和風味的用餐空間／**4**.水澤烏龍麵

榛名湖

{Info}

➡ JR高崎駅搭乘群馬巴士到榛名湖下車，約90分鐘￥1,100；伊香保溫泉搭乘巴士到榛名湖，約40分鐘￥820 http harunavi.jp

乘天鵝船遊高山湖，冬季看絢爛燈海

榛名湖冬日彩燈節

伊香保溫泉位於榛名山山腰海拔約700公尺處，再搭乘巴士到山頂就是榛名湖，標高1,084公尺，是日本第二高的湖泊。沿途山路驚險刺激，為電影《頭文字D》當中的「五連髮夾彎」取景地。榛名湖是個幽靜的高山湖，有天鵝船可遊湖，夏季為露營勝地，每年12月的點燈祭典，五光十色的燈飾將湖面點綴得異常夢幻。

高田公園
日本三大夜櫻之一

　　高田公園位於新潟縣上越市,前身高田城是德川家康六男松平忠輝公之居城,因火災燒毀後目前僅存三重櫓。高田公園周邊約種植有4,000株櫻花,每年4月上旬櫻花盛開時舉辦熱鬧的祭典,吸引上百萬人參觀,有「百萬觀櫻會」之稱。晚上點燈後更加吸引人,與上野恩賜公園及弘前城公園並稱「日本三大夜櫻」。

高田公園賞櫻期間有不少屋台

高田城與櫻花

高田公園盛開的櫻花

{Info}

✉ 新潟県上越市本城町44-1
📞 0596-43-2020 🕐 三重櫓
09:00～17:00,週一公休 💲 三
重櫓大人¥300 ➡ 由長野站搭
乘新幹線約20分於上越妙高站
轉乘えちごトキめき鉄道約6分
可抵達「高田站」,或由新潟搭
乘JR特急約120分抵達「高田
站」;前往高田公園徒步約15
分 http www.city.joetsu.niigata.
jp/soshiki/toshiseibi/takada-
park.html

夜間點燈之高田城

高田公園夜櫻

現美新幹線
移動的美術館

行駛於新潟市到越後湯澤之間的「現美新幹線」，僅行駛於每週六、日，每天往返各3班，6節車廂皆為不同的藝術家所設計，因此有「移動的美術館」之稱。僅有1節車廂為指定席，其他皆為自由席，可持JR東日本鐵路周遊券(長野、新潟地區)直接搭乘。

{Info}
http www.jreast.co.jp/tc/joyful/genbi.html
(中文版)

1.第12號車廂／2.第13號車廂／3.第11號車廂／4.第15號車廂／5.第14號車廂

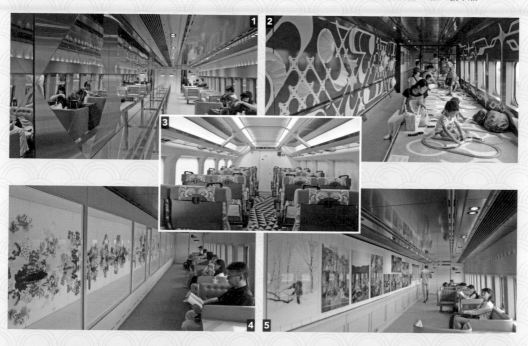

豆知識　什麼是「精米步合」？

日本清酒根據「精米步合」及有無添加酒精而有多種分類。所謂「精米步合」指的是將釀造用酒米慢慢磨去外層後所剩最精華的米芯比例，磨去越多、雜味越低、製成的酒越香醇、通常價格也越昂貴，例如眾人熟知的山口縣產清酒「獺祭二割三分」，為精米步合23%的純米大吟釀，由僅留下23%米芯的酒米製成。每種酒各有其風味及適合搭配的料理，並非精米步合越低、越貴的酒就越好喝。適合釀造的酒米也有很多種，例如「山田錦」、「五百万石」、「越淡麗」等都是知名的酒米。

精米步合	無添加酒精	添加酒精
50%以下	純米大吟釀	大吟釀
60%以下	純米吟釀	吟釀
70%以下	純米	本釀造

不同精米度的酒米　　　獺祭二割三分

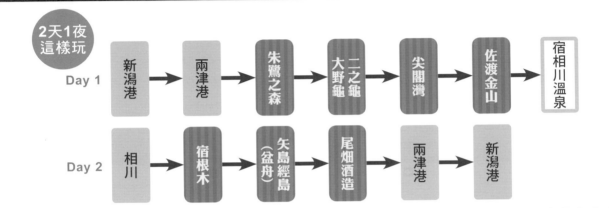

佐渡島自駕2日遊

"佐渡金山重返挖礦歲月，《神隱少女》盆舟體驗"

2天1夜這樣玩

Day 1　新潟港 → 兩津港 → 朱鷺之森 → 二之龜大野龜 → 尖閣灣 → 佐渡金山 → 宿相川溫泉

Day 2　相川 → 宿根木 → 矢島經島（盆舟） → 尾畑酒造 → 兩津港 → 新潟港

旅遊案內所
出發前先了解的事

Sado-Niigata Pass

Sado-Niigata Pass
暢遊新潟市及佐渡島

　　佐渡島位於新潟外海，是日本本島最大的外島。前往佐渡島，推薦購買「Sado-Niigata Pass」(￥4,000)，含新潟觀光巡環巴士1日券(價值￥500)、新潟車站至港口往返巴士車票(價值￥460)、新潟港至佐渡島來回慢船car ferry船票(價值￥4,500)、佐渡島公車3日券(價值￥3,000)。其中船票還可加價單程￥2,000升等快船jetfoil(來回票原價￥11,300)，等於使用這張pass搭乘快船jetfoil來回僅需￥8,000，即使是因為佐渡島公車班次少而選擇自駕的遊客也推薦購買這張pass。

http 周遊券：sado-niigata.com/pass (英文版)
http 佐渡汽船：www.sadokisen.co.jp
http 宿根木：shukunegi.com

1.佐渡汽船／2.佐渡島最北的二之龜／3.佐渡島西南角小木港附近的宿根木集落，是江戶時代保存至今的造船歷史小鎮／4.北雪、尾畑(真野鶴)、天領盃、逸見(真稜)為佐渡島四大酒造／5.宿根木集落內茶房「やました」提供遊客在古民家品嘗甘味／6.佐渡島盛產的高級魚種的のどぐろ(紅喉)

6

佐渡金山

日本最大礦山

佐渡島上的佐渡金山是日本最大礦山，自江戶時期開採近400年，

佐渡金山各遊坑入口

目前已停止開採，內部有當時挖掘場景重現及各種展示，為世界遺產候補。「宗太夫坑」（江戶金山繪卷コース）為江戶初期開發的手挖坑道；「道遊坑」（明治官營鉱山コース）為明治時期使用近代化機械開發的坑道。

重現過去淘金場景

{Info}

📧 新潟縣佐渡市下相川1305番地 📞 0259-74-2389 🕐 4～10月08:00～17:30，11～3月08:30～17:00 💲 宗太夫坑￥900，道遊坑￥900，共同券￥1,400 ➡ 自兩津港開車約30公里、約60分；或搭乘往「佐渡金山」的路線巴士約70分 🌐 www.sado-kinzan.com

矢島經島

體驗盆舟

矢島經島的盆舟中間有玻璃可以欣賞水中魚類

《神隱少女》中出現的「盆舟」（たらい舟）為佐渡島特有，過去是漁民為方便在附近捕捉各種海鮮而使用的。目前共有小木港、矢島經島、宿根木等3處可體驗。

矢島經島盆舟體驗

{Info}

📧 新潟縣佐渡市小木365-1 📞 0259-86-2992 🕐 僅營業4～10月08:00～17:00 💲 ￥500 ➡ 自兩津港開車約43公里、約85分；自小木港開車約3公里、約6分 🌐 www.visitsado.com/tw/spot/detail0039 (矢島體驗交流館)

旅館萬長(ホテル万長)

佐渡島西岸，泡湯享受落日美景

位於佐渡島西岸相川灣海邊的傳統溫泉旅館，為富商祖先所建，館內有美術品收藏展示。大浴場面向日本海，可欣賞夕陽西下的海景。基本晚餐會席分為黃金の膳、大判の膳、小判の膳，提供各種新鮮的海鮮料理，如鮑魚、蠑螺、虎魚唐揚等，特色料理為烏賊釜飯。另外，還可加價參加出海刺網、船釣等體驗。

特別室房型內有面海的風呂

{Info}

📧 新潟縣佐渡市相川下戶町58 📞 0259-74-3221 💲 1泊2食每人￥9,000～30,000 ➡ 自兩津港開車約25公里、約50分 🌐 www.sado-royal.co.jp

1.不論是在房間或大浴場泡湯，都可享受夕陽西下的美景／**2.**豐盛的晚餐會席

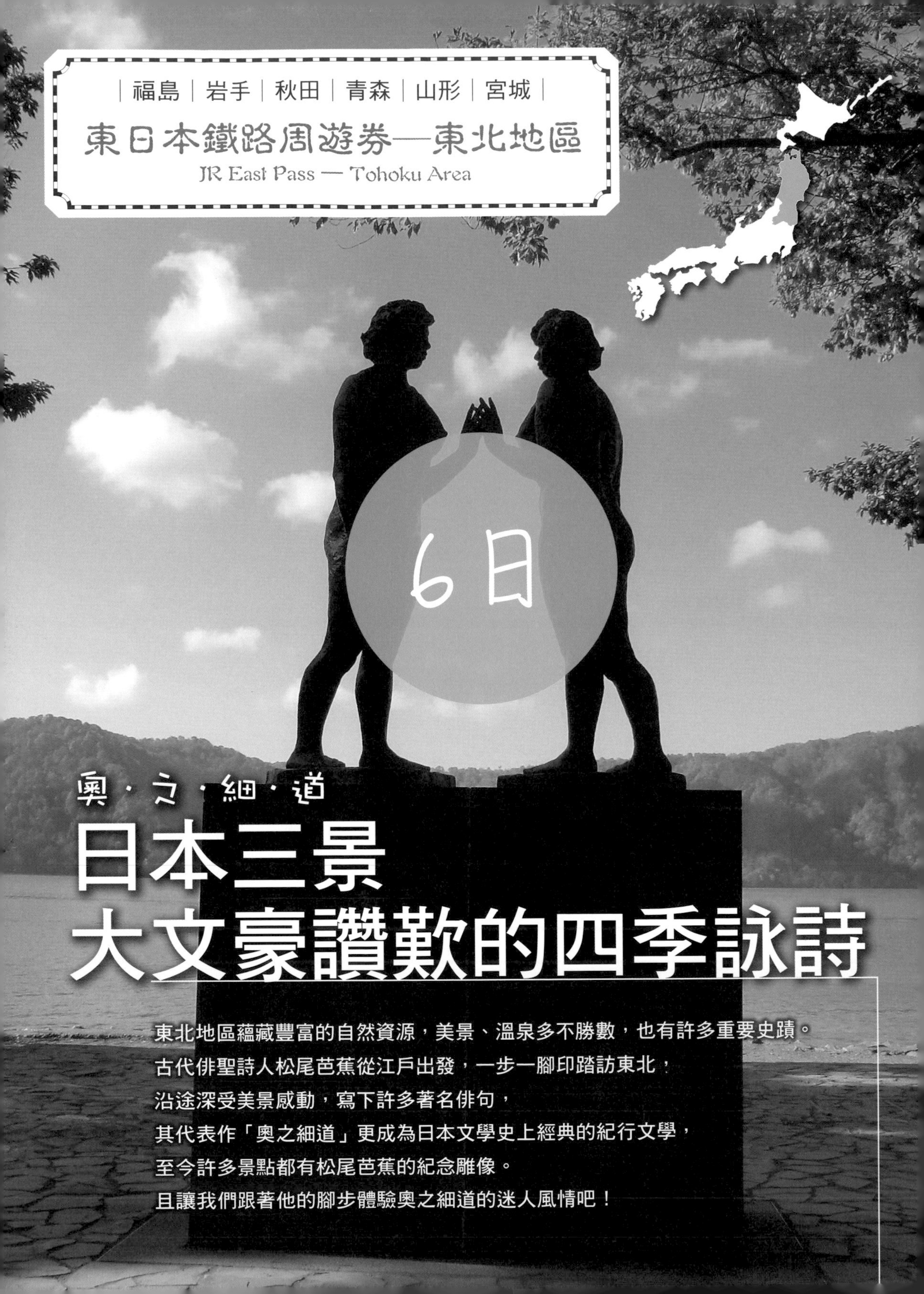

| 福島 | 岩手 | 秋田 | 青森 | 山形 | 宮城 |

東日本鐵路周遊券—東北地區

JR East Pass — Tohoku Area

6日

奧・之・細・道

日本三景 大文豪讚歎的四季詠詩

東北地區蘊藏豐富的自然資源，美景、溫泉多不勝數，也有許多重要史蹟。
古代俳聖詩人松尾芭蕉從江戶出發，一步一腳印踏訪東北，
沿途深受美景感動，寫下許多著名俳句，
其代表作「奧之細道」更成為日本文學史上經典的紀行文學，
至今許多景點都有松尾芭蕉的紀念雕像。
且讓我們跟著他的腳步體驗奧之細道的迷人風情吧！

會津若松
鶴城

青森
蘋果的故鄉

角館
東北小京都

拜訪的城市

米澤
米澤牛

仙台
牛舌&松島

小岩井
岩手雪祭

東北
とうほく

東北,古稱陸奧,幅員遼闊、四季分明,任何時間造訪都有鮮明獨特的大自然景觀,因觀光客較少,更能悠閒賞景、感受東北人的好客與熱情!

福島縣

會津若松是充滿歷史故事的城下町,大內宿是日本現存三大合掌村之一,水色多變的五色沼被譽為日本版九寨溝,三春瀧櫻為日本三大名櫻,這就是充滿魅力風光的福島!

山形縣

作為阿信的故鄉而廣開知名度,酒田同時也是電影《送行者》的拍攝場景。山寺的歷史遺產、最上川遊船、藏王樹冰、銀山溫泉吸引無數觀光客,米澤牛與全日本產量第一的櫻桃更是山形引以為傲的美食。

岩手縣

平泉於2011年登錄為世界文化遺產,毛越寺、中尊寺最具代表性,也是悲劇英雄義經長眠之地;嚴美溪、猊鼻溪以峽谷奇岩著稱,為賞楓名勝。花卷為童話作家宮澤賢治故鄉,因擁有花卷機場與花卷溫泉,不乏觀光人潮。盛岡三大麵、前澤牛、鮑魚、海膽為美食代表,近年也因電視劇《小海女》吸引許多遊客探訪北三陸。

宮城縣

躋身日本三景的松島聞名遐邇,鳴子峽、秋保大滝為賞楓名勝。獨眼龍伊達政宗的故鄉仙台為東北最大城市,吃喝買逛一應俱全,最重要的是千萬不能錯過仙台第一美食牛舌哦!

秋田縣

有東北小京都之稱的角館最負盛名,春櫻秋楓皆美。水深第一的田澤湖風景優美,還能前往鄰近的乳頭溫泉鄉享受深山祕湯。稻庭烏龍麵及米棒鍋是傳統秋田美食,鐵道迷喜愛的秋田內陸縱貫鐵道沿線有許多景點,還能在阿仁合挑戰吃馬肉喔!

青森縣

首推奧入瀨溪,可一併遊覽八甲田山、酸之湯溫泉、十和田湖,秋季楓紅最美。白神山地為世界自然遺產,與鄰近的十二湖、黃金崎不老不死溫泉都是原始自然奇景。弘前公園賞櫻與雪燈籠祭為年度盛事。來到蘋果的故鄉,一定要嘗顆香甜蘋果,再帶盒蘋果派回家喔!

1.由左而右為A-Factory、青森灣大橋、睡魔之家Warasse/2.仙台城跡的伊達政宗像/3.毛越寺的義經勝守幾乎是觀光客必買的御守/4.十和田湖/5.十和田湖畔的乙女之像/6.弘前公園西濠櫻花隧道泛舟

玩家提示 除了東北，
你還可以玩⋯⋯

本周遊券除東北地區外，亦涵蓋東京
廣域周遊券使用範圍的大部分區域，如
輕井澤、越後湯澤、日光、水戶、伊豆
等，行程安排上可更加彈性。

青森
新青森
野邊地
弘前
八戶
東能代
盛岡
秋田
酒田
新庄
仙台
仙台機場
村上
山形
小國
米澤
德澤
福島
只見
會津若松
郡山
GALA湯澤 冬季限定
鬼怒川溫泉
越後湯澤
上毛高原
東武日光
那須鹽原
日光
宇都宮
高崎
水戶
佐久平
輕井澤
大宮
成田機場
甲府 大月
上野
小淵澤
東京
羽田機場
熱海
伊東
伊豆急下田

	新幹線
	JR線
	青之森鐵路線
	IGR岩手銀河鐵路線
	伊豆急行線
	仙台機場鐵道線
	東武鐵道線
	東京單軌電車線

地圖提供／創造旅行社

東日本鐵路周遊券──東北地區資訊

東北地區是狹長形土地，福島、宮城、山形縣隸屬「南東北」，岩手、秋田、青森縣並稱「北東北」。若時間不夠，可以考慮南東北、北東北2選1的集中式玩法。若貪心想玩遍6縣又不想每天換飯店，可以仙台及盛岡為主要住宿點。本券可任選5日使用(不需連續)，若玩超過5天就把票券留到長距離移動的日子，短程移動則另行付費搭乘普通車即可。

另外，東北地區幅員廣大，本書單就1天1個縣的玩法介紹主要景點。其他推薦景點則收錄於玩家提示中，供讀者參考。

票價

日本當地售價¥20,000，海外售價¥19,000，兒童(6~11歲)為半價。

使用期間

為5天機動周遊券，從購買或兌換日起14天內任選5天使用。

使用範圍

可無限搭乘有效區間內的新幹線、特快列車、快速列車、普通列車的指定席及自由席，包括JR東日本線全線(含BRT)、伊豆急行線全線、青之森鐵路全線、IGR岩手銀河鐵路全線、東京單軌電車全線、仙台機場鐵道線全線，JR東日本線與東武鐵道線相互過軌的特快普通車廂指定座席(如日光號、SPACIA日光號、鬼怒川號、SPACIA鬼怒川號)、東武鐵道線下今市~東武日光以及東武鐵道線下今市~鬼怒川溫泉間的列車。

注意事項

1. 可搭乘指定席，需事先到JR東日本各車站的綠色窗口或旅行服務中心(View Plaza)訂位；也可在JR東日本網路訂票系統預訂，再現場取票。
2. 於東武鐵道線內使用本券時，若上車或下車的車站非JR線車站則無法使用。
3. 不可搭乘JR巴士。

官網

http www.jreast.co.jp/tc/eastpass_t(中文版)

周遊券及指定席票券

東北新幹線「隼號(はやぶさ)」

秋田新幹線「小町號(こまち)」

購票方式

購票方式	兌換地點
先在海外旅行社購買兌換券，再到指定地點兌換	旅行服務中心(成田機場、羽田機場、東京車站丸之內北口、品川、上野、新宿、澀谷、池袋、橫濱、水戶、福島、山形、仙台、仙台機場、盛岡、秋田、八戶、青森)
在日本當地購買	

機場交通

仙台機場

從仙台機場站搭乘仙台機場鐵道到JR仙台站，普通電車25分，快速電車17分，票價大人¥650、小孩¥330。

成田機場

飛往仙台機場的航班較少且機票較貴，因此很多人選擇從成田機場往返還可順道遊東京，

從東京車站搭乘新幹線到福島約100分¥8,430，到新青森約3小時20分¥17,550。

會津若松美麗背後的感人歷史

"赤牛伴遊城下町，自然奇蹟五色沼"

今日這樣玩

goo.gl/G9otY6

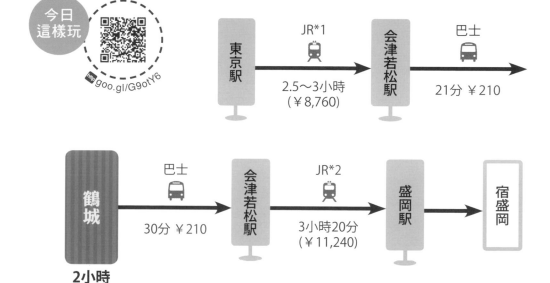

東京駅 —— JR*1 🚆 —→ 会津若松駅 —— 巴士 🚌 —→
2.5～3小時
（¥8,760）
21分 ¥210

鶴城 —— 巴士 🚌 —→ 会津若松駅 —— JR*2 🚆 —→ 盛岡駅 —→ 宿盛岡
30分 ¥210
3小時20分
（¥11,240）

2小時

*1 從東京搭乘東北新幹線到郡山(約80分鐘)，再轉JR磐越西線到会津若松。

*2 從会津若松搭JR磐越西線到郡山，轉新幹線やまびこ到仙台，再轉乘新幹線はやぶさ或はやて到盛岡。

Hello，我是會津吉祥物赤牛

會津若松是大河劇《天地人》重要場景

玩家提示　**福島縣其他推薦景點**

會津武家屋敷、野口英世青春館、豬苗代湖、蘆之牧溫泉。

有名的喜多方拉麵是福島三大拉麵，如果沒時間去喜多方，也可以在車站買回家吃喔

旅遊案內所
出發前先了解的事

會津若松周遊巴士
探訪城下町史蹟

　　充滿復古情調的周遊巴士，黃綠色車身的時尚巴士(ハイカラさん)與紅色車身並印有赤牛圖樣的小紅牛巴士(あかべえ)，分別走逆時針、順時針路線，舉凡重要景點如七日町、野口英世青春館、鶴ヶ城、會津武家屋敷、飯盛山都可乘巴士到達。

$ 每回大人￥210，小孩￥110，搭3次以上可購買1日券「ハイカラさん・あかべえ専用フリー乗車券」，大人￥500，小孩￥250，許多景點出示可享門票優惠

🕐 ハイカラさん08:00～17:30，あかべえ09:15～16:15，皆為每30分鐘1班車

http www.aizubus.com/rosen/machinaka-shuyu

豆知識
會津若松的動物祕密：「白虎」隊與「赤牛」

　　帶有濃厚歷史色彩的城下町，會津戰爭時，屬於舊幕府勢力的一群15～17歲未成年武士組成「白虎隊」，因戰敗於飯盛山而集體切腹自殺，為紀念這群忠貞愛國的少年，車站門口有白虎隊紀念雕像。此外，這裡隨處可見吉祥物「赤牛」，古時候認為紅色能驅魔除邪，於是創造出紅色木雕牛，深受小朋友喜愛，逐漸演變成會津的傳統童玩與吉祥物。

車站門口的白虎隊雕像

印有赤牛的JR列車

以赤牛為造型的餅乾

鶴城(鶴ヶ城)

日本唯一的赤瓦天守閣

　　又稱會津若松城，為100名城，在日本史上占有重要地位。1～3樓是博物館，介紹會津歷史、戊辰戰爭、傳統工藝品；4～5樓是瞭望台，稻田風光與遠處磐梯山盡收眼底。茶室麟閣為「茶道之祖」千利休之子所創，能體驗邊喝茶、邊欣賞庭園景致的趣味。在鶴城東方步行15分鐘處的御藥園，曾是會津藩主別墅，為國家指定名勝的山水庭園。

鶴城為櫻花名所百選，4月中下旬滿開

茶室麟閣與滿開的八重櫻

{Info}

✉ 福島県会津若松市追手町1-1　📞 0242-27-4005　🕐 08:30～17:00　$ 鶴ヶ城天守閣￥410，天守閣、茶室麟閣共通券￥510，天守閣、茶室麟閣、御藥園共通券￥720　➡ 從「若松駅前」搭ハイカラさん周遊巴士到「鶴ヶ城入口」下車，徒步5分

http www.tsurugajo.com

毘沙門沼泛舟▶

五色沼
日本版九寨溝

福島縣北方的裏磐梯高原是知名的風景勝地，高原上散布著大大小小百餘個湖沼和溼原，其中以五色沼最具特色，因湖水中溶有火山噴發物所含礦物質，加上豐富的水草和浮游生物，使得水色隨季節和日光而異，呈現各種不同顏色變化，被譽為日本的九寨溝。全長約3.6公里的五色沼自然探勝路，沿森林步道散步約1小時，沿途欣賞毘沙門沼、赤沼、深泥沼(みどろ沼)、弁天沼、瑠璃沼、青沼、柳沼，每逢10月中下旬紅葉變色時更是美不勝收。

{Info}
📧 福島県耶麻郡北塩原村檜原 ➡ JR猪苗代駅搭乘磐梯東都巴士到「五色沼入口」下車，約30分￥770 http www.urabandai-inf.com (觀光情報→五色沼湖沼群)

毘沙門沼眺望磐梯山美景，還可以泛舟

深泥沼(みどろ沼)

大內宿
江戶風貌茅草屋小村莊

與岐阜縣白川鄉、京都府美山町並稱為「日本三大茅葺部落」。短短一條街道，兩側盡是一字排開的茅草屋頂小房屋，這些民房現已改建為商店及餐廳，走走逛逛，爬上展望台，整個小村莊盡收眼底，彷彿穿越時光隧道重返江戶時代老街。

{Info}
📧 福島県南会津郡下郷町大字大内字山本8 ☎ 0242-27-4005 ➡ 從「會津若松駅」搭乘會津鐵道列車至「湯野上溫泉駅」，再轉乘猿游號巴士到「大內宿入口」，一天只有6班巴士，約每小時1班。建議購買「大內宿共通割引きっぷ」，大人￥1,900，小孩￥950，可涵蓋以上來回車資 http ouchi-juku.com

◀展望台遠眺大內宿茅草屋部落(照片提供／香り)

麵都品嘗韓中日風味三大麵

"青青牧場和乳牛綿羊一同玩耍"

今日
這樣玩

註：本日不需使用周遊券

goo.gl/129Hfd

盛岡市區散策	徒步🚶 15分	盛岡駅	巴士🚌 30分 ￥700	小岩井農場	巴士🚌 30分 ￥700	盛岡駅	宿盛岡
2小時				**2～3小時**			

旅遊案內所

出發前先了解的事

蝸牛巴士

蝸牛巴士（でんでんむし）

盛岡市中心循環巴士

　　盛岡市區景點多數在徒步可及範圍，若不想走路，可搭乘蝸牛巴士，這是以盛岡車站作為起點與終點的循環巴士，繞市區一圈約35分鐘，分成右循環、左循環兩個不同方向行駛。

💲 每回大人￥100、小孩￥50、1日券大人￥300、小孩￥150 (出示1日券可享盛岡歷史文化館門票8折優惠)

🕐 首班車09:00、末班車19:00由盛岡駅前發車，每10～15分鐘1班車

http www.iwatekenkotsu.co.jp/denden-annai.html

盛岡市區散策

北東北玄關的城市風景

盛岡是岩手縣第一大城，位居東北新幹線與秋田新幹線交會之交通樞紐，相當熱鬧。北上川、中津川流經市區，清澈河流與橋梁構成美麗的風景畫。100名城之一的盛岡城是少數以白色花崗岩建造的石垣城牆，可惜至今只保留石垣，無其他建築物留存，空間目前規畫為盛岡城跡公園，爬至高處可眺望市區街景，春天為賞櫻勝地。公園裡的盛岡歷史文化館1樓常設展開放免費參觀，有盛岡藩主南部家及各大祭典的介紹。

{Info}

盛岡歷史文化館

✉ 岩手県盛岡市内丸1番50号　☏ 019-681-2100　🕐 4～10月09:00～19:00、11～3月09:00～18:00，每月第三個週二公休(若遇假日則為翌日休)，12/31～1/1公休　💲 1樓免費，2樓展示室：大人￥300、高中生￥200、中小學生￥100　➡ 盛岡駅徒步約20分；或搭乘蝸牛巴士「県庁·市役所前」下車徒步4分　http www.morireki.jp

1.盛岡城跡公園至今仍保留完整石垣／2.盛岡歷史文化館1樓的免費展覽／3.舊岩手銀行的紅白磚瓦為鮮明地標／4.盛岡城跡公園每逢春天為賞櫻勝地

小岩井農場

吃香濃起司&與牛羊嬉戲

　　歷經百餘年歲月培育的森林，抬頭即見雄偉的岩手山秀峰。在這裡可以騎馬、坐馬車、看牧羊秀、擠牛乳，同時親近大自然與小動物，也是親子同遊的好去處。這裡有許多牧場直營的限定美食，起司蛋糕、餅乾、霜淇淋等各種乳製品香濃可口，農場飼養的牛肉、羊肉供應成吉思汗烤肉，肉質格外鮮嫩。此外，春天的「一本櫻」與冬季的「岩手雪祭」更是岩手縣極具代表性的獨特景致。

{Info}

✉ 岩手県岩手郡雫石町丸谷地36-1 ☎ 019-692-4321 ⏰ 09:00～17:30(4/21～9/30)，其他隨天候變更，詳見官網 💲 中學生以上￥800，5歲～小學生￥300 ➡ 盛岡駅東口10號站牌搭乘往「雫石方面」的「小岩井觀光線」或「網張溫泉線」路線巴士，單程約17公里30分鐘，車資大人￥700、小孩￥350；或JR小岩井駅搭計程車，約6公里12分鐘，車資約￥2,000 🌐 www.koiwai.co.jp

玩家提示　岩手縣其他推薦景點

　　平泉町：中尊寺、毛越寺。花卷市：花卷溫泉、宮澤賢治童話村。一關市：嚴美溪、猊鼻溪。寶可夢列車：一之關站～氣仙沼站。三陸鐵道。

乳牛列車出發囉～

1.可愛的小牛小羊玩偶／2.香濃起司塔／3.小岩井牛肉咖哩／4.小岩井果醬／5.小岩井蛋糕／6.與乳牛近距離接觸／7.乳牛造型的電動車／8.歐式農場建築／9.成吉思汗烤羊肉／10.馬車／11.雪祭是年度盛事／12～13.雪祭的大型雪雕／14.青青草原上的綿羊群

快來找我玩吧！

盛岡美食特搜：盛岡三大麵

盛岡的麵食相當有名，甚至有「麵都」之稱，
「盛岡三大麵」為冷麵、炸醬麵(じゃじゃ麵)、碗子蕎麥麵(わんこそば)。

▶▶ぴょぴょん舍
水果入菜的韓式進化版冷麵

　　擁有多家店鋪的盛岡冷麵代表，連東京都有分店。冷麵是以牛骨與雜雞熬成鮮甜濃郁湯頭，佐以洋菜和泡菜調成微酸帶辣的口感，配料有雞蛋、醃漬小黃瓜、蘿蔔絲、叉燒牛肉，令人訝異的是湯裡居然還有塊甜而多汁的水梨！以時令水果入菜是一大特色，秋冬是水梨或蘋果，夏天則是西瓜，使湯頭更加清爽甜甜。此外，還有燒肉和韓式料理，提供多元化選擇。

1.盛岡車站對面的ぴょぴょん舍／2.盛岡冷麵

{Info}

✉ 岩手縣盛岡市盛岡駅前通9-3(盛岡駅前店) ☎ 019-606-1067 🕐 11:00～24:00 ➡ JR盛岡駅徒步1分 🌐 www.pyonpyonsya.co.jp

▶▶HOT JaJa
特製味噌炸醬麵&雞蛋湯

　　據說炸醬麵是50年前由中國流傳至盛岡，並逐漸改良成合乎日本人的口味。與ぴょぴょん舍隸屬同集團的HOT JaJa，使用自製扁平麵條，加上特製肉味噌與小黃瓜、蔥花，再加點生薑、辣油、蒜泥，攪拌後食用。麵吃完後打入一顆生雞蛋，倒入熱湯就成為一碗美味的雞蛋湯。

▲優雅的用餐環境

◀炸醬麵

{Info}

✉ 岩手縣盛岡市盛岡駅前通9-5佐川ビル1F ☎ 019-606-1068 🕐 10:00～24:00 ➡ JR盛岡駅徒步2分

▶▶東家
蕎麥麵吃到飽，誰是大胃王

　　碗子蕎麥麵是岩手縣鄉土料理，主要流行於盛岡、花卷、一之關地區，經常會不定期舉行吃麵比賽。每個小碗只裝一口分量的蕎麥麵，又稱一口麵。客人手裡拿著碗，服務生隨侍在旁，不斷倒入一口麵，直到吃飽時迅速蓋上碗蓋才能結束這一餐。各家店鋪規矩不盡相同，配麵的佐料也不同。

　　東家為明治40年創業老鋪，若想體驗這特別飲食文化，東家提供2種套餐，¥2,700的附7種配料，計算碗數是用牙籤代替碗作點數；¥3,240的附9種配料，吃完的碗會堆疊在桌上留待最後計算碗數，吃超過100碗的客人可獲得「證明手形」以資紀念。

◀豐盛的配麵佐料，含鮪魚刺身、蕈菇、漬物等(照片提供／神久鈴九)

▼¥3,240套餐，吃完的空碗會疊在桌上，展示個人戰績(照片提供／神久鈴九)

◀外觀古樸的東家(照片提供／神久鈴九)

{Info}

✉ 岩手縣盛岡市盛岡駅前通8-11盛岡駅前ビル(駅前店) ☎ 019-622-2233(建議先電話預約) 🕐 11:00～14:30，17:00～20:00 ➡ JR盛岡駅徒步1分 🌐 www.wankosoba-azumaya.co.jp

走訪小京都拜訪武士古厝

"品嘗進貢古代貴族的日本三大烏龍麵"

今日這樣玩

goo.gl/AZJ1tW

盛岡駅 → 新幹線 50分(¥2,320) → 角館駅 → 徒步 20分 →

武家屋敷（2小時）→ 新幹線 45分(¥2,500) → 秋田駅 → 徒步 10分 → 秋田市區觀光（2小時）→ 新幹線 100分(¥4,100) →

盛岡駅 → 宿盛岡

1.設計新穎的秋田車站／2.秋田竿燈祭名列東北三大祭，祈求五穀豐收，秋田車站有許多竿燈展示

玩家提示 秋田縣其他推薦景點

秋田市區：久保田城跡及千秋公園、秋田市民俗藝能傳承館、紅磚鄉土館、秋田縣立美術館(安藤忠雄設計)。大館市：秋田犬會館(秋田犬的故鄉)、大館樹海巨蛋(伊東豐雄設計)、大館曲木盒體驗工房。秋田縣知名風景區：田澤湖、八幡平、小安峽、男鹿半島。

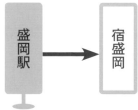

武家屋敷

時光倒流江戶時代小京都

素有「陸奧小京都」之稱的角館，一年四季皆有不同風情，尤以春櫻、秋楓最為迷人。武家屋敷，是江戶時代的武士宅邸，從建築格局及收藏文物可略窺昔日武士生活，為日本重要傳統建造物群保存地區，共有8棟武家宅邸開放民眾參觀。到了這兒不妨當個闊氣的少爺或少奶奶，乘坐人力車穿梭於垂柳、黑牆交織的小巷弄，任憑自己墜入歷史洪流，細細品味這古都氛圍。

{Info}

🕐 各家不同，大多為09:00～16:30，詳見官網 💲 青柳家￥500、石黑家￥400，其餘免費參觀 ➡ JR角館駅徒步約20分 http kakunodate-kanko.jp

1.熱鬧櫻花祭派出穿著傳統服飾的觀光大使／2.角館枝垂櫻 (照片提供／神久鈴九)／3.優雅古樸的角館車站，為東北車站百選之一／4.穿梭古街巷弄的人力車／5.古色古香的稻庭烏龍麵老店／6.武家屋敷之一的岩橋家

唐土庵 ❌

角館糕點名店

源自中國再經過改良的傳統點心，混合小豆粉、砂糖與北海道十勝產的高級紅豆，以獨創技法壓模乾燥製成打物菓子「生もろこし」，如綠豆糕般的鬆軟質地，完全保留紅豆濕潤的口感，每一口都是高雅的甘甜味。產品推陳出新，經常研發季節限定新口味，在角館有4家店面，是非常暢銷的伴手禮。

季節限定商品，常推出新口味

唐土庵(角館駅前店)

生もろこし

{Info}

✉ 秋田県仙北市角館町上菅沢402-3(角館駅前店) 🕐 夏08:30～18:30，冬09:00～18:00 ➡ JR角館駅徒步約1分 http www.morokosian.jp

秋田美食特搜：鼎鼎大名的三大美食

名列日本三大烏龍麵的稻庭烏龍麵、三大名雞的比內地雞、秋田米製成的烤米棒，
並列秋田三大美食，許多在地的鄉土料理店可以一次吃到全部喔！

▶▶ 佐藤養助商店
秋田代表性烏龍麵元祖

稻庭烏龍麵的麵條扁平且細，口感較為細緻潤滑，最大特色是麵團經手工不斷反覆揉捏產生許多氣孔，使麵體呈現近乎中空狀態，因此咬下的口感均勻有彈性，此即美味之關鍵所在。「佐藤養助稻庭烏龍麵」是擁有150年歷史的元祖店，自古為進貢皇室的御用珍品。捲成8字型的冷麵條置放於竹篩上，沾醬油或胡麻味噌醬來吃，滑溜細緻又帶有彈性的冰涼口感，果真是極品。

▲佐藤養助商店

{Info}

✉ 秋田縣秋田市中通2-6-1西武秋田店B1 ☎ 018-834-1720 ⏰ 11:00～21:00(最後點餐20:00) ➜ JR秋田駅直通西武百貨B1 http www.sato-yoske.co.jp

▲二味天せいろ

▶▶ 秋田きりたんぽ屋
米棒與比內地雞是代表性鄉土料理

秋田最道地的鄉土料理「米棒鍋」(きりたんぽ鍋)，是把秋田產的米飯揉捏串在木串上，再以火爐燒烤製成米棒，將米棒放

▲(照片提供／神久鈴九)

入以比內地雞為高湯底的火鍋中，就成了米棒鍋。這鍋的食材相當豐盛，主角米棒的口感有點像米腸，多了絲焦香味，三大名雞的比內地雞滑嫩有彈性，另外還有舞茸、白蔥、蒟蒻、牛蒡、芹菜，雞高湯中加入些許安藤釀造醬油及地酒，十分入味。

{Info}

✉ 秋田縣秋田市中通2-7-6綠屋ビル1F ☎ 018-801-2345 ⏰ 16:00～01:00，週日11:30～01:00 ➜ JR秋田駅西口徒步2分 http marutomisuisan.jpn.com/kiritanpoya

▲以火爐燒烤米棒(照片提供／神久鈴九)

▲秋田鄉土料理(照片提供／神久鈴九)

▲米棒鍋(照片提供／神久鈴九)

豆知識

日本的三大烏龍麵＆地雞

日本三大烏龍麵：香川縣讚岐烏龍麵、秋田縣稻庭烏龍麵、群馬縣水澤烏龍麵。

日本三大地雞：秋田縣比內地雞、名古屋地雞、鹿兒島縣薩摩地雞。

Day 4

青森

向睡魔祈求五穀豐收· 大啖又香又甜的青森蘋果

"弘前公園賞花,在復古史蹟星巴克悠然度過美好時光"

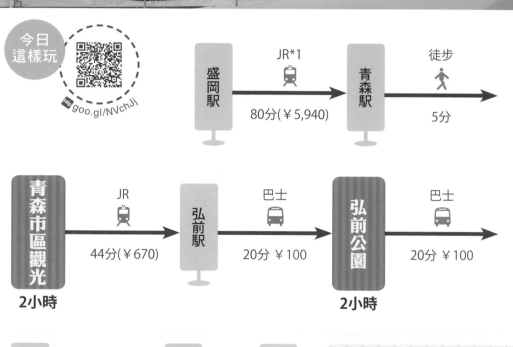

今日這樣玩

goo.gl/NVchJj

盛岡駅 — JR*1 → 青森駅 — 徒步 →
80分(￥5,940)　　5分

青森市區觀光 — JR → 弘前駅 — 巴士 → 弘前公園 — 巴士 →
2小時　44分(￥670)　20分 ￥100　　**2小時**　20分 ￥100

弘前駅 — JR*2 → 盛岡駅 → 宿盛岡
2小時(￥6,260)

*1 從盛岡搭乘新幹線到新青森,再轉乘JR奧羽本線到青森。
*2 從弘前搭乘JR奧羽本線到新青森,再轉乘新幹線到盛岡。

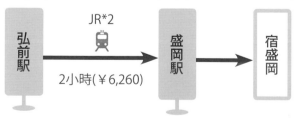

玩家提示　青森縣其他推薦景點

　青森市:三內丸山遺跡、青函連絡船八甲田丸號、青森縣立美術館、青森縣觀光物產館アスパム。八戶市:陸奧湊車站前朝市、八食中心、種差海岸。其他知名景點:奧入瀨溪、八甲田山、十和田湖。

青森魚菜中心(古川市場)

製作自己的海鮮丼

有青森市民廚房之稱的古川市場，販售蔬果及新鮮魚貨，最受歡迎的是自助海鮮丼(のっけ丼)。先在入口的案內所購買餐券(10枚¥1,300、5枚¥650)，接著到各家攤子兌換食材，每樣都有

青森魚菜中心

{Info}

✉ 青森縣青森市古川1-11-16　☎ 017-763-0085　🕐 07:00～16:00，週二公休　➡ JR青森駅徒步5分　http nokkedon.jp

標示需幾張餐券兌換。橘色旗子的店鋪是換白飯，藍色旗子的店有各種生魚片、菜、肉，如海膽之類的高價海鮮則可用現金直接購買。早上7點營業，吃豪華海鮮丼當早餐是一天美好的開始！

▲自己製作的海鮮丼

每樣食材都有標示需幾張餐券兌換

青森蘋果

蘋果小蛋糕▶

A-Factory・睡魔之家Warasse

青森蘋果全系列土產・民俗工藝睡魔燈籠

一出青森車站就望見青森灣大橋，橫跨青森灣的白色斜張橋十分引人注目，橋的一側是A-Factory，販售各式青森土產、青森蘋果及蘋果製品，也有餐廳、咖啡廳，能邊用餐邊欣賞青森灣風光。橋的另一側是睡魔之家，外觀是紅色垂簾式牆面，建築設計相當特別。青森睡魔祭為東北三大祭之一，祭典遊行的睡魔燈籠花車平日都在此展示。

蘋果派是代表性土產▶

{Info}

A-Factory
✉ 青森縣青森市柳川1-4-2　☎ 017-752-1890　🕐 商店09:00～20:00，1F餐廳11:00～20:00，2F餐廳11:00～21:00　➡ JR青森駅徒步1分　http www.jre-abc.com/wp/afactory/index

睡魔之家Warasse(ねぶたの家 ワ・ラッセ)
✉ 青森縣青森市安方1-1-1　🕐 09:00～18:00(5～8月到19:00)，12/31、1/1、8/9、8/10休館　💲 入館免費，展覽區大人¥600、高中生¥450、中小學生¥250　➡ JR青森駅徒步1分　http www.nebuta.jp/warasse

青森灣大橋與橋下的A-Factory

睡魔之家Warasse，外觀是紅色垂簾式牆面

睡魔燈籠花車

古典氛圍的用餐空間

太宰治最愛▶
喝的咖啡

▼蘋果派

烤蘋果冰淇淋▶

土手の珈琲屋 万茶ン ✗

大文豪鍾愛的東北最古喫茶店

　　創立於昭和4年(1929年)，是東北地區歷史最悠久的喫茶店，許多文學家、畫家經常來此光顧，當中最有名的是太宰治。店裡招牌是太宰治最愛喝的咖啡，搭配烤蘋果冰淇淋或蘋果派，坐在復古氛圍、昏黃燈光的屋裡，讓思緒沉澱片刻，彷彿自己也成為文思泉湧的大文豪了！

土手の珈琲屋 万茶ン，為太宰治的愛店

{Info}

✉ 青森縣弘前市土手町36-6かくみ小路 ☎ 0172-55-6888 ◷ 10:00～19:00，週一公休(若遇假日則改週二休) ➡ JR弘前駅徒步約20分；或搭乘市內100圓巴士到「下土手町」下車徒步1分 http manchan.jp

星巴克 弘前公園前店 ✗

第二間登錄有形文化財的星巴克

　　繼眾所皆知的神戶北野異人館後，弘前公園前店是日本第二家將有形文化財改建經營的星巴克。位於觀光名勝弘前城附近，更能帶動人潮。過去作為陸軍師團長官舍，設計是和洋風混合的木造建築，隱約流露出大正復古風的懷舊浪漫氣息，在充滿歷史感的氛圍中靜靜地啜飲咖啡，似乎連咖啡也變得更加香濃了。

自家打造的杯子充滿▶
獨特藝術風格(照片
提供／神久鈴九)

▼文化財改建的星巴克
(照片提供／神久鈴九)

{Info}

✉ 青森縣弘前市上白銀町1-1 ☎ 0172-39-4051 ◷ 07:00～21:00 ➡ 弘南鐵道大鱷線「中央弘前駅」徒步18分；或弘前巴士「市役所」站下車

弘前公園・弘前城

東北最大賞櫻名所

　　弘前城在江戶時代為弘前藩藩主居城，現今在城堡周圍建造公園，為知名觀光景點。四季風景不同，秋天有紅葉祭、冬天有雪燈籠祭，以春天賞櫻最受歡迎，共有52品種約2,600株櫻花，是東北最大賞櫻名所。登上天守閣遠眺積雪未融的岩木山及滿城春色，漫步到西濠，駕一葉扁舟，划行於涓涓細流，兩岸滿開的染井吉野櫻低垂，輕輕從頭頂上掠過，偶然飄落水面的花瓣，更為這水上櫻花隧道增添一絲浪漫氣息。

1.清晨的東濠，靜賞兩岸櫻花樹倒映水中美景(照片提供／神久鈴九)／2.櫻花樹下演奏津輕三味線／3.西濠泛舟／4.天守閣遠眺岩木山與櫻花林／5.弘前城天守閣(照片提供／神久鈴九)／6.櫻花隧道(照片提供／神久鈴九)

{Info}

✉ 弘前市大字下白銀町1番地　📞 0172-33-8739　💲 本丸・北の郭／植物園，各為大人￥310、中小學生￥100，共通券大人￥510、中小學生￥160　➡ JR弘前駅搭乘市內100円巴士，至「市役所前」下車為追手門口，至「文化中心前」下車為東門口，車程約20分鐘￥100 http www.hirosaki-kanko.or.jp

細緻嫩口的米澤牛絕頂美味

"跟著松尾芭蕉足跡尋幽訪勝，
朝聖戰國時代戰神"

今日
這樣玩

goo.gl/ZMgry1

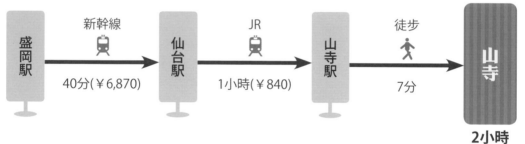

| 盛岡駅 | 新幹線
40分(￥6,870) | 仙台駅 | JR
1小時(￥840) | 山寺駅 | 徒步
7分 | 山寺
2小時 |

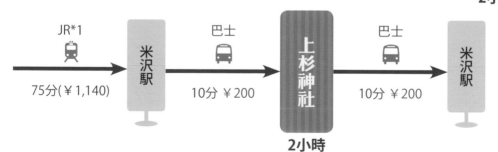

| | JR*1
75分(￥1,140) | 米沢駅 | 巴士
10分 ￥200 | 上杉神社
2小時 | 巴士
10分 ￥200 | 米沢駅 |

| | JR*2
80分(￥4,300) | 仙台駅 | → | 宿仙台 |

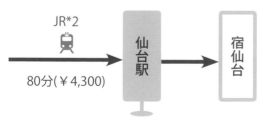

玩家提示　**山形縣其他推薦景點**

　山形市：霞城公園、藏王溫泉。尾花澤市：銀山溫泉。最上町：最上川遊船。鶴岡市：出羽三山。

*1 從山寺搭乘JR仙山線到山形，再轉乘JR奧羽本線到米沢。
*2 從米沢搭乘山形新幹線到福島，再轉乘東北新幹線到仙台。

旅遊案內所
出發前先了解的事

市街地循環巴士(ヨネザアド号)

搭巴士來趟米澤人文歷史一日遊吧

遊覽米澤市區最方便的交通工具是搭乘「市街地循環巴士」，藍色巴士走右回路線，黃色巴士走左回路線，繞市區一圈約40分鐘。春日山的林泉寺祭祀米澤藩歷代藩主夫人及家臣直江兼續夫婦，法泉寺則是仿京都天龍寺打造的日式庭園，對日本酒有興趣的人還可以到浩酒資料館參觀傳統造酒廠，這些景點搭乘巴士都能到達喔！

💲 每回大人￥200、小孩￥100，1日券大人￥500、小孩￥250
http www.city.yonezawa.yamagata.jp (左側選單「市民バス」)

松岬公園護城河周圍櫻花盛開

山寺

靜聽蟬鳴鳥叫，遠眺山巒疊翠

山寺的全名為寶珠山立石寺，登頂需爬上1,015個階梯，沿途會參訪許多大小寺院，所以不會覺得疲累。俳句聖人松尾芭蕉在《奧之細道》的名句「寂靜的蟬聲滲入山岩中」，即讚歎這裡的空靈寧靜。最高終點為奧之院，旁邊的五大堂有展望台，遠眺山巒及周圍美景，四季都有不同景色。

{Info}

✉ 山形縣山形市山寺4495-15 🕐 4～11月09:30～16:00，12～3月10:00～15:30 💲 ￥300 ➡ JR山寺駅徒步約7分 http www.yamaderakankou.com

1.大大小小的寺院佛塔蓋在懸崖峭壁上，令人讚歎不已／2.「円仁さん」是包紅豆餡的和菓子，為山寺名物／3.從五大堂的展望台遠眺美景／4.奧之院的燈籠為日本三大燈籠之一／5.松尾芭蕉在蟬塚獲得靈感題下千古名句

金剛閣 ❌

天時地利及優質飼料培育的頂級米澤牛

頂級米澤牛

米澤牛以細緻霜降紋與優質脂肪聞名，入口即化又香甜的口感，成為米澤代表美食之首。創業90年的金剛閣，是知名米澤牛「黃木」的直營餐廳，提供燒肉、壽喜燒、涮涮鍋、牛排等多種吃法。

和食處「毘沙門」，具有濃濃和風味

{Info}

✉ 山形県米沢市桜木町3-41 ⏰ 11:00〜14:30，17:00〜22:00，週末假日11:00〜22:00，週二公休 ➡ JR米沢駅徒步10分 🔗 www.kongoukaku.com

---

松岬公園・上杉神社

米澤市民的中心信仰

◀米澤牛可樂餅

昔日的米澤城址改建為松岬公園，公園內的上杉神社，祭祀人稱越後之龍的戰國武將上杉謙信，不少市民前來參拜祈求安康。稽照殿是上杉神社的寶物殿，大河劇《天地人》直江兼續頭上的「愛」甲冑即收藏於此。「傳國之社」為上杉博物館，收藏國寶洛中洛外圖屏風及上杉家文書。「上杉城史苑」是物產販賣中心，外圍攤販的米澤牛咖哩麵包和可樂餅便宜又美味。公園除了是賞櫻勝地，每年2月第二個週末的「上杉雪燈籠祭典」更是年度盛事，上百座雪燈籠與雪做成的燭台，在一片銀白世界中充滿詩意的夢幻。

上杉神社　　上杉謙信雕像

{Info}

✉ 山形県米沢市丸の内1-2-1 ⏰ 傳國之社09:00〜17:00；稽照殿09:00〜16:00 💲 傳國之社：大人¥410、大學高中生¥200、中小學生¥100；稽照殿：大人¥400 ➡ 米沢駅搭乘巴士約10分鐘於「上杉神社前」下車，徒步2分 🔗 www.denkoku-no-mori.yonezawa.yamagata.jp

提供遊客試戴的直江兼續「愛」甲冑

上杉雪燈籠祭典

乘船遊覽松島奇松怪石

"東北最大城吃牛舌，走訪獨眼龍政宗故鄉"

今日這樣玩

goo.gl/cTz4EA

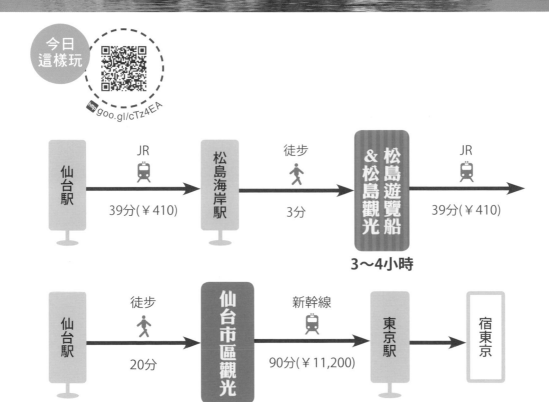

仙台駅 → JR 39分（￥410） → 松島海岸駅 → 徒步 3分 → 松島遊覽船＆松島觀光（3～4小時）→ JR 39分（￥410） →

仙台駅 → 徒步 20分 → 仙台市區觀光（3～4小時）→ 新幹線 90分（￥11,200）→ 東京駅 → 宿東京

[mou]

◀松島蒲鉾為松島名物

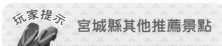

玩家提示　宮城縣其他推薦景點

仙台市：秋保溫泉、秋保大瀑布。白石市：藏王狐狸村。大崎市：鳴子峽、鳴子溫泉。

旅遊案內所
出發前先了解的事

仙台市區交通
地下鐵與觀光巴士能到達市區各大景點

　　仙台的地下鐵只有2條路線，「南北線」及「東西線」。另有

觀光巴士「るーぷる仙台」經過市區重要景點，09:00～16:00從仙台車站出發，繞行一周約70分，平日每20分鐘1班車，假日每15分鐘1班。

💲 地下鐵每回￥200起跳，1日券平日￥840、假日￥620；るーぷる仙台每回￥260，1日券￥620；るーぷる仙台及地下鐵共通1日券￥900

http 地下鐵：www.kotsu.city.sendai.jp/subway
るーぷる仙台：loople-sendai.jp

るーぷる仙台

松島

乘船遊賞奇松怪石，牡蠣大餐是老饕最愛

　　由260多個大小島嶼構成的松島灣為日本三景之一，松尾芭蕉於《奧之細道》讚歎為「扶桑第一絕景，可與洞庭、西湖媲美」。最經典的遊覽方式是搭船，近看古松挺立於奇形怪狀的海上小島，蔚為奇觀，還可以邊乘船邊餵食海鷗，相當有趣。島上的五大堂、瑞巖寺、圓通院為重要文化建築，尤其瑞巖寺，為當年東北霸主伊達政宗打造的國寶級文化遺產，精細的建築雕刻與收藏畫作值得一看。松島的天然牡蠣養殖場產量甚豐，無論炭烤、油炸、生食都很讚，來松島千萬不能錯過牡蠣大餐喔！

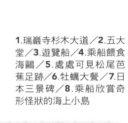

1.瑞巖寺杉木大道／2.五大堂／3.遊覽船／4.乘船餵食海鷗／5.處處可見松尾芭蕉足跡／6.牡蠣大餐／7.日本三景碑／8.乘船欣賞奇形怪狀的海上小島

{Info}

松島觀光協會
🌐 www.matsushima-kanko.com

觀光遊覽船
🕐 大約每個整點發船，航行1圈50分鐘 💲 依航行路線、艙等而異，大人￥1,500、小學生￥750起跳 🌐 松島島巡觀光船：www.matsushima.or.jp，丸文松島汽船：marubun-kisen.com

瑞巖寺
✉ 宮城縣宮城郡松島町松島字町內91 🕐 08:00開門，關門時間因季節而異(約15:30~17:00) 💲 大人￥700、中小學生￥400 ➡ JR松島海岸駅徒步5分 🌐 www.zuiganji.or.jp

玩家提示 松島深度旅遊指南

　　依個人喜好及旅遊深度，可安排半日或1日遊行程。若時間充裕，可前往東西南北4個方位設立的觀景台，大高森、富山、多聞山、扇谷，從這4個角度看到的景色稱為「四大觀」。此外，有搭船的旅客可以考慮「塩釜松島周遊行程」，其中一趟遊覽船選擇在塩釜港(マリンゲート塩釜)上船或下船，距離最近的JR本塩釜駅只要步行10分鐘，途中還會經過永旺購物中心(Aeon mall)，也可以趁機逛逛塩釜港，有很多漁港的新鮮海產和海鮮乾貨喔！

雕工精細的瑞鳳殿

欅樹夾道的定禪寺通是
仙台最美街道

瑞鳳殿

華麗的伊達政宗長眠之地

瑞鳳殿為紀念首位仙台藩藩主伊達政宗的靈屋，以桃山文化風格興建這座豪華絢爛的建築，被指定為國寶，可惜被戰火燒毀，現今模樣為災後重建，仍保有華麗的雕梁畫棟。另有感仙殿、善應殿，分別祭祀伊達二代及三代藩主，同樣走華麗風格，惟名氣大大不如政宗。

感仙殿

從裡到外的建築藝術饗宴

挑高6米的1樓大廳空間寬敞

綠蔭處處的仙台市有「杜之都」別稱，當中以欅樹夾道的「定禪寺通」最美，仙台媒體中心就位於這條景色優美的街道上。由知名建築師伊東豐雄設計，運用金屬和玻璃帷幕展示現代化風格，以13根鋼管支撐整體建築物，電梯、空調設備等各個角落都能看到管狀結構，空間設計別出心裁。結合圖書館、藝廊、多媒體服務，從建築本身到內部規畫融合美術與文化的創意，令人打從心底羨慕仙台市民啊！

{Info}
✉ 宮城県仙台市青葉区霊屋下23-2 ☎ 022-262-6250 ⏰ 09:00～16:30(12～1月只到16:00)，12/31休館 💲 大人￥550、高中生￥400、中小學生￥200 ➡ 搭乘觀光巴士るーぷる仙台在「瑞鳳殿前」下車，往上爬石階約10分鐘 http www.zuihoden.com

{Info}
✉ 宮城県仙台市青葉区春日町2-1 ☎ 022-713-3171 ⏰ 09:00～22:00 💲 大人￥550、高中生￥400、中小學生￥200 ➡ 地下鐵南北線勾当台公園駅下車，「公園2」出口徒步6分；或JR仙台駅徒步約20分 http www.smt.city.sendai.jp

下車後需爬上長長石階才能抵達瑞鳳殿

圖書館閱覽空間充滿管狀結構的現代化設計元素

仙台車站美食土產大街

仙台必買伴手 ▼ ▶
禮「萩之月」

炭烤牛舌人車拼，還有壽司和甜點

　　仙台車站3樓是最熱鬧的美食街與土產大街，美食街主要包括牛舌街(牛たん通り)、壽司街(すし通り)、枝豆小徑(ずんだ小径)。

　　一提到仙台，就讓人立刻聯想到牛舌，基本款定食包含牛尾湯、白飯或麥飯、沙拉或醬菜，有些還附山藥泥，本身就富有彈性的牛舌，經炭烤後更加Q彈，微帶焦香，簡直是銷魂極品！牛舌街聚集了仙台人氣最旺的店家，利久、喜助、善治郎、伊達，不同店家的手法、調味、火候拿捏不一，各有擁護者。

　　此外，與牛舌並列仙台三大特色美食的還有蒲鉾(魚板)和枝豆餅(ずんだ餅，即毛豆泥麻糬餅)。

牛舌街

仙台名物「枝豆餅」(ずんだ餅)

利久的ぐるなび定食(¥1,782)

大排長龍的善治郎

善治郎的牛舌定食(¥1,500)

善治郎的牛たん重(¥1,200)

仙台一番町一番街商店街

吃喝買逛都便利的熱鬧商圈

　　仙台最熱鬧的商店街，集結購物中心、藥妝店、服飾店、土產店和餐廳，逛街購物超方便，也有KTV之類的娛樂設施，深受年輕人喜愛。

{Info}

✉ 宮城縣仙台市青葉區一番町 ➡ 地下鐵広瀬通駅徒步5分，或仙台車站徒步20分 http www.vlandome.com

一番町商店街

春／賞花

4月中下旬～5月初是東北櫻花綻放時節。青森弘前公園、秋田角館、北上展勝地,並稱東北三大櫻;三春滝櫻更被選為日本三大名櫻,其他還有很多各具特色的櫻花喔!

岩手縣

北上展勝地

乘馬車遊覽櫻花隧道

可以搭船,欣賞沿岸10,000株的櫻並木美景;也可以乘著觀光馬車,徜徉於參天櫻木夾道的浪漫國度。最後一定要爬上「陣之丘」,北上川及綿延2公里長的櫻大路盡收眼底,極為壯觀。

秋田縣

角館

一次飽覽2種不同風情櫻花

角館有2處賞櫻勝地,知名的武家屋敷(詳細資訊請見P.216)以枝垂櫻為主,檜木內川堤則多種植染井吉野櫻,沿河岸綿延2公里的櫻花隧道,碧草如茵,遠山如黛,索性就跟著當地人坐在櫻花樹下野餐吧!

福島縣

三春滝櫻

氣勢磅礴的日本三大名櫻

特別之處在於此地梅花、櫻花與桃花同時盛開，故名「三春」。三春滝櫻因狀如飛泉瀑布而得名，是枝垂櫻代表，與岐阜縣淡墨櫻、山梨縣山高神代櫻並稱日本三大櫻。滿山遍野的櫻花與黃澄澄的油菜花交織成如畫的春日風景。

山形縣

天童公園(舞鶴山公園)

櫻花樹下的野外真人棋賽

天童為知名溫泉鄉，也是全國將棋產量最高的地方。相傳豐臣秀吉在櫻花樹下，一時興起，命家臣扮成棋子，於伏見城下進行野外棋賽，演變至今成為「人間將棋」。穿著古代武士裝扮演棋子，既能賞櫻，又能體驗傳統祭典，每年吸引5萬多人造訪。

{Info}

北上展勝地
➡ JR北上駅徒步約20分　http sakura.kitakami-kanko.jp

角館
➡ JR角館駅徒步約20分　http kakunodate-kanko.jp

三春滝櫻
➡ JR三春駅搭乘接駁巴士約15分下車，來回車資含門票￥1,000　http www.town.miharu.fukushima.jp/life/3

天童公園
ⓒ 人間將棋於每年4月中旬週末2天舉行　➡ JR天童駅徒步約20分，人間將棋有免費接駁車　http www.ikechang.com/chess

夏 / 祭典

東北的8月很熱鬧，各地都有精彩祭典，最有名的東北三大祭為仙台七夕祭、秋田竿燈祭、青森睡魔祭，四大祭是加入山形花笠祭，六大祭則是再加入盛岡三颯舞祭和福島草鞋祭。

青森縣

青森睡魔祭
趕跑睡魔的熱血慶典

相傳農夫在炎熱的夏天容易疲累，因此舉行大型祭典趕跑睡魔以祈求五穀豐收。以歷史神話為題材製作大型睡魔燈籠花車遊行，搭配跳舞、伴奏及煙火，能充分感受青森人的熱情。

🕐 每年8月2～7日　🌐 www.nebuta.or.jp

秋 / 紅葉

10月中下旬～11月初是東北最佳賞楓期，奧入瀨溪、抱返り溪谷、最上峽、鳴子峽都是楓紅遍野的山水奇景，壯麗景致震撼人心！

(照片提供／Moondust)

青森縣

奧入瀨溪
東北首推絕美楓景

綿延14公里的步道，沿途盡是茂密森林，瀑布奔騰、涓流蜿蜒，任何角度隨手一拍都猶如月曆上的風景名畫。

➡ JR青森駅或新青森駅出發，搭乘JR巴士於「燒山」下車，車程約130分¥2,300；也可由JR八戶駅出發，車程約90分¥1,950。奧入瀨溪全程步行約5小時，中途有6個巴士站，走累了也可部分路段搭乘巴士。終點站「子ノ口」可搭巴士或搭船前往「休屋」，此即十和田湖，可在此住宿一晚　🌐 towadako.or.jp

最有名的陸奧五大雪祭為青森八戶豐年祭、岩手雪祭、秋田橫手雪屋祭、弘前城雪燈籠祭、男鹿半島生剝柴燈祭。此外，奇形怪狀的樹冰更是東北獨特的大自然奇景喔！

青森縣

弘前城
雪燈籠祭

大雪紛飛的浪漫

每年2月上旬在弘前公園(詳細資訊請見P.221)舉行，有大型雪雕和雪滑梯，入夜後上百座雪燈籠亮起，與白雪粉妝的弘前城天守閣相輝映，好個詩情畫意的夢幻雪國！

雪中的天守閣　手工雪燈籠

光雕秀　津輕錦繪大迴廊

山形縣

藏王樹冰

冰雪怪物の迷幻奇境

藏王溫泉每逢冬季就成了熱門滑雪勝地，尤其樹冰是享譽國際的自然奇景，夜晚打上燈光更有如奇幻世界。

{Info}

弘前公園
➡ JR弘前駅搭乘市內100円巴士，至「市役所前」下車為追手門口，至「文化中心前」下車為東門口，車程約20分
¥100 http www.hirosaki-kanko.or.jp

藏王樹冰
➡ JR山形駅搭乘山交巴士到藏王溫泉巴士總站，約45分
¥1,000；來回纜車¥2,600；樹冰期間有巴士及纜車優惠套票 http zaoropeway.co.jp

泊
Hotel

東北人氣溫泉鄉絕景

美景＋美食＋好湯の兩大溫泉旅宿

山形縣

銀山溫泉

阿信故鄉的懷舊浪漫溫泉旅舍

《阿信》是史上收視率最高的日劇，劇中阿信的母親曾在銀山溫泉旅館打工，從此一夕成名。500年前原是銀礦礦山而得名，後來因大量湧出溫泉而紛紛建造溫泉旅館，銀山川兩旁櫛比鱗次的傳統木造屋，流露出濃濃的大正時代復古典雅風情，尤其傍晚華燈初上，旅館與街上煤燈一齊點亮，更加夢幻。

1. 銀山川溪谷兩旁旅館美如祕境／
2. 大正復古風的木造旅館

{Info}

➡ JR大石田駅搭乘巴士到銀山溫泉，約40分鐘 ¥710 http www.ginzanonsen.jp

[秋田縣]

乳頭溫泉

7家深山祕湯

　　日本知名祕湯「乳頭溫泉鄉」乃因位於十和田、八幡平國立公園的乳頭山麓上而得名，深山裡散布著7間溫泉旅館：鶴の湯、妙乃湯、蟹場溫泉、大釜溫泉、孫六溫泉、黑湯溫泉、休暇村，每間旅館都各擁自家泉源、風格迥異，整個溫泉鄉合計有10個不同性質泉源，各有功效、可治萬病。各家旅館皆提供住宿與日歸泡湯，「湯めぐり號」是穿梭於7家旅館間的接駁巴士，只要購買「湯めぐり帖」就能在1年內搭乘巴士前往7家旅館泡湯，盡情享受深山祕湯。

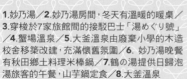

1.妙乃湯／2.妙乃湯房間，冬天有溫暖的暖桌／3.穿梭於7家旅館間的接駁巴士「湯めぐり號」／4.蟹場溫泉／5.大釜溫泉由廢棄小學的木造校舍移築改建，充滿懷舊氛圍／6.妙乃湯晚餐有秋田鄉土料理米棒鍋／7.鶴の湯提供日歸泡湯旅客的午餐，山芋鍋定食／8.大釜溫泉

{Info}

乳頭溫泉

$ 1泊2食：最便宜但最難訂的鶴之湯￥8,790〜16,350，最貴的妙乃湯￥13,000〜21,500；日歸泡湯￥600〜800；湯めぐり帖￥1,800　➡ JR田沢湖駅搭乘羽後巴士到乳頭溫泉下車，約50分鐘￥820　http www.nyuto-onsenkyo.com

北海道鐵路周遊券
Hokkaido Rail Pass

7日

海·鮮·大·餐·與·夢·幻·薰·衣·草
夏日薰衣草田園風光
拉麵帝王蟹美好食光

無論是夏日滿園薰衣草芳香，或冬季白雪皚皚的銀色世界，
四季印象鮮明的北國風情，正是北海道的獨特魅力所在！
在浪漫的小樽運河散步、上函館山眺望百萬夜景、到最大溫泉鄉登別泡湯，
海膽、帝王蟹、鮭魚卵滿滿的奢華海鮮丼，甜又多汁的哈密瓜，
好山好水孕育出吃不完的美食，只要來過一次北海道，保證從此愛上。

登別
最大溫泉鄉

富良野
紫色薰衣草

美瑛
丘陵田園風光

拜訪的
城市

函館
百萬夜景

小樽
歐風運河

BOYS BE AMBITIOUS

札幌
最大城市

北海道
ほっかいどう

依地理位置約可分為四大區塊,「道南」的主要城市為函館,「道央」以札幌、小樽、登別最有名,「道北」包含接近中心位置的富良野、美瑛、旭川以及最北邊的稚內、利尻島、禮文島,「道東」包括帶廣、釧路、根室、知床、網走。

富良野
每年夏天為了觀賞薰衣草的觀光客紛沓而至,人氣最旺的就是富田農場,除了賞花,也別忘了來份夏季限定的薰衣草冰淇淋和香甜哈密瓜。此外,到電影場景「森之時計」喝杯手工現磨咖啡,到工廠品嘗葡萄酒和葡萄果汁,都是富良野專屬限定哦!

函館
站在元町地區的石板斜坡上遠眺港灣,西洋風建築的教堂與領事館充滿異國風情,乘著纜車登上函館山欣賞舉世聞名的百萬夜景,隔天一早到函館朝市大啖海鮮,再吃碗美味爽口的鹽味拉麵,真是心滿意足。

美瑛
一抬頭,就是藍到不可思議的澄淨天空,放眼望去,盡是無窮無盡的丘陵曲線與遠峰殘雪,閒適的田園風光、壯闊的遠峰連天,這就是迷人的美瑛。

登別
北海道最大溫泉鄉,溫泉街有大大小小的湯鬼神迎接旅客。可以近看企鵝遊行、海豹海豚表演及可愛棕熊耍萌,還有精采的忍者武打秀哦!

小樽
詩情畫意的小樽運河,晨昏向晚都是滿滿的浪漫歐風。堺町通各式各樣精巧的音樂盒與玻璃藝品讓人愛不釋手,美味甜點下午茶與一整條街的握壽司名店更為充實的一天畫下完美句點。

札幌
北海道最大都市,好吃好逛好買好玩,光是札幌車站到狸小路短短15分鐘腳程就讓人荷包大失血,二条市場有滿滿海鮮等著你,也千萬別錯過湯咖哩、味噌拉麵、成吉思汗這三大札幌美食唷!

1.札幌啤酒博物館／**2.**洞爺湖(照片提供／神久鈴九)／**3.**美瑛拓真館／**4.**富良野Highland Furano旅館,邊泡溫泉邊欣賞薰衣草花田美景／**5.**小樽三角市場海鮮／**6.**新千歲機場內的哆啦A夢空中樂園

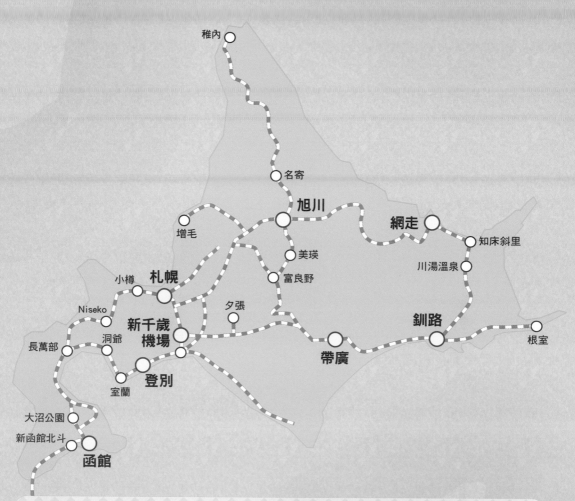

稚內

名寄

旭川

網走

增毛

美瑛

知床斜里

川湯溫泉

小樽 札幌

富良野

Niseko

新千歲
機場

夕張

釧路

長萬部

洞爺

帶廣

根室

室蘭 登別

大沼公園

新函館北斗

函館

玩家提示 **從東京玩到札幌**

　　北海道新幹線於2016年3月開始營運，已通車路
段為新青森站行經青函隧道至新函館北斗站，若
購買「JR東日本‧南北海道鐵路周遊券」(任選6日
券￥26,000)，可以從東京一路玩到東北、札幌再
回家喔！

北海道新幹線(照片提供／JR北海道)▶

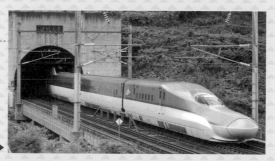

北海道鐵路周遊券資訊

　　北海道是國人最愛的度假勝地，因幅員遼闊，需要花費較多的交通時間，光是從札幌到函館就要4小時￥8,310，再去趟富良野、美瑛、或旭川就回本了，至於小樽或札幌近郊可擺在行程的頭尾，若周遊券天數不敷使用時再另外買票即可。

票價

　　3日券￥16,500，任選4日券￥22,000，5日券￥22,000，7日券￥24,000，小孩(6～11歲)半價。

使用期間

　　3日、5日、7日券可在指定使用開始日起連續使用3天、5天、7天。任選4日券無法指定使用開始日，購買或兌換票券當天視為第1天，10天內可任選連續或不連續的4天使用。

使用範圍

　　可無限搭乘有效區間內JR北海道線的特別急行列車、普通急行列車、普通及快速列車的普通車廂指定席與自由席。

購票方式

　　在海外旅行社購買兌換券，到北海道指定車站兌換；或直接在北海道購買。可購買及兌換的JR指定車站包括新千歲機場、札幌、函館、新函館北斗站、登別、旭川、帶廣、釧路、網走。

注意事項

1. 只可搭乘札幌市內定期行駛的JR北海道巴士，札幌～小樽的高速巴士只限搭乘JR北海道巴士(無法搭乘中央巴士)，其他巴士皆不可搭乘。
2. 不可搭乘從JR北海道轉換為第三部門鐵道經營之道南Isaribi鐵道線、木古內～五稜郭的路段。
3. 不可搭乘北海道新幹線。
4. 不可搭乘Twinkle Bus。

官網

http www.jrhokkaido.co.jp(選擇「繁體中文」→「北海道鐵路周遊券」)

札幌到登別、函館的特急Super北斗號(照片提供／JR北海道)

北海道鐵路周遊券(照片提供／JR北海道)

機場交通

新千歲機場

　　從機場搭乘JR到札幌車站約37分鐘￥1,070，搭乘巴士到札幌市區(車站、大通、薄野等地)約70分鐘￥1,030。

函館機場

　　從機場搭乘巴士到函館車站約20分鐘￥410。

新千歲機場到札幌的快速Airport號

誤闖精靈國度的森林小木屋
"品味葡萄酒，體驗DIY手工現磨咖啡"

FARM TOMITA

今日這樣玩

goo.gl/wgqgbK

　　讀者可自行選擇交通方式，搭乘巴士或自駕皆可到達知名景點，本處僅列出簡圖表示行程順序。

札幌駅 ➡ 富良野駅 ➡ 富良野葡萄酒工廠 ➡ 新富良野王子飯店(森之時計、森林精靈露台) ➡ 富田農場 ➡ 富良野駅

旅遊案內所
出發前先了解的事

從札幌前往富良野
有2條路線可應用

　　從札幌到富良野有2條路線，先搭特急Kamui(カムイ)或特急Lilac(ライラック)號到滝川或

富良野薰衣草特急(照片提供／JR北海道)

特急Lilac號(照片提供／JR北海道)

旭川，再轉乘普通列車到富良野。夏日旺季有「富良野薰衣草特急」(特急Furano Lavender Express)，從札幌直達富良野，最快最方便，但每天只有1～2班列車，班次極少，若怕搭不上可預訂指定席。

富良野巴士
每年路線不固定，行前須先確認

　　富良野有些知名景點相當分

散，若不騎車或開車，只能仰賴巴士才能抵達，但巴士路線及時刻表幾乎每年改版，4月才會公布該年度最新夏季版。

http www.furanobus.jp

■富良野巴士「薰衣草號」

⁉ 路線：定期巴士，每天來回各約8班車，要前往「新富良野王子飯店」者可搭乘

$ 富良野車站～新富良野王子飯店，約20分鐘￥260

http www.furanobus.jp/lavender

■富良野Kururu號(くるる号)

⁉ 路線：夏季限定，每年路線不同，大致上會停靠富良野葡萄酒工廠及葡萄果汁工廠、富良野起司工房、新富良野王子飯店、撿來的家、麓鄉之森、麵包超人專賣店等熱門觀光景點，可惜班次不多，時間不易掌握

http www2.jrhokkaido.co.jp/global/chinese/travel(中文版)

唯我獨尊 ⊗

隱身於迷你樹屋的超人氣香腸咖哩飯

店家自豪的咖哩是用大量地產蔬菜加入30種以上的香辛料調味，慢火熬煮成的獨門咖哩醬。招牌料理是香腸咖哩蛋包飯(オム+ソーセージカレー)，自製的德式香腸口味道地，是店家標榜的另一賣點，超級濃郁的咖哩走南洋風重口味路線，飯的分量很多，吃不過癮的人只要說出通關密語ルールルルー(嚕～嚕嚕嚕～)就能免費再續咖哩醬。

外觀極不起眼的樹屋，卻隨時有人排隊

◀香腸咖哩蛋包飯(¥1,510)

{Info}

✉ 北海道富良野市日の出町11-8 ☎ 0167-23-4784 ⏰ 11:00～21:00 ➡ JR富良野駅徒步5分 http doxon.jp

富良野葡萄酒工廠

在薰衣草飄香的花田旁來杯葡萄酒吧

位於半山腰的紅磚瓦建築物，擁有遼闊視野，能遠眺十勝岳連峰及富良野盆地，旁邊還有薰衣草田，景色優美。以富良野當地栽培的葡萄釀製成葡萄酒，開放旅客免費參觀葡萄酒製造過程。商店販售葡萄酒、葡萄果汁，還提供免費試飲喔！

1.葡萄酒試飲／2.葡萄果汁果凍／3.位於半山腰的葡萄酒工廠及景觀餐廳，視野遼闊／4.葡萄酒工廠旁的薰衣草花田／5.賣店有多款葡萄酒及葡萄果汁

{Info}

✉ 北海道富良野市清水山 ☎ 0167-22-3242 ⏰ 09:00～17:00 ➡ 距JR富良野車站約3公里，開車約5分(Map Code；349060758)，計程車費約¥1,000，騎腳踏車約25分，步行約40分；或搭乘富良野Kururu號巴士 http www.furanowine.jp

玩家提示　葡萄酒工廠周邊順遊

葡萄酒工廠的附近還有2個景點，Campana六花亭、富良野葡萄果汁工廠，兩兩之間的步行路程約10~15分鐘，有時間可順便參觀。

Campana六花亭

森之時計(珈琲 森の時計)

手磨咖啡豆,感受溫柔流轉的愜意時光

　　日劇《溫柔時光》場景。坐在吧檯前體驗DIY磨咖啡豆的樂趣,看職人將磨好的咖啡粉沖泡成咖啡,啜飲一口,望著窗外幽靜森林,原來幸福也可以這麼簡單。

1.森之時計是間歐風小木屋／2.體驗DIY親手磨咖啡豆／3.現磨咖啡／4.職人手沖咖啡

森林精靈露台(ニングルテラス)

在森林小木屋遇見落入凡間的精靈

　　書中描述ニングル是住在北海道森林裡身長約15公分的小精靈,為日劇《來自北國》拍攝景點。15棟溫馨小木屋隱身於茂密森林中,販售各式各樣的精緻手工藝品如木雕、音樂盒等,也有咖啡屋,晚上點燈後更有如童話世界般夢幻。

童話世界中的小木屋

北海道鐵路周遊券｜Day 1｜富良野

豆知識 富良野三部曲

　　日本作家倉本聰的作品被富士電視台翻拍成日劇《來自北國》、《溫柔時光》、《風之花園》,以富良野為故事背景,稱為富良野三部曲。劇中許多場景來自新富良野王子飯店,使其從此成為熱門景點。

{Info}

新富良野王子飯店

✉ 北海道富良野市中御料　☎ 0167-22-1111
🕐 12:00～20:45(精靈露台7～8月10:00開始營業;森之時計最後點餐時間19:30、飲料到20:00)　➡ JR富良野駅搭乘富良野巴士薰衣草號,約20分¥260;或搭乘計程車,約10分¥1,700 http www.princehotels.co.jp/newfurano

富田農場

悠遊浪漫紫色薰衣草花海

每年夏季總是吸引無數觀光客，這裡是富良野地區栽培薰衣草的發祥地，也是日本面積最大、歷史最久的薰衣草田。不同品種、花色的薰衣草形成紫色的美麗漸層，與遠處的田園風光、十勝岳連峰相映襯，彷彿鋪上一層紫色地毯。此外，薰衣草冰淇淋及又香又甜的哈密瓜是絕不能錯過的期間限定美味哦！

{Info}

✉ 北海道空知郡中富良野町基線北15号 ☎ 0167-39-3939 ⏰ 08:30～17:00(隨季節調整) ➡ JR中富良野駅徒步約25分，或搭乘計程車約5分￥770；或從期間限定的薰衣草花田站步行約7分 http www.farm-tomita.co.jp

1.香甜多汁的哈密瓜／2.浪漫的紫色薰衣草花海／3.薰衣草冰淇淋／4～5.除了薰衣草，也有其他顏色鮮豔的彩色花田／6.薰衣草花田與遠處的十勝岳連峰

玩家提示　可搭乘富良野美瑛慢車號遊富田農場

每年夏天推出的觀光列車「富良野美瑛慢車號(ノロッコ号)(Norokko號)」行駛於旭川到富良野之間，中途有個臨時車站「薰衣草花田站(ラベンダー畑駅)」，從這裡下車步行到富田農場只要7分鐘，持鐵路周遊券就能免費搭乘自由席。

臨時設置的薰衣草花田站　　富良野美瑛慢車號(照片提供／JR北海道)

品嘗大自然厚賜的
豐盛蔬果農產

"以天地為畫布，彩繪出閒適的丘陵田園風光"

今日這樣玩

goo.gl/rgu4Wz

讀者可自行選擇交通方式，搭乘巴士或自駕皆可到達知名景點，本處僅列出簡圖表示行程順序。

美瑛駅 ➡ 拼布之路 ➡ 北西之丘展望公園 ➡ 青池 ➡ 四季彩之丘 ➡ 美瑛駅 ➡ 札幌駅

旅遊案內所
出發前先了解的事

景點分散，需騎車或自駕
沒有交通工具就搭觀光巴士吧

美瑛擁有迷人田園風光，然而景點分散在高低起伏的丘陵地，交通不便，租車自駕是時下主流，也有不少人騎腳踏車，但上下丘陵太過費力，機車數量有限不一定租得到。若不騎車或開車，只能仰賴觀光巴士，巴士路線、時刻表、費用每年改版，夏季和冬季路線不同，務必上網查詢最新版。

2017年起，美瑛的觀光巴士由Twinkle Bus改名為「美遊巴士」。

💲 每條路線為大人￥2,000，小孩￥1,000。購買採預約制，最慢2天前於JR北海道各車站綠色窗口、JR旅行中心(Twinkle Plaza)訂位，若還有座位，出發當天及前1天可在四季情報館購票。

🌐 美瑛觀光協會www.biei-hokkaido.jp

➡ 路線(夏季)：
(1)花田‧青池路線：美瑛車站→青池→四季彩之丘→拓真館→三愛之丘展望公園
(2)山丘巡禮路線：美瑛車站→Ken & Mary之木→七星之木→親子之木→北西之丘展望公園

外觀小巧可愛、種滿花朵的JR美瑛車站

很多人在美瑛車站旁的松浦商店租腳踏車

美瑛車站旁的四季情報館，提供觀光諮詢

美瑛車站前的巴士乘車處

拼布之路 (パッチワークの路)(Patchwork Road)

親子之木(おやこのき)，中間的柏樹最矮小，被左右2株大樹包圍，猶如父母親守護小孩，故得親子之名

一望無際的丘陵田園風光

美瑛西北部素以優美丘陵地形聞名，廣大農田、丘陵綿延不絕，各種農作物與花草交織成豐富色彩，拼貼出畫布一般的繽紛景致，因而得到「拼布之路」美名。途中有許多因電視廣告聞名的景點，例如Ken & Mary之木(ケンとメリーの木)，自從日產汽車(Nissan)1972年在此拍攝汽車廣告後，這棵白楊樹就成為熱門景點。七星之木(セブンスターの木)為Seven Star香菸於1976年拍攝廣告的背景，經過40年，人氣仍歷久不衰。

Ken & Mary之木，於日產汽車廣告中一炮而紅

七星之木，為七星香菸的廣告場景

北西之丘展望公園

登上金字塔頂端遠眺花田與山岳美景

巨大的金字塔展望台為其地標，登高望遠，可欣賞園內花田及遠處十勝岳連峰、大雪山山脈景致。整個公園面積有5公頃之大，遍布薰衣草、向日葵花田，散落於丘陵間的村舍、遠方綿延不絕的山脈，盡收眼底。公園對面有一排商店，販售美

金字塔為北西之丘的展望台

店家標榜為天壽好吃的白玉米(￥600)

瑛在地農產品，尤其是玉米，天然又清新的甘甜味是其他地方嘗不到的！

{Info}

➡ 搭乘觀光巴士或自駕前往(Map Code：Ken & Mary之木389071625*56、七星之木389157155*46、北西之丘展望公園389070277*33)

遠眺花田與遠處山峰美景

青池

森林祕境中的夢幻Tiffany藍

原是郊區的小小人工水池，最大特色為神祕夢幻的碧藍色湖水，與池畔落葉松、白樺木相映成趣，近年來廣為宣傳後，由隱藏版祕境搖身一變成為高人氣景點。青池的面積很小，有時間可順道至附近的白鬚瀑布及白金溫泉一遊。

帶有神祕色彩的碧藍色青池

{Info}
➡ 自駕前往(Map Code：349569872*72)或在JR美瑛駅搭乘道北巴士39號到「白金青い池入口」下車，約30分鐘￥570

四季彩之丘

盛夏時節的彩色花田

面積達15公頃，種滿繽紛多彩的花卉，成了美瑛代表性花田勝地，6月下旬～9月上旬是最美季節。彩色花田彷彿無窮無盡往地平線延伸，高低起伏的丘陵線，遠方殘雪未融的十勝連峰，藍天白雲、熱情陽光下，隨手一拍都是幅美到不可思議的風景畫。

{Info}
✉ 北海道上川郡美瑛町新星第三 ☎ 0166-95-2758 🕐 6～9月08:30～18:00，其他月分詳見官網 ➡ JR美瑛駅開車約12分(Map Code：349701216*55)；JR美馬牛駅徒步約25分；或搭乘觀光巴士 http www.shikisainooka.jp

1.懶得走路也可付費搭遊園車／**2.**門口販售現炸超好吃馬鈴薯可樂餅／**3**～**4.**繽紛多彩的花田／**5.**一男一女的兩大稻草人是合影留念地標

純平（洋食とcafeじゅんぺい）

味美銷魂的炸蝦蓋飯

1977年開幕，從小小咖啡廳搖身一變成為美瑛大排長龍的超人氣餐廳，牆上掛了許多名人親筆簽名。店家主打海老丼，頗具分量

海老丼（¥1,100）

的炸蝦相當霸氣地覆蓋在白米飯上頭，還另附味噌湯和生菜沙拉。外層麵衣金黃酥脆，裡頭蝦子又大又肥、扎實彈牙，晶瑩剔透的米粒，淋上店家的祕製和風醬汁，鹹鹹甜甜的非常入味。若想嘗試炸蝦之外的菜色，也有不同口味的炸雞肉丸可混搭喔！

{Info}

✉ 北海道上川郡美瑛町本町4-4-10 ☎ 0166-92-1028 ◷ 10:30～15:00，17:00～19:30，週一公休 ➡ JR美瑛駅徒步約10分

門口裝飾用的復古金龜車

用餐空間寬敞明亮

美瑛選果

米其林一星法國料理
還有在地農產品

近幾年來相當熱門，共有餐廳、選果工房、選果市場、小麥工房4個部分。Asperges是米其林一星的

美瑛選果外觀

法國料理餐廳，午間套餐相當超值，吸引許多人前來摘星。選果工房販售蛋糕、冰淇淋、飲料、現榨果汁，選果市場販售美瑛在地農產品如稻米、哈密瓜、新鮮蔬果，也有許多加工製品如豆子、玉米乾等，現場提供試吃，好吃又涮嘴，很適合買回來當零食喔！

蜜漬番茄▶

{Info}

✉ 北海道上川郡美瑛町大町2丁目 ☎ 0166-92-5522 ◷ 各部門營業時間隨季節而異，詳見官網 ➡ JR美瑛駅徒步約15分 http bieisenka.jp

黑豆▶

各種豆子及玉米乾零嘴

現榨草莓汁和鮮奶布丁

美瑛限定蘇打汽水

北海道最大溫泉鄉

"大人小孩都愛的企鵝海豚秀，還有可愛棕熊"

今日這樣玩

goo.gl/53YPCs

鬼願繪馬，9種顏色的湯鬼神 ▶
金棒用於祈求不同願望

湯鬼神の 九金棒
鬼願
登別温泉鄉

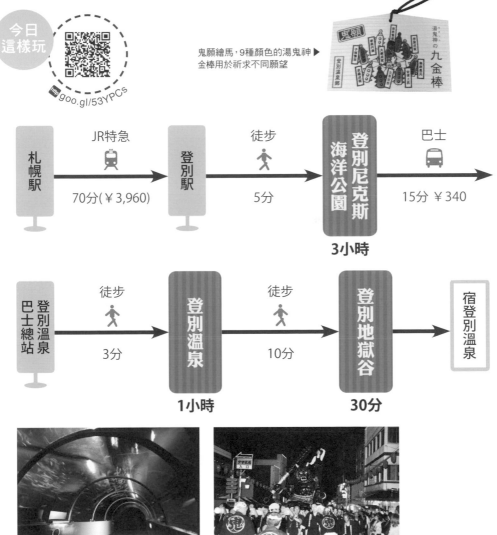

札幌駅 ── JR特急 70分(￥3,960) ──▶ 登別駅 ── 徒步 5分 ──▶ 登別尼克斯海洋公園 **3小時** ── 巴士 15分 ￥340 ──▶

登別溫泉巴士總站 ── 徒步 3分 ──▶ 登別溫泉 **1小時** ── 徒步 10分 ──▶ 登別地獄谷 **30分** ──▶ 宿登別溫泉

登別尼克斯海洋公園海底隧道

地獄節鬼神轎

(本頁照片提供／北海道觀光振興機構)

登別尼克斯海洋公園

大人小孩都愛的企鵝海豚海獅表演秀

外觀模仿文藝復興時代的歐風城堡，是座規模龐大的海洋生物館，可以在水中隧道體驗海底散步，近距離接觸各種可愛動物。最受歡迎的是企鵝遊行，其他如海豚、海獅、海豹、銀河水槽沙丁魚表演都精采萬分，是大人小孩同樂的海洋樂園。

{Info}

✉ 登別市登別東町1-22 ☎ 0143-83-3800 ⏰ 09:00～17:00 💲 全票(國中生以上)￥2,450，半票(4歲～小學生)￥1,250 ➡ JR登別駅徒步5分 http www.nixe.co.jp

1.企鵝大遊行／2.銀河水槽沙丁魚秀／3.海豹圓圈游泳池(以上照片提供／北海道觀光振興機構)

登別溫泉

(以下照片提供／北海道觀光振興機構)

秋天的登別溫泉是賞楓名勝

登別伊達時代村

登別熊牧場

湯鬼神祈願，閻王變臉

登別溫泉是北海道最大的溫泉區，共有9種不同功效的泉源，各自有不同的「湯鬼神」守護溫泉，9種顏色金棒能祈求不同願望。和風味濃厚的溫泉街有許多特色商店，盡頭的「閻魔堂」最有人氣，平時面目和善的閻王，每當地獄審判時間一到就會變成兇神惡煞的樣子審判眾生，相當有趣。林立的溫泉旅館，除了住宿也可日歸泡湯，許多景點如登別熊牧場、登別伊達時代村皆深受歡迎，當天來回或2天1夜輕旅行都很適合，尤其秋天更是賞楓勝地。

閻魔堂，每天有5次審判時間

{Info}

☎ 0143-84-3311(登別觀光協會) ➡ JR登別駅搭乘道南巴士約15分鐘到登別溫泉巴士總站下車，單程￥340、來回￥620 http www.noboribetsu-spa.jp

登別地獄谷

夏季有熱鬧花火祭典

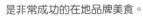

從溫泉街步行10分鐘就能抵達泉源「登別地獄谷」，這是1萬年前形成的火山口遺跡，硫磺味瀰漫，不時噴出陣陣白煙，舉目所見皆寸草不生的岩丘，故得地獄谷之名。每天日落到晚上10點燈火亮起，沿著步道形成「鬼火之路」，暗黑中瀰漫著神祕虛幻氣氛。夏季夜晚限定的鬼花火，燃起竹筒花炮祈福消災，十分熱鬧，8月最後一個週末的地獄節還有閻王花車遊行，是非常特別的夏日祭典。

{Info}

➡ 自駕(Map Code：603288425)或登別溫泉巴士總站步行約10分鐘

1.地獄節的閻王山車／**2.**鬼火之路／**3.**夏日夜晚的鬼花火／**4.**秋天的地獄谷(以上照片提供／北海道觀光振興機構)

登別美食特搜

登別溫泉商店街有許多特別的料理，獨具創意並結合當地特色，是非常成功的在地品牌美食。

▲北海道大章魚地獄漬，登別章魚以韓式醃醬製成

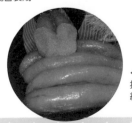

◀鱈魚子，將難以捕獲的鱈魚以傳統製法醃漬而成

▲鬼傳說，青鬼皮爾森啤酒 赤鬼紅啤酒

▼醃漬山葵，登別溫泉的古早味名產

閻魔拉麵，象徵地獄▶的紅色辣味噌湯頭

(以上照片提供／北海道觀光振興機構)

歐風石板街漫步・世界級百萬夜景

"順道來碗函館代表性的鹽味拉麵"

(刊頭照片提供／北海道觀光振興機構)

今日
這樣玩

goo.gl/vxjhE7

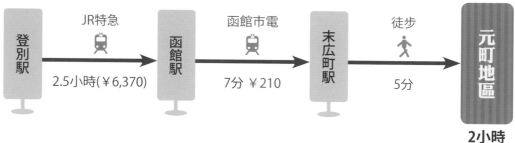

登別駅 —JR特急→ 函館駅 —函館市電→ 末広町駅 —徒步→ 元町地區

2.5小時(¥6,370)　　7分 ¥210　　5分

2小時

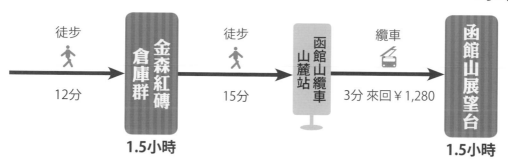

—徒步→ 金森紅磚倉庫群 —徒步→ 函館山山麓站 —纜車→ 函館山展望台

12分　　1.5小時　　15分　　3分 來回 ¥1,280

1.5小時

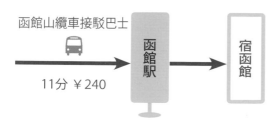

函館山纜車接駁巴士 —→ 函館駅 —→ 宿函館

11分 ¥240

夜晚點燈的函館哈利斯特斯東正教堂(照片提供／北海道觀光振興機構)

元町地區

在洋風建築散布的石板街上眺望港口

元町興起於函館早期開放港口的時代，至今仍保留西洋風建築與石板街風貌。這區域共有19條有名的斜坡街道，每條街都有告示牌解說命名典故，饒富趣味。站在石板坡道頂端，放眼望去，遠方就是船隻停泊的港灣與蔚藍大海。穿梭於各國典雅華麗的教堂、領事館間，細細品味蘊含異國風情的歷史氣息，夜間點燈更添浪漫。

{Info}

舊函館區公會堂
✉ 北海道函館市元町11-13 ☎ 0138-22-1001 🕐 09:00～19:00(11～3月只到17:00) 💲 大人￥300，小孩￥150，另可自費￥1,000租借禮服於館內攝影20分鐘 ➡ 函館市電「末廣町」電車站下車徒步約7分 http www.zaidan-hakodate.com/koukaido

函館哈利斯特斯東正教堂(函館ハリストス正教会)
✉ 北海道函館市元町3-13 ☎ 0138-23-7387 🕐 週一～五10:00～17:00，週六10:00～16:00，週日13:00～16:00 💲 ￥200 ➡ 函館市電「末廣町」電車站下車徒步約10分 http orthodox-hakodate.jp

1.人氣景點八幡坂，夜晚點燈的港口更添浪漫(照片提供／北海道觀光振興機構)／2.函館哈利斯特斯東正教堂，白色外牆與綠色屋頂，為拜占庭風格的俄羅斯教會／3.於基坂遠眺港灣(照片提供／北海道觀光振興機構)／4.聖約翰教會／5.舊函館區公會堂，藍灰色及黃色外牆相間的典雅建築／6.Chacha坡道(チャチャ登り)的命名典故源自原住民語「長者」，意味在斜坡上行走看似彎腰的老人家／7.每條斜坡街道都有清楚的標示

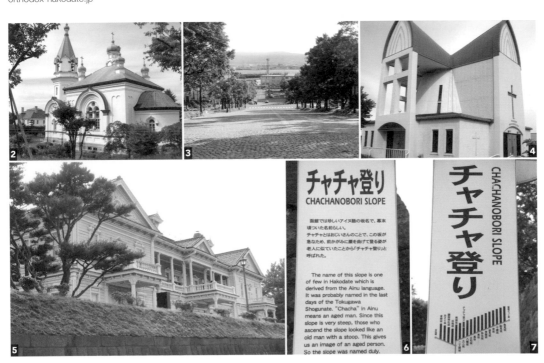

253

金森紅磚倉庫群

在明治浪漫風格倉庫內用餐購物

　　函館與長崎、橫濱都是日本早期的國際貿易港，藉著港口海運帶動整個城市經濟，金森紅磚倉庫群是第一個在函館設立的營業倉庫。面對美麗的港灣，外觀仍保留昔日古典洋風，內部則改裝成現代化商場，BAY函館、金森洋物館、函館歷史廣場、金森廳、西波止場，每一棟都是觀光客購物用餐的熱門去處。

1.面對港灣的金森紅磚倉庫群／**2.**夜晚點燈的倉庫別有一番浪漫風情(以上照片提供／北海道觀光振興機構)

{Info}

✉ 北海道函館市末廣町14-12
📞 綜合諮詢處0138-27-5530
🕐 商店09:30～19:00，餐廳11:30～21:30 ➡ JR函館駅徒步約15分；或搭乘函館市電在「十字街電車站」下車，步行約2分 🔗 www.hakodate-kanemori.com

---

函館麵廚房あじさい ❌

清爽美味的函館鹽味拉麵代表

　　鹽味拉麵是函館的美食代表，特色是清爽不油膩的鹽味湯底，細麵條搭配看似清透的湯頭，加上筍乾、蔥花，整體看來簡單，吃起來美味爽口無負擔。あじさい是鹽味拉麵的名店之一，本店位於五稜郭，另有分店在函館車站及紅磚倉庫群的Bay美食俱樂部，甚至連札幌拉麵共和國、新千歲機場也有分店，可見其美味廣受喜愛。

{Info}

✉ 北海道函館市豐川町12-7函館ベイ美食倶樂部(麵廚房あじさい紅店) 📞 0138-26-1122 🕐 11:00～16:30，17:00～22:00，每月第三個週四公休 🔗 www.ajisai.tv

豆知識

北海道三大拉麵

　　北海道有三大主流拉麵，札幌的味噌拉麵、旭川的醬油拉麵、函館的鹽味拉麵，各有特色，口味道地，喜歡拉麵的朋友一定要3種都嘗嘗看喔！

Ajisai味彩塩拉麵(￥750)▶

函館山展望台

榮登米其林三顆星推薦的百萬夜景

展望台位於海拔334公尺的函館山上，站在這裡俯瞰，市區兩側挾著港灣，呈現扇形分布的獨特景致，每到夜晚，萬家燈火、漁船燈火交織成玫麗絢爛的百萬夜景，曾榮登世界三大夜景，也同時有日本三大夜景、北海道三大夜景之美譽，更榮獲《米其林綠色指南‧日本》三顆星推薦。每晚都擠滿世界各地慕名而來的旅客，建議至少在日落前1小時上山，才能佔到好位子觀賞夜景，同時也能欣賞白天及傍晚不同風情的美景。

函館山纜車(照片提供／北海道觀光振興機構)

{Info}

✉ 北海道函館市元町19-7 ☎ 0138-23-3105 ⏰ 首班纜車10:00，每10分鐘1班車，上行末班車21:50，下行末班車22:00(10/16～4/24末班車均提前1小時)，纜車搭乘時間約3分鐘 💲 纜車成人來回￥1,280、單程￥780，兒童來回￥640、單程￥390 🌐 334.co.jp(有每日預估夜景時間)

北海道鐵路周遊券｜Day 4｜函館

 玩家提示　前往函館山的交通攻略

來函館的旅客幾乎都會搭纜車上山看夜景，前往纜車站有多種不同交通方式：

❶ **搭電車後步行**：搭乘路面電車到「十字街站」，步行約10分鐘到纜車站，但這段路是上坡路，帶長輩或小孩的話比較辛苦。

❷ **搭乘巴士**：需注意白天和晚上是2種不同的巴士。

(A)西部地區循環巴士－元町海岸地區周遊號

⏰ 每日運行，09:00發車，每20分鐘1班車，末班車17:40(11/1～3/31每40分鐘1班車，末班車17:00) 💲 每次大人￥210、小孩￥110 ❓ 從函館車站4號站牌出發的循環巴士，繞一圈33分鐘，共22站，中途停靠金森倉庫群、元町地區許多知名景點，從函館車站到纜車站前約15分鐘

(B)函館山纜車接駁巴士

⏰ 每日的傍晚到晚上運行，每30分鐘1班車 💲 每次大人￥240、小孩￥120 ❓ 從函館車站4號站牌出發，中途停靠站只有函館國際飯店、明治館、十字街，從函館車站到纜車站前約11分鐘

❸ **函館山登山巴士**：最省錢的交通方式，能直接搭到山上，節省上千圓的纜車費用，缺點是只有週末及假日運行，且無法體會搭纜車的樂趣，建議可選擇纜車、登山巴士各搭一趟。

⏰ 週末及假日的午後到晚上運行(7/24～8/18每日運行) 💲 單程大人￥400、小孩￥200 ❓ 從函館車站4號站牌出發，中途停靠站有東橫Inn函館朝市、函館國際飯店、明治館、十字街、登山口，可直接開到函館山上，從函館車站到山頂約30分鐘

註：持有函館巴士專用1日券、市電車巴士共通1日或2日乘車券的旅客可搭乘上述所有巴士不需另行付費。

🌐 函館巴士 www.hakobus.co.jp

令人目眩神迷的函館百萬夜景(照片提供／北海道觀光振興機構)

五稜郭緬懷歷史·
大沼公園體驗大自然生態
"令人垂涎三尺的海鮮蓋飯及迴轉壽司"

今日
這樣玩

goo.gl/M9JC9Y

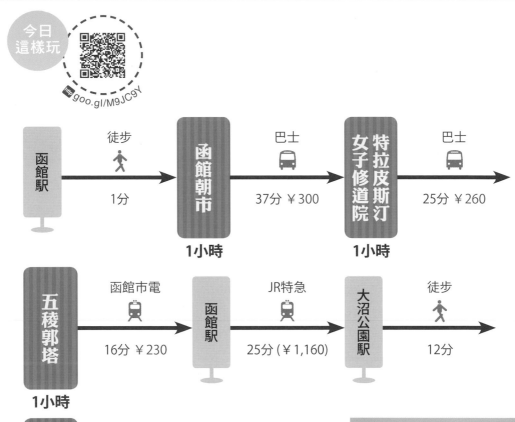

函館驛 — 徒步 1分 → 函館朝市 (1小時) — 巴士 37分 ¥300 → 特拉皮斯汀女子修道院 (1小時) — 巴士 25分 ¥260 →

五稜郭塔 (1小時) — 函館市電 16分 ¥230 → 函館驛 — JR特急 25分 (¥1,160) → 大沼公園驛 — 徒步 12分 →

大沼國定公園 (2小時) — JR特急 3小時40分 (¥8,310) → 札幌駛 → 宿札幌

矗立護城河旁的五稜郭塔
(照片提供／北海道觀光振興機構)

函館朝市

俗擱大碗的海鮮蓋飯

位於函館車站旁的朝市，是在地人也是觀光客最愛的市場，占地1萬坪，上百間店鋪，新鮮蔬果、生鮮食材、漬物、日用雜貨，應有盡有，清晨約5、6點就開始營業，適合一大早來逛街覓食。許多知名餐館的海鮮丼便宜又大碗，還有活生生的帝王蟹，想大快朵頤吃頓海鮮大餐，來這裡準沒錯啦！

1.きくよ食堂的海鮮丼(小碗￥1,480)／**2.**占地廣大的函館朝市(照片提供／北海道觀光振興機構)／**3.**新鮮肥美的帝王蟹

{Info}

🕐 各店家不同，請查詢網站 ➡ JR函館駅徒步1分 http www.hakodate-asaichi.com

特拉皮斯汀女子修道院 (聖母トラピスチヌ修道院)

充滿藝術美感的修道院

這棟兼具哥德式與羅馬式風格的紅磚建築是日本第一間女子修道院，由法國派來的8位修女創立，內部禁止參觀，但光是優雅的歐風建築及綠意盎然的美麗庭園就吸引不少遊客前來。商店裡販售修女們手工製作的法式糕點，此外，修道院對面「市民の森」的公園裡，販售北海道公認最棒的冰淇淋。

莊嚴的聖母瑪麗亞雕像

女子修道院是外觀優雅的紅磚建築

院內有花草修剪整齊的美麗庭園

{Info}

✉ 北海道函館市上湯川町346 📞 0138-57-3331 🕐 08:10～17:00(冬季08:20～16:30)，週三休院(冬季週日休院)，12/30～1/2休院 ➡ 函館車站搭乘「五稜郭 特拉皮斯汀接駁巴士」於「トラピスチヌ前」下車，單程約37分鐘￥300

257

五稜郭塔

賞櫻名勝、歷史遺跡的星形堡壘

五稜郭是江戶時代末期為防禦外國入侵而建造的要塞，也是幕府最後一役「箱館戰爭」的戰場，深受歷史迷及動漫迷愛戴的新選組副長土方歲三就是戰死於此處，因此五稜郭有著極重要的歷史地位。建築的最大特色為星形，登上五稜郭塔的展望台俯瞰，腳下是護城河切割而成的星形堡壘，遠處的函館山、津輕海峽也一覽無遺。春天有上千株櫻花盛開，整個五稜郭公園搖身一變成為高人氣賞櫻名勝。

{Info}

✉ 北海道函館市五稜郭町43-9　📞 0138-51-4785　🕐 08:00～19:00(10/21～4/20為09:00～18:00)　💲 大人￥900、中高生￥680、小學生￥450　➡ 函館市電「五稜郭公園前」下車徒步約15分；函館巴士「五稜郭」下車徒步約15分，或「五稜郭公園入口」下車徒步約7分；或搭乘「五稜郭‧特拉皮斯汀接駁巴士」於「五稜郭タワー前」下車徒步30秒　🌐 www.goryokaku-tower.co.jp

1.五稜郭塔的頂端是展望台(照片提供／北海道觀光振興機構)／2.大砲模型／3.在展望台俯瞰星形堡壘(照片提供／北海道觀光振興機構)／4.春天為賞櫻名勝(照片提供／北海道觀光振興機構)／5.悲劇英雄土方歲三的紀念銅像／6.商店裡有新選組及土方歲三的紀念T恤

函太郎迴轉壽司 🍱

C/P值超高，連東京車站地下街也吃得到

　　三面環海的函館，漁獲豐富，函太郎第一家本店源起宇賀浦的漁港直送產地，走平價路線，且食材鮮美，頗受好評，之後分店如雨後春筍般開設，甚至拓展到東京、大阪及整個東北地區。函館店面多在市郊，觀光客若是想朝聖，最方便的就是五稜郭公園分店。師傅在迴轉檯內現場製作壽司，除了檯上的，也可以直接向師傅點餐，桌上有綠茶粉，打開水龍頭就有熱水，可以自己無限沖泡綠茶。

店面很大、隨時生意都很好的函太郎五稜郭公園分店

檯上的迴轉壽司可自取

{Info}
✉ 北海道函館市五稜郭町25-17(五稜郭公園店)　📞 0138-52-5522
🕐 11:00～22:00　➡ 從五稜郭公園前站步行約15分　http cht.kantaro-hakodate.com

大沼國定公園

體驗大自然美景與戶外活動的新日本三景

　　大沼公園是座大型自然公園，有大沼、小沼、蓴菜沼3座湖泊，百餘個大小不一的小島散落其間，有山有水，沿湖種滿水草植物，是許多動物、水鳥棲息的天堂，優美風景與豐富大自然生態成為「新日本三景」。有環湖步道，可散步，也能租自行車遊覽，還有泛舟、露營、釣魚、高爾夫球，戶外活動多采多姿，距離函館只有28公里，為熱門度假勝地。

騎自行車遊覽大沼公園，還能體驗多人協力車的樂趣

{Info}
✉ 北海道龜田郡七飯町大沼町1023-1
➡ JR大沼公園駅下車徒步1分　http www.onuma-guide.com

大沼公園，湖泊周圍種滿植物水草

豆知識　日本三景VS新日本三景

　　「日本三景」的說法最早是由江戶時代學者提出，從古至今都是日本旅遊名勝，包括宮城縣松島、京都天橋立、廣島縣宮島。「新日本三景」則是1915年由日本全國投票選出，包括北海道大沼公園、靜岡縣三保の松原、大分縣耶馬溪。

Day 6 小樽

復古歐風城市‧浪漫運河散策

"吃完握壽司後再來個悠閒貴婦下午茶"

今日這樣玩

goo.gl/uFeUho

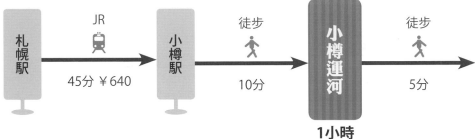

札幌駅	→JR 45分 ¥640→	小樽駅	→徒步 10分→	小樽運河	→徒步 5分→

1小時

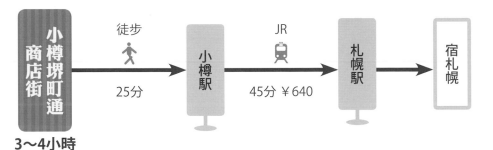

小樽堺町通商店街	→徒步 25分→	小樽駅	→JR 45分 ¥640→	札幌駅	→宿札幌

3～4小時

玩家提示

小樽玩樂指南

　　小樽主要景點都在徒步範圍內，懶得走路可搭乘「小樽散策巴士」，多數旅客從札幌搭車當天來回。若有時間推薦在小樽住1晚，欣賞小樽漁港及天狗山夜景，隔天早上還可前往余市(巴士單程35分鐘¥430)，余市蒸餾所是日劇《阿政與愛莉》場景，可觀賞製酒過程，有免費的酒和蘋果汁提供試飲。

余市蒸餾所

小樽運河

詩意浪漫歐風河畔散策

　　小樽運河是觀光客必遊之地，有許多舊倉庫改建的餐廳及商店。河畔偶遇樂器演奏或素描寫生的藝術家，沿岸矗立著復古煤油路燈，無論是沿河岸散步、或乘船遊河，都能充分感受歐風浪漫氣息。運河對面的出拔小路及小樽運河食堂，集結多家美食店，若用餐時間逛到這兒可以順便飽餐一頓。

1.搭遊覽船周遊運河／2.運河斜對面的出拔小路有許多美食餐廳／3.小樽運河夜景更顯浪漫詩意／4.小樽運河PLAZA，提供觀光資訊，也有很多人力車車夫在這等遊客上門／5.歐風洋溢的小樽運河

{Info}

✉ 小樽市色內2-1-20(小樽運河PLAZA)　➡ JR小樽駅徒步約10分

小樽堺町通商店街

玻璃藝品、音樂盒專門店&甜點大街

堺町通是小樽最熱鬧的街道，許多保留至今的大正及昭和時代建築，改建成各種店鋪，摻雜著歐風小屋、石造倉庫，還有人力車不時穿梭其間，充滿特殊的西洋風與復古風情。小樽素以玻璃工藝聞名，每走幾步路就有間硝子館(玻璃工坊)，舉凡食器、文具、擺飾品，多元化又華麗絢爛的彩色玻璃製品令人目不暇給。還有許多款式精緻的音樂盒，讓人愛不釋手，有興趣的人可以參加體驗課程，有專家現場指導製作手工玻璃品和音樂盒。

此外，北海道最具代表性的幾家甜點在這裡都有分店，能入手伴手禮，更是逛街後喝下午茶的好去處。

{Info}

JR小樽駅徒步約15～20分

http otaru-sakaimachi.com

少男、少女心噴發

◀▲各式各樣精美的音樂盒
(照片提供／北海道觀光振興機構)

1.大正硝子館，旗下有十幾家分店，是小樽歷史悠久的代表性玻璃工坊／**2.**小樽浪漫館，豐富的飾品與玻璃藝品，很好挑禮物，還有密室咖啡廳／**3.**北一硝子三号館，內有玻璃賣店及咖啡店，石油燈大廳非常特別／**4.**北一硝子三号館的後方商店，推出獨家的特大8段冰淇淋(¥580)／**5.**銀の鐘二号館，人氣咖啡屋，喝完還可以把咖啡杯帶回家當紀念喔

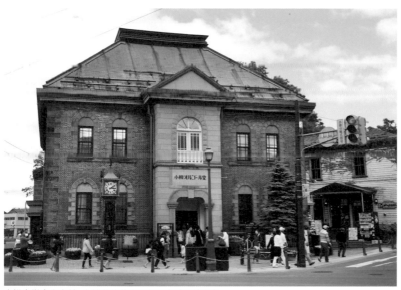

{Info}

大正硝子館 本店
✉ 小樽市色內1-1-8
🕐 09:00～19:00
http www.otaru-glass.jp

小樽浪漫館
✉ 小樽市堺町1-25
🕐 09:30～18:00

北一硝子三号館
✉ 小樽市堺町7-26
🕐 08:45～18:00
http www.kitaichiglass.co.jp

銀の鐘二号館
✉ 小樽市相生町6-1
🕐 09:00～17:00
http www.ginnokane.jp

小樽音樂盒堂 本館
✉ 小樽市住吉町4-1
🕐 09:00～18:00
http www.otaru-orgel.co.jp

小樽音樂盒堂本館，在懷舊的藝術空間裡享受天籟之音

小樽洋菓子舖LeTAO ✕

當個貴婦品嘗優雅下午茶

　　源自小樽的LeTAO，以雙層起司蛋糕擄獲大家的心，成為北海道代表性甜點。小樽有很多家店面，最推薦的當然是本館，以千圓日幣有找的價格就能優雅享受下午茶。別忘記登上頂樓欣賞異國風情的小樽街景，遠處山海也盡收眼底。

{Info}
✉ 小樽市堺町7番16号(本館)
🕐 09:00~18:00
http www.letao.jp

▲ ▶本館頂樓可眺望小樽市街與山海美景

◀巧克力覆盆子蛋糕

LeTAO本館

LeTAO本館下午茶

政壽司 ❌

動漫迷朝聖名店

小樽有條路名叫「壽司屋通り」，顧名思義就是集結許多握壽司店的街道，其中最負盛名的是「政壽司」，作為知名漫畫《將太的壽司》翻拍日劇場景，吸引無數動漫迷及觀光客前來朝聖。坐在板前，新鮮食材在眼前一字列開，欣賞和藹可親的師傅展現資深功力，握壽司有多種價位組合，全部捏製完成才一起上桌。記得上官網列印優待券，還可以額外多送1貫壽司喔！

政壽司是知名動漫故事拍攝場景

在板前欣賞資深師傅的絕技

{Info}

✉ 小樽市花園1-1-1(本店) ☎ 0134-23-0011 ⏰ 11:00～15:00(週末、假日到16:00)，17:00～21:30，週三公休 ➡ JR小樽駅徒步8分 http www.masazushi.co.jp

7貫¥3,500的握壽司套餐

握 群来膳 ❌

握群來膳的低調門面▶

米其林二星握壽司

北海道米其林指南先後於2012及2017年發行2版，「握 群来膳」2次均榮獲二星殊榮。為了維持用餐品質，店內最多只能容納15人，而且僅接受電話訂位。最便宜的是午餐12貫¥5,000，晚餐則由¥10,000起跳。握壽司是一貫一貫循序上桌，以小樽製造的玻璃器皿盛裝，除了品嘗美味，還結合在地玻璃工藝美學，足以見職人之用心。

{Info}

✉ 小樽市東雲町2番4号ヴィスタ東雲1階 ☎ 0134-27-2888 ⏰ 11:30～15:00，17:30～22:00，週二公休 ➡ JR小樽駅徒步10分 http kukizen.jp

1.以小樽玻璃器皿為食器，擺盤精緻／**2～5.**握壽司是一貫一貫慢慢上桌

單點的雞皮▶

若雞時代なると

小樽的B級美食雞料理

　　這家雞肉料理近年來大受歡迎，如果不想吃海鮮可以來嘗嘗。最受歡迎的是若雞定食，一個人吃剛剛好，想和同伴分著吃也能單點。人很多不想排隊時可以外帶，運河對面的出拔小路也有分店喔！

若雞時代

若雞定食(¥1,000)

{Info}
✉ 小樽市稲穂3-16-13(本店)　☎ 0134-32-3280　🕐 11:00～21:00　➡ JR小樽駅徒步7分　http otaru-naruto.jp

---

小樽諾德飯店 (Hotel Nord Otaru) 🛏

運河夜景相伴入夢鄉

　　位於小樽運河畔，在房間打開窗戶就能欣賞運河倉庫景致，充分享受度假的愜意時光。大理石建造的大廳十分氣派，頂樓展望台於早上免費開放，能邊喝咖啡邊欣賞市街景色。早餐是自助式吃到飽，擁有豐盛的地產美味海鮮。

{Info}
✉ 北海道小樽市色內1-4-16　☎ 0134-24-0500　$ 每人約¥8,500～40,000(2人1室，含早餐)　➡ JR小樽駅徒步8分　http www.hotelnord.co.jp

挑高式大廳

飯店頂樓能欣賞小樽街景

外觀氣派的小樽諾德飯店

早餐自助式吃到飽，菜色豐富，還有很多海鮮

購物血拼的天堂

"札幌三大美食：湯咖哩、味噌拉麵、成吉思汗"

今日
這樣玩

http
goo.gl/K3BwZG

　札幌景點交通方便，搭乘地下鐵後徒步大多可到達，本處僅列出簡圖表示行程順序。

二条市場 ➡ 北海道大學 ➡ 北海道神宮 ➡ 白色戀人公園 ➡
北海道廳舊本廳舍 ➡ 大通公園・札幌電視塔 ➡ 札幌時計台
➡ 貍小路商店街

旅遊案內所
出發前先了解的事

搭地下鐵、路面電車、巴士遊遍札幌

週末假日1日券比平日更便宜

　地下鐵是往來札幌市區及市郊最常用的交通工具，分為南北線、東西線、東豐線，這3條路線的共同交會點在大通站。市電為路面電車，自從興建地下鐵後被慢慢廢除，只剩下如今從貍小路出發繞行一圈約60分鐘的環狀路線。路線密集的巴士也是市區很方便的交通工具，有些不在地下鐵或市電沿線的景點就能搭乘巴士，從札幌車站到薄野周邊地區還特別推出都心內100圓巴士，非常便宜，妥善利用能節省腳力。

$ 地下鐵每回￥200～370(視距離而定)，市電每回￥200；「地下鐵專用1日乘車券」大人￥830、小孩￥420，另有「週末假日優惠1日券(ドニチカキップ)」大人￥520、小孩￥260，限用於週末、例假日、12/29～1/3。路線巴士票價視距離而定，都心內100円巴士每回大人￥100、小孩￥50

http 札幌市交通局：
www.city.sapporo.jp/st
JR北海道巴士：
www.jrhokkaidobus.com
都心內100円巴士：
ekibus.city.sapporo.jp/100yen

札幌車站

巴士

路面電車

地下鐵，很像台灣的捷運

北海道大學

走訪歐風農場、歐式校舍
在食堂裡品嘗銅板價美食

北海道大學前身為札幌農業學校，校園北邊的農場至今仍保留許多穀倉、牛舍、家畜房，有一瞬間覺得自己飛到了北歐農莊。白楊木林道、銀杏大道是北海道大學最美麗的景觀，法國文藝復興式設計的「古河講堂」，登錄為日本有形文化財。學校的食堂全面開放，有自助餐、丼飯、拉麵等各式餐點，只要300～400日圓的銅板價就能吃到豐盛飽足的一餐，很適合想節省荷包的背包客。自然美景、藝術美學、濃濃的學院氣息，非常推薦來當個半日偽大學生，重拾青春朝氣！

1.銀杏大道(照片提供／北海道觀光振興機構)／2.茵茵綠地上的磚紅色斜屋頂木造農舍／3.白楊木林道／4.古河講堂

{Info}

✉ 北海道札幌市北區北8条西5丁目 ☎ 011-716-2111 ➡ JR札幌車站北口徒步10分 http www.hokudai.ac.jp

北海道神宮

綠意盎然森林裡的北海道總鎮守

祭祀開拓北海道的守護神，為當地人信仰中心。位於面積廣大的圓山公園內，周邊杉木林、檜木林宛若小動物的遊樂園，春天為賞櫻及賞梅勝地。著名和菓子「六花亭」在這裡設置了休憩處，免費招待大家一杯熱茶以及稱為判官餅的紅豆麻糬點心。

{Info}

✉ 北海道札幌市中央區宮ケ丘474 ☎ 011-611-0261 ⏰ 4～10月06:00～17:00，2月及11～12月07:00～16:00，3月07:00～17:00，1月詳見官網 ➡ 地下鐵「円山公園」駅下車徒步15分，或JR巴士「神宮前停留所」下車徒步1分 http www.hokkaidojingu.or.jp

北海道神宮

可愛的Hello Kitty御守

玩家提示　札幌其他推薦景點

市區景點：中島公園、圓山公園、札幌啤酒博物館。夜景勝地：JR Tower、藻岩山(日本新三大夜景)。市郊景點：札幌藝術之森、羊之丘展望台、莫埃來沼公園(モエレ沼公園，Moere沼公園)、國營瀧野鈴蘭丘陵公園、北海道開拓之村、大倉山跳台競技場空中纜車。近郊溫泉：定山溪溫泉、豐平峽溫泉。

宛若童話中的歐風城堡

每逢整點從鐘樓出現的機器人偶

白色戀人公園

夢幻城堡巧克力主題公園

　　石屋製菓株式會社出產的白色戀人是北海道最具代表性的伴手禮,由工廠改裝的白色戀人公園也成為超人氣觀光景點。在工廠觀摩這風靡全日本的白色巧克力是如何誕生的,也可以體驗製作流程。園區的城堡、噴水池、花園,四處洋溢著濃厚歐洲風情,每逢整點還有機器人偶伴隨音樂上演「巧克力嘉年華」喔!

{Info}

✉ 北海道札幌市西区宮の沢2-2-11-36 ☎ 011-666-1481 🕐 09:00～18:00 💲 公園免費參觀,工廠票價大人￥600、國中生以下￥200 ➡ 地下鐵東西線「宮の沢」駅下車徒步7分 http www.shiroikoibitopark.jp

大通公園

四季都有熱鬧活動的市區綠洲

　　狹長形的大通公園,橫跨13條街道,綠油油草坪,各種花卉爭奇鬥豔,是市民散步休閒的綠地。公園內有許多賣玉米的攤販車,又香又甜的玉米成為大通公園名物。一年四季都有節慶活動,如紫丁香祭、Yosakoi索朗祭、夏日啤酒節、秋天美食節、白色燈節與雪祭,充滿活力與朝氣。

大通公園噴水池與附近的札幌電視塔

大通公園內有很多賣玉米的攤販車

◀玉米為大通公園名物▶

{Info}

✉ 北海道札幌市中央區大通西1～12丁目 ➡ JR札幌駅南口徒步約9分,或地下鐵「大通」駅下車 http www.sapporo-park.or.jp/odori

種滿花草樹木的大通公園為市區綠洲

札幌觀光幌馬車,巡遊大通公園周邊景點,每回￥2,100起

札幌電視塔·札幌時計台

從電視塔眺望大通公園的秋季紅葉美景(照片提供／北海道觀光振興機構)　札幌時計台

札幌市區兩大地標

　　大通公園東邊的札幌電視塔是札幌地標,登上高90公尺的展望台,眺望熱鬧的市街與公園景致,更是觀賞夜景好去處,吉祥物「電視爸爸」的周邊商品也頗受歡迎。距電視塔步行約5分鐘路程的札幌時計台為另一地標,原為札幌農學校的練武場,紅色屋頂、白色牆壁的木造建築採美式風格,每逢整點鐘聲響起,又稱鐘樓,是國家指定重要文化財。

{Info}

札幌電視塔

✉ 札幌市中央区大通西1丁目 🕐 09:00～22:00 💲 成人￥720,高中生￥600,國中生￥400,小學生￥300,幼兒(3～5)￥100 ➡ JR札幌駅南口徒步約15分,或地下鐵「大通」駅27號出口直通 🌐 www.tv-tower.co.jp

札幌時計台

✉ 札幌市中央区北1条西2丁目 🕐 08:45～17:10 💲 成人￥200,高中生以下免費 ➡ JR札幌駅南口徒步約10分,或地下鐵「大通」駅7號出口徒步5分 🌐 sapporoshi-tokeidai.jp

夜晚點燈的札幌電視塔

北海道廳舊本廳舍

展示北海道歷史的紅磚屋

　　走美式風格的新巴洛克式建築,建立於1888年,外牆使用大量紅磚,有「紅磚廳舍」之稱。曾作為行政機關辦公場所,館內重建當年辦公室情景,展示許多北海道歷史文物及資料,開放民眾免費參觀。

{Info}

✉ 札幌市中央區北3條西6丁目 🕐 08:45～18:00 ➡ JR札幌駅南口徒步約9分,或地下鐵大通駅徒步約9分

巴洛克風格的北海道廳舊本廳舍

札幌車站商圈

逛不完的百貨公司與地下街

　　和札幌車站相連的ESTA、APIA、Paseo、Stellar Place都是大型複合商業設施，加上隔壁的大丸百貨，購物血拼、各式美食一應俱全，夜晚還能上JR Tower觀賞夜景，光是在車站就足以消磨一天時光。如果逛不過癮，還有地下街，從地下鐵大通站延伸出去的2條十字交叉地下街，往東邊的Aurora Town通往札幌電視台，往南邊的Pole Town通往薄野站，到了薄野還能繼續逛狸小路，當真是逛到腳軟啊！

指標很清楚的Pole Town地下街

◀札幌車站裡販售Kinotoya Bake的半熟起司塔

{Info}

http JR Tower：www.jr-tower.com，札幌地下街：www.sapporo-chikagai.jp

狸小路商店街

俗又大碗的伴手禮大搜刮

　　從一丁目到七丁目，長900公尺，是北海道最古老的商店街之一。200多家店鋪，藥妝店、土產店、服飾店，包羅萬象，也不乏美食藏身其中。大眾化的土產伴手禮在這買最便宜，直接算免稅價，很多人都是買到裝箱扛著走喔！

各種口味牛奶糖，好吃又便宜▶

狸小路商店街

{Info}

http www.tanukikoji.or.jp

札幌伴手禮特搜

◀信玄味噌拉麵

▲PICANTE湯咖哩

◀昆布太郎

▲哈密瓜口味的
巧克力玉米棒

▲札幌大通公園
Oh!烤玉米脆菓

咖哩仙貝▶

▲Potato Farm生產的各種口味濃湯

札幌美食特搜

最具代表性的味噌拉麵、湯咖哩、成吉思汗烤羊肉，是萬萬不能錯過的札幌三大美食。
愛吃海鮮的人一定要去二条市場、中央場外市場，保證能大飽口福。
另外，身為北海道最大城市，高貴卻不貴的米其林料理也非常推薦哞！

▶▶ 札幌拉麵共和國
北海道各大城市拉麵巡禮

位於札幌車站旁ESTA百貨10樓，整體裝潢設計走昭和街道懷舊風，集結北海道各地知名拉麵店共8家。北海道三大主流的札幌味噌拉麵、旭川醬油拉麵、函館鹽味拉麵，用不著四處奔波，來這裡就能一次吃遍！

▲拉麵共和國

▲昭和懷舊風布置令人會心一笑

{Info}

✉ 札幌市中央区北5条西2丁目エスタ10F ☎ 011-209-5031 🕐 11:00～22:00 http www.sapporo-esta.jp/ramen

▶▶ 一粒庵
顛覆想像的全新口感味噌拉麵

一粒庵是連札幌在地人都很愛的拉麵店，曾獲選米其林北海道特別版推薦，門口懸掛的五顆星綠燈籠代表全使用當地道產食材。元氣味噌拉麵是店內招牌，麵條100%北海道小麥手工製作，叉燒豬肉略帶焦香，加上韭菜炒滑蛋、水菜、香蔥等配料，味噌湯頭濃郁且多層次，讓人不知不覺就把湯喝個精光。

▲門口掛著綠燈龍的一粒庵

▲元氣味噌拉麵

{Info}

✉ 札幌市中央区北4条西1-1ホクレンビルB1 ☎ 011-219-3199 🕐 11:30～15:00，17:00～21:00，週日公休 ➡ JR札幌駅徒步5分，或地下鐵札幌駅23號出口電梯直通大樓B1 http www.ichiryuan.com

▶▶ 炎神拉麵
火燒拉麵live show

位於狸小路商店街的炎神拉麵，是超人氣札幌味噌拉麵名店，還開設分店到臺灣。味道鮮美的湯底是以北海道產多種海陸食材加入特製味噌熬煮而成的，再以1,300度高溫火槍炙燒湯底，這門獨特「炎之技」把整碗湯的精華濃縮到極致，正是湯頭香醇濃郁又不油膩的關鍵性祕訣。

炎之味噌拉麵2012是▶冠軍人氣王(￥800)

▲以火焰噴槍調製湯頭，聲光效果十足

{Info}

✉ 札幌市中央区南二条西4-4(狸小路四丁目商店街) ☎ 011-206-9900 🕐 11:00～23:00 ➡ 地下鐵大通駅或すすきの駅徒步3分 http n43engine.com/index.html

▶▶ 奧芝商店

海老特製湯頭的元祖湯咖哩名店

湯咖哩是札幌三大美食之一，奧芝商店是標榜以鮮蝦熬煮湯頭的元祖湯咖哩名店，在Tripadvisor及Tabelog網站都獲得極高評價。每碗湯咖哩都有固定的蔬菜和配料，辛辣度和飯量則是客製化。主菜提供多元化選擇，基本款是雞腿和野菜，另有牛、雞、豬、海鮮煎製的鐵板燒漢堡排，價位平均約￥1,000～1,700，推薦加￥100升級海老湯頭，鮮蝦的甘甜味、咖哩的香濃辛味完美結合成絕妙湯頭，令人大呼過癮。

▲鐵板燒漢堡排湯咖哩

◀奧芝商店駅前創成寺

▲坐在板前欣賞料理過程

▲很有氣氛的用餐空間

{Info}

✉ 札幌市中央区北4条西1-1ホクレンビルB1(駅前創成寺分店) ☎ 011-207-0266 ⏰ 11:00～22:00 ➡ JR札幌駅徒步5分，或地下鐵札幌駅23號出口電梯直通大樓B1 http www.facebook.com/2013souseiji

---

▶▶ 成吉思汗達摩（ジンギスカン だるま）

北國烤羊肉特色料理

「成吉思汗」是札幌極具北國特色的料理，把生羊肉、洋蔥和蔬菜放在爐上燒烤，搭配醬汁享用。創業60多年的達摩是在地老店，在薄野有4家店面，不論何時前往都得排隊。選用出生未滿1年的小羔羊，肉質軟嫩無腥味，搭配祖傳祕方醬汁，烤肉熱氣瀰漫，大口喝著冰啤酒，酒酣耳熱之際，氣氛也跟著high起來了！

▲深夜也有很多人排隊的達摩

{Info}

✉ 札幌市中央区南五条西4クリスタルビル1F(本店) ☎ 011-552-6013 ⏰ 17:00～03:00 ➡ 地下鐵「すすきの駅」徒步約6分 http best.miru-kuru.com/daruma

享受DIY烤羊肉的▶
樂趣(1人份￥785)

▶▶二条市場 大磯

在地人最愛的超澎湃海鮮丼

　　有札幌人廚房之稱的二条市場，以新鮮漁貨及各地海鮮著稱，更是海鮮丼的一級戰區，其中人氣最旺的當屬大磯，老闆堅持每天早上往市場挑選當日最新鮮良材，絕不用冷凍品，維持最高品質。最受歡迎的三色丼，能一次品嘗到海膽、鮭魚卵、鱈場蟹，一入口就令人驚豔的鮮美，難怪是當地人回訪率最高的店家了！

▲三色丼(￥3,480)

▲二条市場

▲二条市場的新鮮海產

▲大磯門口的食物模型很吸引人

{Info}

✉ 札幌市中央区南3条東2丁目二条市場2丁目入口　☎ 011-219-5252　⏰ 07:00～22:00(週日只到17:00)，每月第一、三個週三公休　➡ JR札幌駅約20分；大通駅或薄野駅徒步約10分　🌐 ohiso.net

▶▶Molière (モリエール)

米其林三星法國料理

　　北海道入選米其林三星的餐廳僅3家，Molière為其中之一。餐廳坐落於圓山公園對面住宅區，十分安靜，窗外滿是綠意。餐廳布置優雅，服務生專業有禮貌，午餐、晚餐各有4種價位的套餐提供選擇。主廚發揮創意將北海道各地時令食材製作成令人驚豔的餐點，美味自然不在話下，就連擺盤及上菜都極具巧思，兼具視覺與味覺的饗宴，展露米其林三星以客為尊的用心。

▲邊用餐還可邊欣賞窗外綠意

▲精緻擺盤，時常更換的餐桌擺飾品

▲桌邊現切的無花果磅蛋糕

▲干貝炸成天婦羅

▲北寄貝

▲夢幻的桌邊上菜

{Info}

✉ 札幌市中央区宮ヶ丘2丁目1-1ラファイエット宮ヶ丘1F　☎ 011-631-3155(建議提前電話預約)　⏰ 11:30～14:00，17:30～20:00，週三公休　💲 午餐￥3,600～11,000，晚餐￥8,000～15,000，另加10%服務費　➡ 地下鐵東西線「円山公園駅」3號出口徒步10分　🌐 www.sapporo-moliere.com

番外篇

自·己·開·車·吧！
北海道道東自駕8日旅

自從日本開放外國人租車後，自駕遊日的觀光客越來越多。

北海道是自駕旅遊的好地方，尤其是交通不便的道東祕境，

景點非JR能直達，需仰賴班次稀少的巴士，

不僅交通銜接不易，巴士費用也貴得驚人。

只要有2～3人分攤，租車自駕就成了最好的交通工具，

無拘無束，自己掌控時間，增加旅遊的深度與機動性。

旅遊案內所
山發前先了解的事

日本自駕好簡單，輕鬆租車自由行

7步驟一點就通

Step1 上網比價預約

日本大型租車公司如ORIX、Times Car、Toyota等都有網站，建議先利用Tabirai日本租車網(tc.tabirai.net)比價，選擇合適的車款，連同保險方案一併確認後在網站完成預約手續。

Step2 申請駕照日文譯本

先在台灣申請駕照的日文譯本，租車時連同臺灣駕照正本及護照一併出示給租車公司。

Step3 領車

租車現場會有人員說明規定事項、驗車、付費後就能正式上路了。

高效能又省油的自駕體驗

Step4 熟練右駕

日本是「右駕」，特別注意轉彎時不要開錯車道。方向燈在右邊、雨刷在左邊。

Step5 善用導航

多數車輛都有中文導航系統(預約時可指定)，建議事先查好目的地電話或Map Code，只要輸入數字就開始導航，相當方便。

簡單易上手的GPS導航系統

Step6 選擇高速公路通行費方案

若行程會經過高速公路，建議先在網站(www.driveplaza.com/traffic/search)查詢通行費，有些地區會推出期間限定外國人優惠方案，購買Expressway Pass就能吃到飽，可計算每日通行費後看吃到飽方案是否划算。多數租車公司都有提供ETC租卡服務，網路預約時記得勾選ETC卡並確認租卡費用。

Step7 還車

依照約定時間還車，還車前需將油箱加滿，若有安裝ETC，行駛高速公路的通行費會在還車時一次繳清。

道東8日這樣玩
goo.gl/73hyxe

- **Day1** 新千歲機場 ➡ 星野度假村TOMAMU ➡ 宿TOMAMU
- **Day2** TOMAMU ➡ 帶廣(六花の森、花畑牧場) ➡ 宿帶廣
- **Day3** 帶廣 ➡ 釧路(細岡展望台、和商市場) ➡ 宿釧路
- **Day4** 釧路 ➡ 道東三湖(摩周湖、屈斜路湖、阿寒湖) ➡ 宿阿寒湖溫泉
- **Day5** 阿寒湖 ➡ 知床(知床五湖) ➡ 宿知床
- **Day6** 知床 ➡ 小清水原生花園 ➡ 網走 ➡ 宿網走
- **Day7** 網走 ➡ 層雲峽 ➡ 旭川(旭山動物園) ➡ 宿旭川
- **Day8** 旭川 ➡ 新千歲機場

在寬廣道路上馳騁

★小提醒：每天開車距離最好在150～200公里內才不會太累。從網走到新千歲機場的路段較長，可考慮從女滿別機場搭國內線班機(約¥10,000)到新千歲機場或羽田機場後再轉機回國，節省開車的時間和體力，但需注意會多一筆異地還車的費用。

星野度假村TOMAMU (星野リゾートトマム)

安藤大師打造的夢幻水之教堂

星野集團是日本知名的高級度假村業者，北海道TOMAMU度假村請來建築大師安藤忠雄設計「水之教堂」，吸引無數觀光客前來朝聖，以大師一貫風格的清水混凝土建造，佇立於流動池水中的十字架，夜晚與清晨呈現截然不同的風貌。此外，清晨5點搭纜車上山觀賞壯觀雲海更是可遇不可求的奇蹟美景。

對戶外活動有興趣的人還能參加划船、騎馬、熱氣球體驗，是個多采多姿、令人捨不得離開的度假村。

{Info}

✉ 北海道勇払郡占冠村中トマム 📞 0167-58-1111 ➡ 新千歲空港駅搭JR到「トマム駅」下車(約90分鐘)再轉接駁車；新千歲機場開車到星野度假村約100分鐘 http www.snowtomamu.jp

1.前往雲海觀景台的纜車車票是一張明信片，可在觀景台的郵筒免費寄到全世界／**2.**雲霧翻騰似洶湧波浪的壯觀雲海／**3.**夜晚光影投射下的夢幻水之教堂／**4.**清晨寧靜清幽的水之教堂

六花の森・花畑牧場

米甜點土國大飽口福吧

　　帶廣是北海道畜牧業十分發達的地區，盛產各種乳製品，起司、牛奶、乳酪蛋糕、霜淇淋都是又香又濃。帶廣也是甜點大本營，許多北海道知名伴手禮的本店都來自帶廣。「六花の森」是六花亭經營的甜點園林，有庭園森林、美術館、賣店餐廳，最值得參觀的是有個展覽空間的四面牆壁及天花板貼滿六花亭logo花朵圖案，充滿藝術感的視覺饗宴。日本《電視冠軍》主持人田中義剛創辦的「花畑牧場」由帶廣發跡，可參觀起司及牛奶糖製作過程，也有餐廳和賣店。喜愛甜點的朋友來到帶廣簡直有如天堂，一定要安排豐富的甜點之旅哦！

▲香濃起司塔與迷你霜淇淋組合

六花亭綜合禮盒▶

{Info}

六花の森
✉ 北海道河西郡中札內村常盤西3線249-6 🕐 10：00～17：00(冬天休業) 💲 門票￥800 ➡ JR帶広駅開車約30分(Map Code：592389759*75) http www.rokkatei.co.jp

花畑牧場
✉ 北海道河西郡中札內村元札內東4線311-6 🕐 10：00～16：00 ➡ JR帶広駅開車約50分(Map Code：396481610*01) http www.hanabatakebokujo.com

六花の森的藝術空間

大人小孩都愛的花畑牧場

はげ天 🍴

帶廣B級美食「豚丼」

　　除了甜點，豚丼是帶廣的另一項必吃美食。光是車站附近就有好幾家名店，每到用餐時間全部都是大排長龍，是豚丼的一級戰區。豚丼其實就是豬排蓋飯，將厚切炭烤豬肉鋪在晶瑩剔透的白米飯上頭，淋上香氣四溢的醬汁，看似簡單，卻令人吮指回味。

{Info}

✉ 北海道帶広市西1条南10丁目 📞 0155-23-4478 🕐 11:00～21:00 ➡ JR帶広駅徒步3分 http www.obihiro-hageten.com

香氣誘人又美味的豚丼

北海道飯店 (北海道ホテル)

帶廣市區的溫泉度假飯店

　　1899年營業至今的北海道飯店是帶廣市區歷史悠久的知名飯店，占地廣大，擁有自成一格的庭園與溫泉，成為都會區裡難得一見的休閒度假飯店。客房空間大又舒適，可以觀賞綠意盎然的庭園，有些視野較佳的房間甚至能遠眺美麗的日高山脈。標榜美人湯的植物性溫泉，有公共浴池及露天溫泉，甚至最高級房型Forest Spa Twin的房間就有個半露天風呂，邊泡湯邊欣賞庭園景致，十分享受。

　　使用高級建材的建築相當氣派，「森の教會」是飯店裡的小教堂，寧靜幽美的氣息成為熱門婚禮勝地。早餐有日式、西式、湯咖哩3種餐點，可以坐在餐廳內，也能到庭園裡用餐。晚餐若不想外出，飯店也有鐵板燒、壽司等多元化選擇。擁有周全設備及親切服務的優質飯店，讓旅客有賓至如歸、徹底放鬆的度假好心情。

{Info}

北海道带広市西7条南19丁目1番地 ☎ 0155-21-0001 $ 每人每晚約¥7,200～12,000 ➡ JR带広駅徒步約12分鐘 http www.hokkaidohotel.co.jp

1.露天溫泉(照片提供／北海道飯店)／2.最高級房型Forest Spa Twin的舒適大床／3.日式和食餐廳／4.在板前觀賞師傅捏製握壽司／5.在庭園裡悠閒享用早餐／6.日式早餐／7.房間裡的半露天風呂／8.綠意盎然的廣大庭園／9.飯店大廳的超大型落地窗可欣賞庭園美景／10.森の教會

Day3
釧路

釧路溼原慢車號 (くしろ湿原ノロッコ号)

吹著涼爽微風,慢遊遼闊溼原

　緩慢行駛於釧路溼原中的觀光小火車,涼爽微風迎面吹來,空氣中盡是專屬於盛夏的清香綠意,從寬廣明淨的車窗可沿途欣賞釧路川與溼原美景。

{Info}

⊙ 夏季(6～9月)限定,一天來回各2班,請上網查詢最新時刻表 \$ 釧路駅～釧路溼原駅￥360,釧路駅～塘路駅￥540,此為單程費用,持北海道鐵路周遊券者可搭乘自由席,指定席需加價￥520 http www.jrkushiro.jp/norokko2017

行駛於溼原間的觀光小火車(照片提供／北海道觀光振興機構)

◀丹頂鶴木製書籤

Day3
釧路

細岡展望台

放眼眺望溼原的最佳瞭望台

　釧路溼原是日本最大的溼原,周邊丘陵設立許多展望台,其中觀光客最多的是細岡展望台,能俯瞰一大片濕原及S形蜿蜒其中的釧路川,天晴時甚至能遠眺阿寒群峰。

{Info}

✉ 北海道釧路郡釧路町字達古武22-9 ➡ JR釧路溼原駅徒步15分(Map Code:149654432*85)

細岡展望台的溼原美景

玩家提示　如何玩賞釧路溼原

　釧路溼原慢車號只有第一節車廂是自由席,2～4節為指定席,而展望車廂只設置在指定席。每天來回只有1～2班慢車號,建議付費搭1次指定席,其餘搭乘一般JR普通列車即可。在釧路溼原駅下車,步行到細岡展望台途中要爬一段木棧階梯,需預留足夠時間。附近的細岡遊客中心(細岡ビジターズラウンジ)提供觀光資訊,販售輕食及好吃的山葡萄霜淇淋,也有許多紀念商品。若時間充裕,可搭車到塘路駅,體驗划獨木舟悠遊溼原間。至於溼原特有的丹頂鶴,想看到得憑運氣,冬天機率較高。

丹頂鶴(照片提供／北海道觀光振興機構)

和商市場

來釧路市民的廚房品嘗自製海鮮勝手丼

和商市場有「釧路的廚房」之稱，與函館朝市、

札幌二条市場並稱為北海道三大市場。最有名的是「勝手丼」，可挑選自己喜歡的魚料，做成客製化的海鮮蓋飯喔！

市場販售新鮮又大隻的毛蟹

自己挑選海鮮製成勝手丼

{Info}

✉ 北海道釧路市黑金町13丁目25　☎ 0154-22-3226　🕐 4～12月08:00～18:00，週日到16:00；1～3月08:00～17:00，週日公休　➡ JR釧路駅徒步2分鐘　🌐 www.washoichiba.com

炉ばた ❌

爐端燒元祖店，品嘗8旬老奶奶手藝

釧路有名的「爐端燒」是客人圍坐在圍爐四周，師傅坐在正中央，以網架燒烤各種海鮮或野菜等料理，而「炉ばた」

爐端燒元祖店

是爐端燒的發祥店鋪，隨時都高朋滿座。坐在懷舊風情的老店裡，看80歲老奶奶親自坐鎮掌廚，食材新鮮美味，慢火烘烤得恰到好處，大家邊喝酒聊天邊享用美食，氣氛非常熱鬧。

▲新鮮又大顆的牡蠣　▲現烤花魚

{Info}

✉ 北海道釧路市栄町3-1　☎ 0154-22-6636　🕐 17:00～24:00(週日公休，但黃金週及8～10月中旬無休)　💲 菜單沒有標示價錢，每人平均消費約￥2,500～3,500，點餐時要小心節制　➡ JR釧路駅徒步約15分　🌐 www.robata.cc

釧路漁人碼頭MOO

幣舞橋旁的土產美食商場

位於釧路市中心，鼎鼎大名幣舞橋旁的大型商場，有新鮮漁獲、多種海鮮乾貨和罐頭食品，方便觀光客採購土產，2、3樓也有餐廳可品嘗在地美食。

幣舞橋旁的MOO商場

▲各地代表性風味咖哩

鹿咖哩、熊咖哩▶

幣舞橋落日為世界三大夕陽之一 (照片提供／北海道觀光振興機構)

{Info}

✉ 北海道釧路市錦町2-4　☎ 0154-23-0600　🕐 1樓商店10:00～19:00，7～8月09:00～19:00　➡ JR釧路駅徒步約15分　🌐 www.moo946.com

摩周湖

長年雲霧繚繞的神祕之湖

充滿神祕感的摩周湖，曾經是全世界透明度最高的湖泊，天氣晴朗時，澄淨湛藍的湖面藍到不可思議，被稱為「摩周藍」。可惜長年雲霧瀰漫，不輕易展現真面貌，因此流傳看到清晰湖面的人會晚婚、男女朋友一起來會分手等傳說。共有3個展望台，其中以觀光巴士會停留的第一展望台交通較方便。

總是霧氣瀰漫、充滿神祕感的摩周湖

{Info}

➡ 自駕前往(Map Code：第一展望台613781370*03) http www.masyuko.or.jp (選「觀光」→「摩周湖」)

屈斜路湖 砂湯

乘天鵝船遊湖，坐享砂地溫泉

屈斜路湖是日本最大的火山口湖，附近有許多火山及溫泉，最具代表性的是「砂湯」，只要在砂地往下挖個小坑就有熱騰騰的溫泉流出，沉浸在砂堆溫泉裡的感覺十分奇妙。也可乘船遊湖，每逢冬季吸引成群天鵝來此過冬，被譽為「最美的白鳥湖畔」。

{Info}

➡ 自駕前往(Map Code：638148559*31) http sunayu.teshikaga.asia

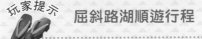

玩家提示 **屈斜路湖順遊行程**

離屈斜路湖僅10公里的硫黃山是座活火山，陡峭岩壁間隨時會冒出裊裊白煙，與噴氣孔旁的黃色硫磺構成獨特的火山景象。若有時間，可順道一遊。

➡ 自駕前往(Map Code：731713643*78)
http www.masyuko.or.jp (選「觀光」→「硫黃山」)

冒出陣陣濃煙、充滿硫磺氣味的硫黃山

滿地溫泉小坑的砂湯

阿寒湖

溫泉街散策，必賞最佳于信

♡ 要幸福喔～

　　阿寒湖為道東三湖首要代表，有許多地方能觀賞山岳倒映於清澈湖面的美景，同時也是知名溫泉區。

　　溫泉商店街的綠球藻可愛又療癒，為阿寒湖遠古傳說中的幸福象徵。愛伊努族的原住民部落也位於此處，商店有許多手工藝品，大多是木雕，也有鑰匙圈、項鍊、吊飾，是很有紀念價值的伴手禮。

玩家提示　道東三湖觀光巴士

　　摩周湖、屈斜路湖、阿寒湖合稱為「道東三湖」，為道東代表性景點。巴士班次少，交通銜接不易。非自駕旅客若想遊三湖，可搭乘「Pirika號」(ピリカ号)觀光巴士，從釧路出發，終點可選擇阿寒湖或返回釧路。

夏季(4～11月)Pirika號、冬季(1～3月)White Pirika號
💲 到阿寒湖下車(不回釧路)：大人¥3,290，小孩¥1,650；全程(返回釧路)：大人¥4,600，小孩¥2,300
http www.akanbus.co.jp/sightse (全車預約制)

{Info}
➡ 自駕前往(Map Code：739342729*04)
http www.lake-akan.com

愛伊努族原住民部落

原住民部落木雕民藝店

象徵幸福的阿寒湖綠球藻

可乘船欣賞阿寒湖的湖光山色

Day5 知床

知床五湖

日本最後秘境，小心熊出沒！

　　知床五湖是知床國立公園裡5個湖泊的總稱，在「知床八景」中知名度最高，是知床主要觀光景點。坐落於原始森林內，孕育許多特有動植物，自然生態景觀豐富，有「日本最後祕境」之稱，被列為世界自然遺產。夏季因有棕熊出沒，為維護安全需預約參觀，由導覽員帶領才能進入地上遊步道，全程3小時，有外國遊客時會參雜英文解說，若無預約只能走入口一小段的高架木道參觀一湖。

1.免預約的高架木道上就能觀賞一湖之山水美景／2.高架木道／3.導覽員生動的自然生態解說

{Info}

📞 0152-24-2299 🕐 約07:30～18:00，10/21～4月下旬關閉 💲高架木道免費；地上遊步道4月下旬～5/9及8/1～10/20只需申請費￥250，5/10～7/31棕熊活動期需導覽費，大人￥5,100、小孩￥2,600，預約網站可參考shinrashiretoko.wixsite.com/shinra (英文版) 🚗 從宇登呂到知床五湖約14公里(20分鐘車程，Map Code：757730727)，搭乘斜里巴士￥700 http www.goko.go.jp

---

Day5 知床

知床自然中心

必看知床八景「乙女之淚」

　　如果有時間建議到「知床自然中心」參觀，除了自然生態介紹，還有「フレペの滝遊步道」免費開放參觀，知床八景之一的「乙女之淚」就在此處。青青草原上有許多可愛蝦夷鹿，但要小心棕熊出沒。

快逃啊！

知床八景「乙女之淚」　　運氣太好，真的碰到棕熊出沒

{Info}

✉ 北海道斜里郡斜里町大字遠音別村字岩宇別531番地 📞 0152-24-2114 🕐 08:00～17:30(4/20～10/20)、09:00～16:00(10/21～4/19) http center.shiretoko.or.jp

---

Day5 知床

ウトロ漁協婦人部食堂

知床超人氣海鮮料理 🍽

　　來知床就是要大啖海鮮才過癮！這是間連在地人都讚不絕口的好店，提供多種海鮮丼及定食，推薦數量稀少、限量提供的喜知次(きんき，道東稱メンメ)定食，肉質細膩鮮美的喜知次是珍貴魚種，雖價格不菲，美味令人印象深刻。

非常大方直接給一整盒海膽

稀少珍貴的喜知次

{Info}

✉ 北海道斜里郡斜里町ウトロ東117 📞 0152-24-3191 🕐 08:30～16:30

知床第一飯店(知床第一ホテル)

知床豪華溫泉旅館

1

整個飯店相當氣派,房間大又舒適,高樓層房間能眺望宇登呂港口落日美景,大浴場及溫泉更是擁有無敵海景。早晚餐都是自助式吃到飽,多元豐富的晚餐有80種以上料理,除了吃不完的海鮮,現炸的酥脆天婦羅和小朋友最愛的巧克力噴泉、可麗餅也非常受歡迎喔!

1.蟹腳吃到飽／2.大廳休憩處有豐富藏書／3.現點現炸的天婦羅是最好吃的料理／4〜5.房間很大的和洋室

{Info}

✉ 北海道斜里郡斜里町ウトロ香川306 ☎ 0152-24-2334 💲 如2人入住,每人約￥9,500起(含早晚餐) ➡ JR知床斜里駅搭乘巴士約50分鐘到宇登呂巴士總站(ウトロバスターミナル駅)下車,飯店可到巴士站免費接送 http shiretoko-1.com

---

小清水原生花園

◀夏季盛開的鮮豔花朵

藍天大海與野花交織的夏日限定絕景

位於鄂霍次克海和濤沸湖之間的狹長砂丘,被劃為網走國定公園範圍內,種滿各式各樣花朵,每年6〜8月繁花盛開時是最美麗的季節。登上展望台遠眺大海,清風拂面,蔚藍的海天一線美景令人忘卻一切煩憂。

玩家提示

網走往旭川順遊行程——層雲峽

層雲峽是大雪山國立公園境內的峽谷,擁有山峰樹海、奇岩峭壁的壯麗景觀,流星、銀河瀑布為日本瀑布百選,是知名溫泉區與賞楓勝地。若有時間可順道一遊。

夏天是原生花園最美麗的季節

鐵道迷最愛場景

{Info}

✉ 斜里郡小清水町浜小清水 ☎ 0152-24-2334 ➡ JR原生花園駅(只有5〜10月會營運的臨時車站)旁;自駕前往(Map Code;958080607*10)

Day7 旭川 旭山動物園

近距離接觸企鵝、北極熊

這座位於日本最北端的動物園，以精心設計的展示方式讓遊客觀察動物最自然的生態，曾被全國民眾票選為最熱門動物園。海豹、北極熊、紅毛猩猩都是人氣明星，每年冬季的企鵝散步秀更是讓大小朋友都為之瘋狂。

{Info}

✉ 旭川市東旭川町倉沼　☎ 0166-36-1104　🕙 09:30～16:30(隨季節調整，詳見官網)　💲 大人￥820、國中以下兒童免費　➡ JR旭川駅東口前6號乘車處搭乘旭川電氣軌道巴士(旭山動物園線41、42、47番)，單程40分／￥440　http www.city.asahikawa.hokkaido.jp/asahiyamazoo

1.悠游自在的海豹／2.跳水、玩球樣樣來的北極熊／3.活力四射的紅毛猩猩／4.冬季限定企鵝散步秀(以上照片提供／北海道觀光振興機構)

哆啦A夢商店

Day8 新千歲機場 新千歲機場

有溫泉、電影院能吃喝玩樂一整天的夢幻機場

▲一幻鮮蝦味噌拉麵

你聽過能在機場裡面玩遊戲、泡溫泉、看電影嗎？北海道的新千歲機場，就是這麼一個神奇夢幻又好玩的機場。除了讓你買到手軟的土產，還有吃不完的在地美食，逛街、購物、閱讀、娛樂，包羅萬象，簡直像間全方位百貨公司。提醒大家這些人氣商鋪和餐飲都位於入關前的國內線航廈，可別跑錯地方囉！建議大家提早到機場，先去國際線櫃檯報到、託運行李，再走到國內線航廈慢慢逛，但要小心別玩到忘記登機時間啦！

柳月的明星▶
商品三方六

{Info}

http www.new-chitose-airport.jp/tw

超人氣ＩＯＲＩ哈密瓜棒、玉米棒

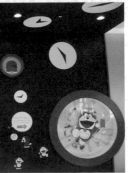

哆啦A夢時鐘牆

用**鐵路周遊券**輕鬆玩東日本
東京‧關東‧中部‧立山黑部‧東北‧北海道
世界主題之旅111

作　者	摩那卡&瓦拉比
總 編 輯	張芳玲
發想企劃	taiya旅遊研究室
企劃編輯	張焙宜
主責編輯	詹湘伃
封面設計	林惠群
美術設計	林惠群
地圖繪製	林惠群

太雅出版社
TEL：(02)2882-0755　FAX：(02)2882-1500
E-MAIL：taiya@morningstar.com.tw
郵政信箱：台北市郵政53-1291號信箱
太雅網址：http://taiya.morningstar.com.tw
購書網址：http://www.morningstar.com.tw
讀者專線：(04)2359-5819 分機230

出 版 者　太雅出版有限公司
　　　　　台北市11167劍潭路13號2樓
　　　　　行政院新聞局局版台業字第五○○四號
總 經 銷　知己圖書股份有限公司
　　　　　106台北市辛亥路一段30號9樓
　　　　　TEL：(02)2367-2044／2367-2047　FAX：(02)2363-5741
　　　　　407台中市西屯區工業30路1號
　　　　　TEL：(04)2359-5819　FAX：(04)2359-5493
　　　　　E-mail：service@morningstar.com.tw
　　　　　網路書店：http://www.morningstar.com.tw
　　　　　郵政劃撥：15060393(知己圖書股份有限公司)

法律顧問　陳思成律師
印　　刷　上好印刷股份有限公司　TEL：(04)2315-0280
裝　　訂　大和精緻製訂股份有限公司　TEL：(04)2311-0221

初　　版　西元2018年04月10日
定　　價　460元
(本書如有破損或缺頁，退換書請寄至：台中市工業30路1號
太雅出版倉儲部收)

ISBN 978-986-336-234-0
Published by TAIYA Publishing Co.,Ltd.
Printed in Taiwan

國家圖書館出版品預行編目(CIP)資料

用鐵路周遊券輕鬆玩東日本：東京.關東.中部.
立山黑部.東北.北海道 / 摩那卡, 瓦拉比作.
-- 初版. -- 臺北市：太雅, 2018.04
面；　公分. -- (世界主題之旅；111)
ISBN 978-986-336-234-0(平裝)

1.火車旅行　2.自助旅行　3.日本

731.9　　　　　　　107000986

這次購買的書名是：

用鐵路周遊券輕鬆玩東日本 (世界主題之旅111)

＊01 姓名：_____　　性別：□男 □女　生日：民國_____年

＊02 手機(或市話)：_____

＊03 E-Mail：_____

＊04 地址：□□□□□ _____

＊05 你選購這本書的原因

　1. _____　2. _____　3. _____

06 你是否已經帶著本書去旅行了？請分享你的使用心得。

_____

_____

_____

_____

_____

_____

很高興你選擇了太雅出版品，將資料填妥寄回或傳真，就能收到：1.最新的太雅出版情報／2.太雅講座消息／3.晨星網路書店旅遊類電子報。

填問卷，抽好書 (限台灣本島)

凡填妥問卷(星號＊者必填)寄回、或完成「線上讀者情報上傳表單」的讀者，將能收到最新出版的電子報訊息，並有機會獲得太雅的精選套書！每單數月抽出10名幸運讀者，得獎名單將於該月10號公布於太雅部落格與太雅愛看書粉絲團。參加活動需寄回函正本(恕傳真無效)。活動時間為即日起～2018／12／31

以下3組贈書隨機挑選1組

放眼設計系列2本 (隨機)

手工藝教學系列2本 (隨機)

黑色喜劇小說2本

太雅出版部落格
taiya.morningstar.com.tw

太雅愛看書粉絲團
www.facebook.com/taiyafans

旅遊書王(太雅旅遊全書目)
goo.gl/m4B3Sy

線上讀者情報上傳表單
goo.gl/kLMn6g

填表日期：_____年_____月_____日

| 廣 告 回 信 |
| 台灣北區郵政管理局登記證 |
| 北 台 字 第 1 2 8 9 6 號 |
| 免 貼 郵 票 |

太雅出版社 編輯部收

台北郵政53-1291號信箱

電話：(02)2882-0755

傳真：**(02)2882-1500**

(若用傳真回覆，請先放大影印再傳真，但傳真無法參加抽獎)

太雅

有 行 動 力 的 旅 行 ， 從 太 雅 出 版 社 開 始

太雅出版部落格
taiya.morningstar.com.tw

太雅愛看書粉絲團
www.facebook.com/taiyafans

旅遊書王(太雅旅遊全書目)
goo.gl/m4B3Sy